Bernhard Bartholmes

Die Balearen

Pläne und Luftbilder von Häfen und Ankerplätzen

Edition Maritim

Inhalt

Vorwort

Die Darstellung der nautischen Aktualität in ihrer Gesamtheit - besonders für die Inselgruppe der Balearen - ist nur für einen kurzen Zeitraum gültig.
Auch in den Jahren 1986 - 1988 wurde in vielen Häfen gebaggert und gebaut, einige der Marinas, die ich in der ersten Auflage dieses Buches im Baustadium vorgestellt habe, sind inzwischen fertiggestellt und wurden in den Plänen und Hafenbeschreibungen aktualisiert.
Allgemein gesehen, hält der Trend zu Großem und Exclusivem auch in den Marinas an.
Einer Studie des spanischen Wirtschaftsministeriums zufolge soll die Liegeplatzkapazität auf den Balearen in den nächsten Jahren um weitere 3000 Plätze erweitert werden, um dem Zustrom der Transityachten und Dauerlieger Rechnung zu tragen.
Nachdenklich stimmt mich der rasante Anstieg der Liegegebühren, besonders in den „älteren" Marinas, und da hilft oft nur der Boykott, indem man zum Null-Tarif in eine landschaftlich schöne Cala verholt und dort vor Anker geht.
Dieses Buch wurde aus der Praxis für die Praxis erstellt und bietet die wesentlichen Informationen, die für den Sportskipper, seine Törnplanung und -durchführung von Bedeutung sind. Die Aufzeichnungen ersetzen selbstverständlich nicht die amtlichen Unterlagen und Seekarten und erheben keinen Anspruch auf Vollständigkeit.
Über Jahre hinweg habe ich die immer geringer werdende Menge des im Wasser treibenden Wohlstandsmülls beobachtet.
Zu diesem Ergebnis haben auch die Skipper der Sportschiffahrt wesentlich beigetragen; das verdient ein Dankeschön. Für viele von uns ist die Sportschiffahrt Erholung und Freizeitvergnügen zugleich; deshalb bitte ich die Skipper, Wachführer und Crews, diesen erfreulichen Trend weiter zu unterstützen, indem sie den Bordmüll während der Fahrt in der Backskiste stauen und im nächsten Hafen in den dafür bereitgestellten Containern deponieren.
Ich danke allen, die daran mitgewirkt haben, dieses Werk zusammenzustellen.

Hochheim, im Mai 1989
Bernhard Bartholmes

Einleitung

Die Inselgruppe der Balearen bedeckt eine Fläche von 5023 Quadratkilometern, und die Bevölkerung betrug nach der letzten Volkszählung 679 971 Einwohner.

Die Flächenverteilung und Bevölkerungsausbreitung setzt sich wie folgt zusammen:

Insel	Fläche(km²)	Einwohner
Mallorca	3640,16	550 849
Menorca	711,84	59 668
Ibiza	541,22	64 714
Formentera	82,04	4 734
Cabrera	15,70	6
Rest der Inseln	33,00	–

Das Wirtschaftsleben wird vom Tourismusgewerbe geprägt, dessen Anteil bei 51,4 % liegt, während die Industrie sich mit 10 % begnügt. Der Rest verteilt sich auf die Landwirtschaft und Dienstleistungsbetriebe.

Für uns ist die Inselgruppe aufgrund ihrer Vielseitigkeit und den 303 Sonnentagen im Jahr eines der interessantesten Segelreviere des Mittelmeeres. Jede der drei großen Hauptinseln birgt ihre Eigenarten und ist von den unterschiedlichsten Landschaftsformen gekennzeichnet. Die verschiedenen Wünsche von Skippern und Crews können hier jederzeit erfüllt werden, so daß ein abwechslungsreicher Törn ohne Schwierigkeiten zu gestalten ist.

Die Palette bietet Grillparties in romantischen Calas, Bade- und Schnorcheltage im glasklaren Wasser stiller Buchten oder „Ramba-Zamba“ in den Discos der Touristenorte, kleine, ruhige und saubere Yachtclubs, aber auch große, laute und schmutzige Häfen. Man segelt vorbei an rauhen Steilküsten oder düst durch die weiten, weißbestrandeten Bahias. An den Ufern erkennt man die grüne Pinienlandschaft, alte spanische Wachttürme, aber auch die grauen Bettensilos und Betonburgen aus neuerer Zeit.

Da die Entfernungen zwischen den einzelnen Häfen und Ankerplätzen im allgemeinen nicht sehr groß sind, hat der Skipper reichlich Auswahl zwischen langen Schlägen oder auch kurzen Trips. In vielen Häfen hat man die Wahl, an einer öffentlichen, oft allerdings überfüllten Mole festzumachen, in einem der meist gut ausgestatteten Clubs anzulegen oder auch etwas abseits auf Reede zu gehen.

Die Häfen sind unterschiedlichster Art: mal „Highlife“ im Touristen-Stil, mal etwas verträumt im Fischer-Look.

Auch die Ankerplätze in den Buchten bieten verschiedene Möglichkeiten: ruhig und romantisch oder etwas lauter mit der Gelegenheit zu einem Disco-Besuch an Land.

Zu erreichen ist dieses Segelparadies in relativ kurzer Zeit. Im Düsenzeitalter fliegt man ca. 2 Std. von Deutschland bis Palma, Mahón oder Ibiza. Sollte man bereits auf einem entsprechend ausgerüsteten Boot durch das Mittelmeer fahren: Die kürzesten „Wege“ vom Festland betragen von Barcelona bis Puerto de Sóller/Mallorca ca. 100 sm, von Denia bis Ibiza-Hafen sind es sogar nur ca. 60 sm.

Es gibt auf den Inseln zahlreiche Charterbasen, deren Angebote die verschiedensten Bootsarten als Bareboat oder mit Skipper/Koch umfassen; Buchungen sind für eine gesamte Crew oder auch einzelne Mitsegler bis hin zu Flottillentörns möglich.

Voraussetzung für das Gelingen eines optimalen Balearen-Törns ist – wie bei anderen Törns auch – eine gute Planung. Im Vorspann dieses Buches findet der Skipper alle notwen-

digen nautischen Informationen, auch enthält dieses Werk eine Zusammenstellung der Servicewerkstätten, damit bei auftretenden Problemen die Entscheidung über das Anlaufen eines Hafens mit entsprechenden Reparatureinrichtungen ohne Zeitverzögerung schnell gefällt werden kann.
Für jeden Hafen wurden eine allgemeine Beschreibung mit wichtigen Angaben für die Ansteuerung und Befeuerung erstellt. Zur besseren Orientierung wurden von einzelnen Küstenabschnitten und Hafenanlagen Luftbildaufnahmen angefertigt. Häfen mit geringer Wassertiefe wurden mit Handlot überprüft.
Zusätzlich wurde ein technisches Übersichtsblatt mit Angaben über sämtliche Hafeneinrichtungen und Serviceleistungen zusammengestellt. Diese Informationen sind ebenfalls als Grundlage für die Törnplanung gedacht, da die Möglichkeiten von Duschen, Wasser- und Treibstoffbunkern sowie Lebensmittelaufnahme manchmal ausschlaggebende Argumente für das Anlaufen eines Hafens sind, denn eine der wichtigsten Voraussetzungen für den Erfolg eines Törns ist der verzögerungsfreie Ablauf der Reise und das leibliche Wohl der Crew. Bei entsprechender Vorausplanung dürften besonders hier keine Schwierigkeiten auftreten. Es gibt fast überall diverse Einkaufsmöglichkeiten, um Vorrat und Bar wieder aufzufüllen: mal große, gut ausgestattete Supermärkte, die häufig auch deutsche Artikel vertreiben, mal kleine Krämerlädchen für das Notwendigste; interessant und preiswert sind auch die örtlichen Mercados (Marktplätze) und Carnicerías (Fleischerläden). Wer keine Lust zum Bordservice hat, hat in diesem Revier alle erdenklichen Möglichkeiten, einen „kulinarischen“ Törn zu gestalten. Von kleinen Tapas-Kneipen über mallorquinische Spezialitäten-Restaurants, spanische Bodegas bis hin zur ländlichen Finca bieten sich dem Gourmet sämtliche Gaumenfreuden.

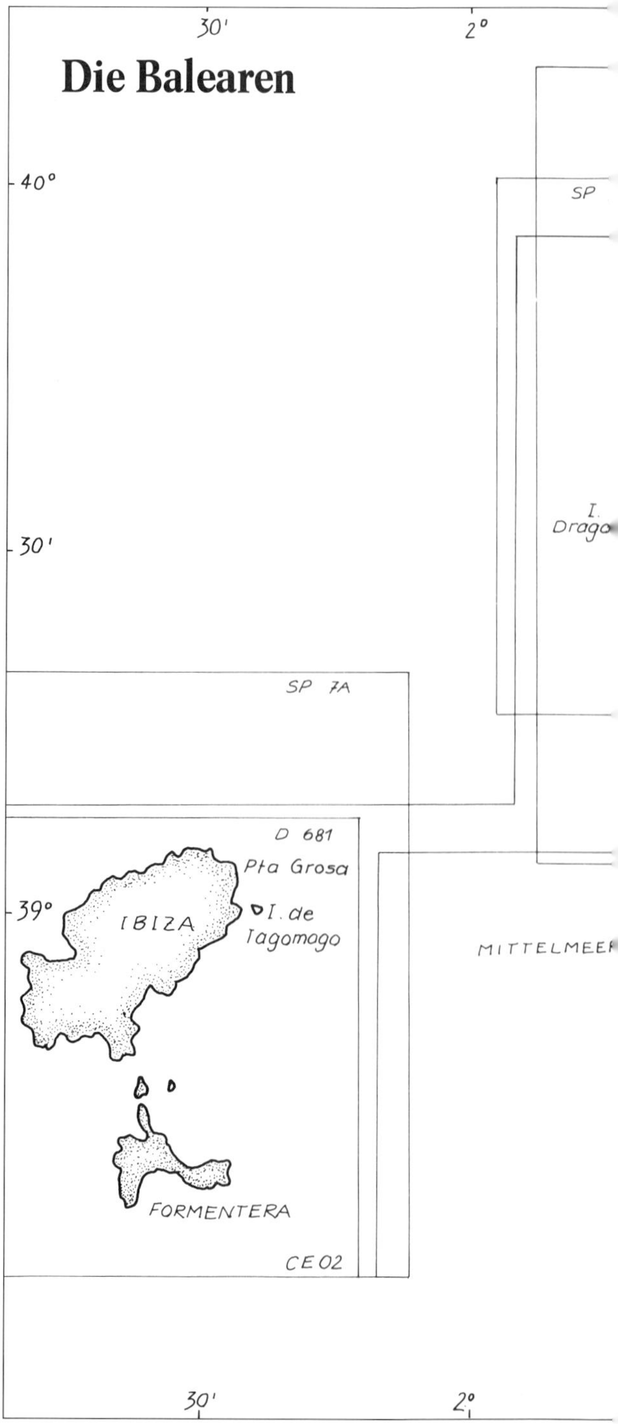

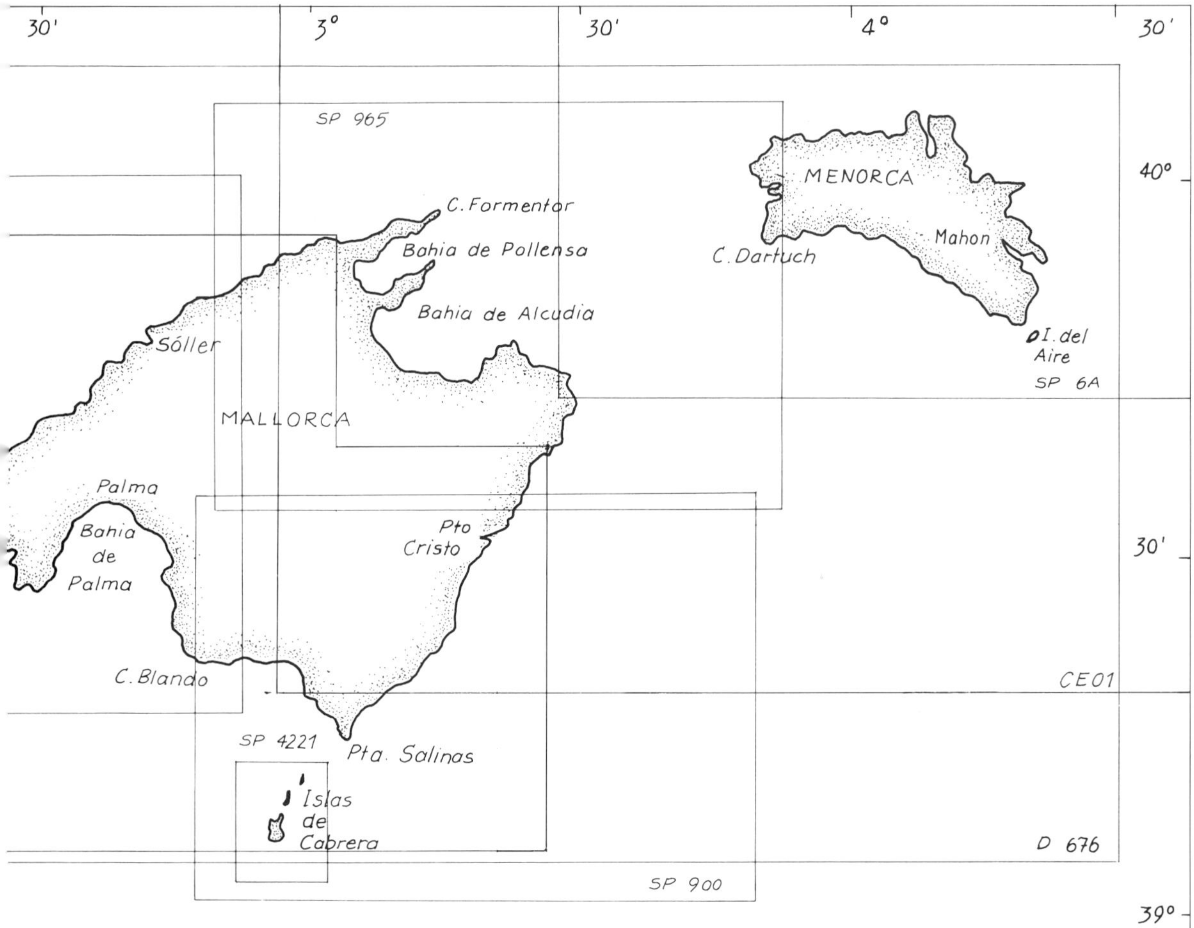

Seekarten

Deutsche Seekarten
D 676 Mallorca - Menorca 1:200000
D 679 Isla de Cabrera und Häfen von Mallorca (8 Pläne) 1:10000 - 1:20000
D 680 Häfen von Menorca (3 Pläne) 1:10000 - 1:15000
D 681 Ibiza und Formentera 1:150000

Französische Sportbootkarten
C E01 Mallorca und Menorca 1:125000
C E02 Mallorca und Ibiza 1:125000

Spanische Seekarten
Sp 6A Menorca 1:975000
Sp 4281 Pto de Mahón 1:7500
Sp 4283 Fornells 1:7500
Sp 4291 Pto de Ciudadela 1:5000
Sp 965 Nordseite Mallorca/Westseite Menorca 1:97500
Sp 3842 Pto de Pollensa 1:75000
Sp 3841 Bahia de Alcudia 1:25000
Sp 3845 Pto de Alcudia 1:5000
Sp 900 Südostseite Mallorca 1:100000
Sp 4241 Pto Colom/Pto Cristo ò Cala Manacor/ Cala Ratjada 1:5000
Sp 4231 Pto Petro/Cala Llonga/Cala Figuera 1:2500 - 1:7500
Sp 4221 Inselgruppe Cabrera 1:12500
Sp 970 Westseite Mallorca 1:100000
Sp 4211 Bahia de Palma 1:10000
Sp 3815 Santa Ponza 1:10000
Sp 3814 Pto de Andraitx 1:10:000
Sp 4271 Pto de Sóller 1:5000
Sp 7A Ibiza und Formentera 1:97500
Sp 974 Pto de San Antonio 1:10000

30' 3° 30' 4° 30'

Hinweise und Warnungen

Es ist verboten, über oder in der Nähe von Unterwasserkabeln zu ankern, wie z. B. im Bereich von Cabo Dartuch im Südwesten von Menorca, Cabo de Pera im Osten von Mallorca und Cala de San Vicente, Ibiza. Zusätzliche Orte sind in den Hafenplänen deutlich gemacht.
Übungszonen für spanische Unterseeboote sind die Bereiche um die Insel Cabrera, die Bahía de Pollensa und die südlichen Gewässer um Menorca.
Verwechselbare Leuchtfeuer: Die beiden Leuchtfeuer, die den nördlichen Eingang des Kanals zwischen Mallorca und Menorca markieren, haben Ähnlichkeit miteinander. Cabo Formentor/Mallorca zeigt Blz.(4) 20s und Cabo Nati/Menorca zeigt Blz.(3+1) 20s. Ein genaues Studium des Lfv und Identifizierung der Kennung mittels Stoppuhr wird empfohlen. Vom nördlichen Festland kommend, kann eine falsche Identifizierung zu fatalen Auswirkungen - besonders bei Mistrallage - führen.

Sichere Ansteuerungshäfen bei Schwerwetter:

Mallorca: Puerto de Palma
Puerto de Andraitx
Cala Llonga
Puerto Colom
Puerto Sóller

Ibiza: Puerto de Ibiza
Puerto de San Antonio-Abad

Cabrera: Puerto de Cabrera

Menorca: Puerto de Mahon
Puerto de Fornells

I.A.L.A.-Fahrwasserbezeichnung: Das Betonnungssystem A wurde 1981 eingeführt.

Gezeiten:

Wasserstandsänderungen in den Springzeitphasen betragen weniger als 0,2 m und können vernachlässigt werden.
Gravierende Wasserstandsänderungen werden vielmehr beeinflußt von Windrichtung und -stärke und Luftdruckveränderungen (Luftdruckabfall), besonders bei Sciroccolage (siehe ausführliche Beschreibung im Teil Windsysteme!). Die Spanier sprechen hier von „Rissagues“, und in einigen Häfen besteht dann akute Gefahr - zumindest für das Schiff - bei Wasserstandsänderungen von bis zu 2 m ca. viermal pro Stunde. Besonders gefährdet sind die Häfen Ciudadela, Porto Petro, Porto Cristo und Santa Ponsa.

Strömungen:

Der Strom setzt in der Regel mit ca. 0,5 kn in SE - S-licher Richtung, je nach Wind tritt er um einige Cabos verstärkt bis zu 1,5 kn auf. Bei SW-Wind wurden allerdings im Norden des Kanals von Menorca Strömungen von ca. 2 kn in NNW festgestellt.

Klima und Windverhältnisse

Nachfolgende Informationen basieren nur zum Teil auf amtlichen Unterlagen, primär wurden die eigenen Erfahrungen und Meßwerte der letzten zwölf Jahre zugrundegelegt.
Das Klima rund um die Balearen zeichnet sich durch trockene heiße Sommer und, bedingt durch die Wasserwärme, auch milde Winter aus.
Hier werden im Jahr durchschnittlich 300 Sonnentage gezählt, und die vorherrschenden Winde kommen aus dem 3. Quadranten (Südwest). Der Luftdruck beträgt im Jahresdurchschnitt 758,7 mm Quecksilbersäule oder 1011 hPa.
Im westlichen Mittelmeer wird der Wind – besonders im Küstenbereich – sehr stark beeinflußt von den Gebirgen im Norden, der relativ „offenen" französischen Mittelmeerküste und dem Rhônetal, den Pyrenäen im Westen und den großen Wüstengebieten im Süden.
Durch diese Topografie und die extremeren Temperaturen im Landesinneren treten die Land-/See-Windströmungen in einigen Regionen mit einer Stärke auf, die sogar erfahrene Freizeitskipper veranlaßt, den nächsten Hafen anzusteuern.
Das westliche Mittelmeer ist trotz seiner klimatisch günstigen Lage oft sehr heimtükkisch, und auch in den Sommermonaten kann Sturm von 8 Bft und mehr auf jeder Position auftreten; Starkwinde im Golf von Lyon sind selbst im Juli/August keine Seltenheit.
Die Gesetzmäßigkeit, daß Luftdruck und Wind in direktem Zusammenhang stehen, wird hier oft aufs „gröbste verletzt". Oft

Durchschnittliche Temperaturen (in ° Celsius)

	Barcelona			Malaga			Palma de Mallorca			Meer
	Max.	Med.	Min.	Max.	Med.	Min.	Max.	Med.	Min.	Balearen
Januar	12,7	9,5	6,4	16,0	11,8	7,7	14,1	10,1	6,1	13,7
Februar	13,6	10,3	6,9	17,1	12,6	8,1	14,6	10,5	6,2	13,8
März	15,7	12,3	9,0	19,2	14,6	10,1	16,7	12,2	7,8	14,6
April	18,2	14,6	10,9	21,1	16,2	11,3	19,0	14,5	10,1	15,7
Mai	21,3	17,7	14,0	24,1	19,1	14,0	22,0	17,3	12,7	18,1
Juni	25,1	21,5	18,0	27,8	22,6	17,5	26,2	21,4	16,6	20,6
Juli	27,8	24,3	20,7	30,0	24,9	19,9	28,9	24,0	19,2	25,8
August	27,7	24,3	20,9	30,4	25,4	20,5	29,2	24,5	19,8	27,6
September	25,0	21,9	18,8	27,7	23,0	18,4	26,9	22,6	18,2	25,3
Oktober	20,7	17,6	14,6	23,5	19,3	15,0	22,7	18,4	14,0	23,7
November	16,4	13,5	10,6	19,8	15,8	11,7	18,3	14,3	10,4	18,7
Dezember	13,0	10,3	7,5	16,8	12,9	9,1	15,2	11,5	7,8	16,0

beobachtet man über Tage hinweg auf dem Barographen einen Luftdruck zwischen 1020 und 1023 hPa, und ohne merkliche Veränderung fängt es plötzlich an zu kacheln.
Bedingt durch die bergige Oberfläche der Hauptinsel Mallorca und den Einfluß der Meeresströmungen ergeben sich für die einzelnen Inseln unterschiedliche klimatische Bedingungen und Windverhältnisse. So ist z. B. Menorca aufgrund seiner Topografie ideal für Windstudien, weil hier im Gegensatz zu Mallorca kaum lokale Winde auftreten.
Das Klima von Menorca ist nicht so mild wie das von Mallorca, besonders im Winter bläst der Wind aus N mit solcher Heftigkeit, daß das Salz über die gesamte Insel hinweggeweht wird. Im Jahresdurchschnitt wurden hier 35 % der Windgeschwindigkeiten unter 15 km/h gemessen und zu 25 % wurde Windstille registriert, gemessen am Flughafen.

Die *stärksten Winde* auf Menorca kommen aus N.

Windrichtung	max.	min.
N	DEZ/JAN/FEB	AUG
NE	AUG	NOV
E	APR/SEP	-
SE	AUG	JAN
S	APR/SEP	-
NW	NOV	AUG

(Quelle: Met Mahon)

Die *vorherrschenden* Winde im östlichen Teil der Balearen kommen aus NW-NE, von Mai – August aus NE-ESE.
Der westliche Teil von Mallorca und Ibiza wird stärker beeinflußt von den Wettersystemen des nahegelegenen spanischen Festlandes, auch das mildere Klima hier ist vergleichbar mit dem der Provinz Valencia. *Hier dominieren die Winde aus SW-lichen Richtungen, von Mai bis August allerdings aus SE.*
Was die Winde nahe der Küste Mallorcas betrifft, gelten hier oft eigene Gesetze; die Fischer sagen, *jedes Cabo hat seine eigenen Winde,* und dies trifft speziell für die Ostseite der Insel zu. Auch hier kann man zeitweilig die „Contrastas" beobachten, jene auf kurze Entfernung gegenläufigen Winde, die als Folge von Seewindwirbeln und Meeresströmungen auftreten.

Typische Windsysteme und Entstehungsbedingungen im Westlichen Mittelmeer

Mistral (Maestral)

Dieser, nicht nur bei den Sportschiffern gefürchtete Wind weht aus N-NW-lichen Richtungen aus dem Golfe du Lion mit einem keulenförmigen Hauptausbreitungsgebiet im Süden bis Tunis/Sizilien, Sardinien im Osten und Menorca im Westen (Abb. 1).
Vor dem Einsetzen des Mistrals werden oft die folgenden meteorologischen Bedingungen festgestellt: Vordringen von Kaltluft über Frankreich nach Süden bei gleichzeitigen Tiefdruckgebieten über Norditalien oder dem Ligurischen Meer. Wenn dann der Druck über Spanien oder der Biscaya weiter ansteigt, kann man davon ausgehen, daß der Mistral ca. 3 Tage anhält und auf offener See in den Spitzen bis zu 60 Knoten erreicht werden können (Abb. 2).

Scirocco

Der Scirocco kommt aus südlichen Richtungen und tritt im Gegensatz zum Mistral im gesamten Mittelmeer auf.

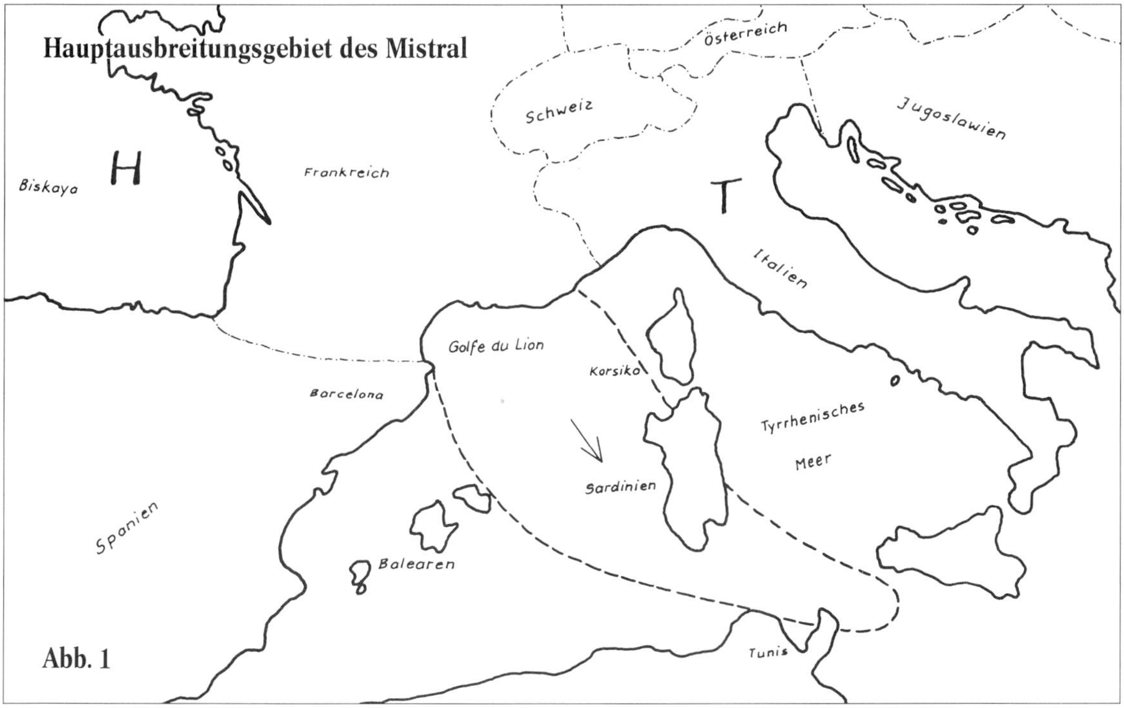

Hauptausbreitungsgebiet des Mistral

Abb. 1

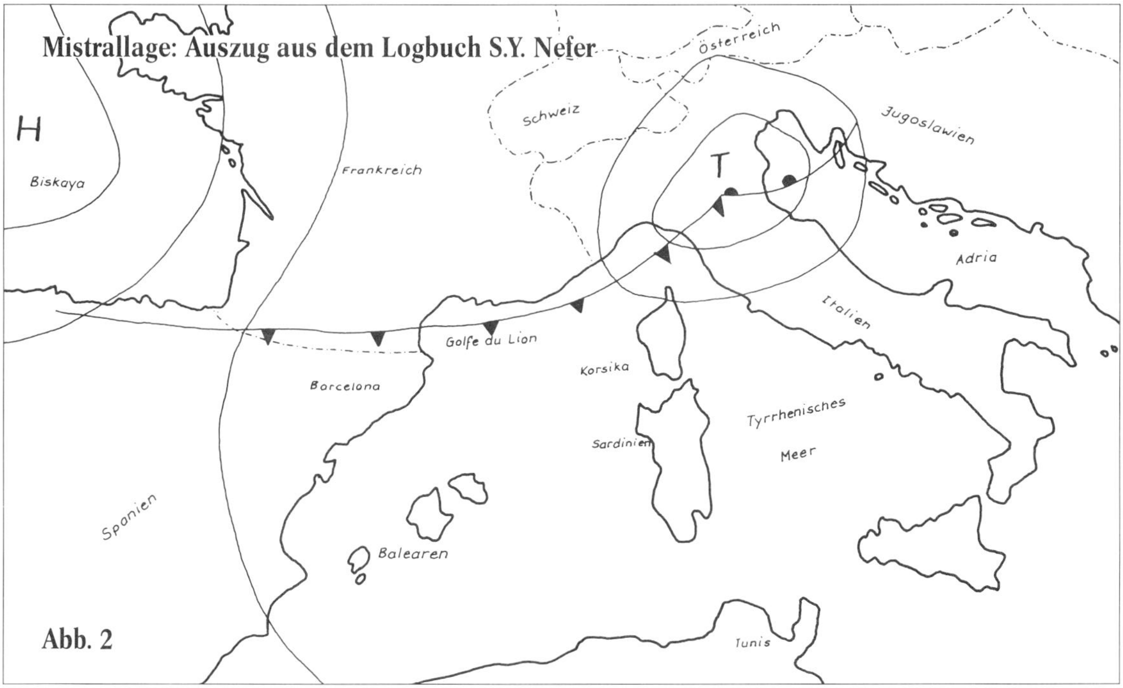

Mistrallage: Auszug aus dem Logbuch S.Y. Nefer

Abb. 2

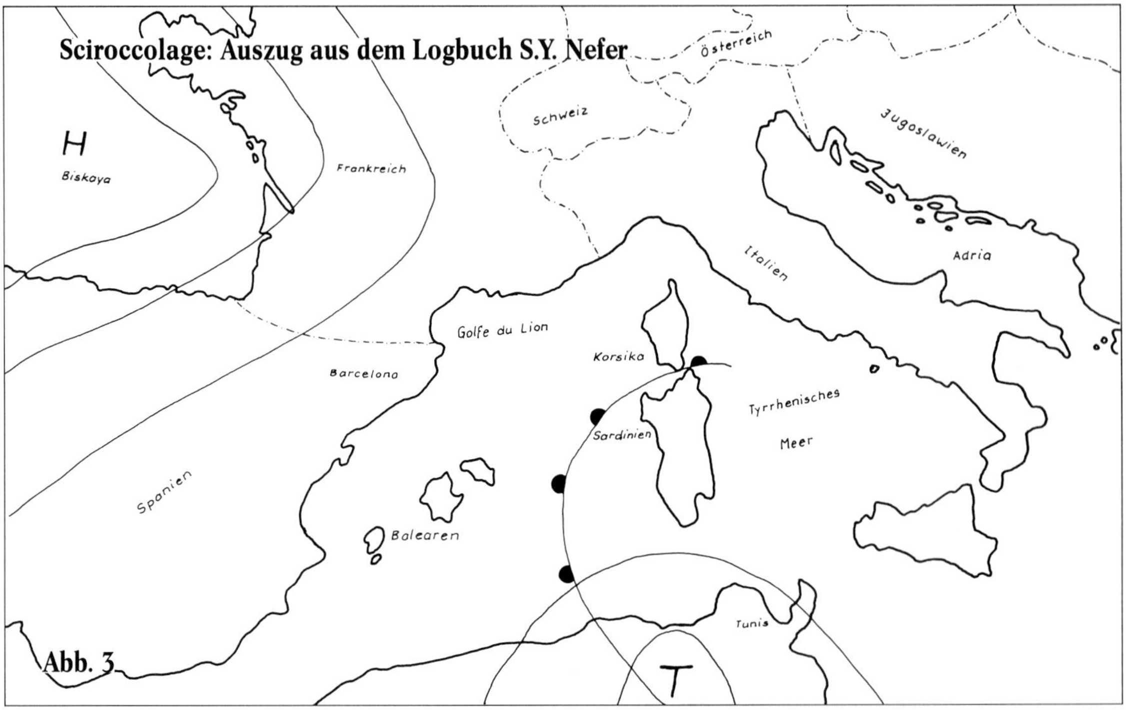

Sciroccolage: Auszug aus dem Logbuch S.Y. Nefer

Abb. 3

Die Entstehungsgebiete sind hier die afrikanischen Wüsten, und zu den Entstehungsbedingungen zählen oft ein ausgeprägtes Saharatief und eine gleichzeitige südwestliche Höhenströmung (Abb. 3).

Dieser feucht-warme Wind bewegt sich in der Regel an der Vorderseite eines Tiefdruckgebietes, er kündigt sich meistens durch Druckabfall und diesiges, unangenehm schwüles Wetter an. Die starke Taubildung in der Nacht ist durchsetzt mit dem rotbraunen Sand der Sahara. Auf den Balearen tritt der Schirokko mäßig, zeitweise auch stürmisch aus SE-SW auf.

Oft sind mit dem Durchzug Gewitter und Niederschläge, manchmal auch Sichtreduzierung durch den hohen Staubgehalt und die Luftfeuchtigkeit verbunden. Häufigkeiten wurden besonders im Juni/Juli festgestellt.

Innerhalb der Balearen kündigt er sich zeitweilig mit einer Vorlaufzeit von 20 h durch Veränderungen des Wasserstandes an, mit oft sehr unangenehmen Folgen.

So stellten wir am 29. 07. 1982 in dem sonst so sicheren Hafen Ciudadela auf Menorca ab 18.00 h starke Strömungen und Wasserstandsänderungen von ca. 0,5 m fest. Bereits ab 19.00 h wurde im Abstand von 14 bis 17 Min. mit einer Steig-/ bzw. Falldauer von ca. 5 Min. ein Heben und Senken des Wasserspiegels von 0,9 – 1,2 m festgestellt mit den entsprechenden Strömungen. Dieses Naturereignis wurde bis in die Morgenstunden beobachtet und hatte entsprechende Auswirkungen auf Fischerboote und Yachten im Hafen, von denen zwölf z.T. stark beschädigt wurden.

Am 20./21. Juni 1984 wurde ich abermals mit

		deutsch	französisch	spanisch
Bft	Kn	Windstärke	Force du Vent	Fuerza del Viento
0	0	still	calm (oder nul)	calma
1	1- 3	leiser Zug	très léger	ventolina
2	4- 6	leichte Brise	léger	brisa débil, flojito
3	7-10	schwache Brise	faible	brisa débil, flojo
4	11-15	mäßige Brise	modéré	brisa moderata
5	16-21	frische Brise	assez fort	brisa fresquita
6	22-27	starker Wind	fort	brisa fuerto, fresco
7	28-33	steifer Wind	très fort	viento fuerte
8	34-40	stürmischer Wind	violent	viento duro
9	41-47	Sturm	très violent	viento muy duro
10	48-55	schwerer Sturm	tempête	temporal fuerte
11	56-63	orkanartiger Sturm	forte tempête	temporal huracanado

Norte *Tramontana*

Noroeste *Mistral*

Noreste *Gargal*

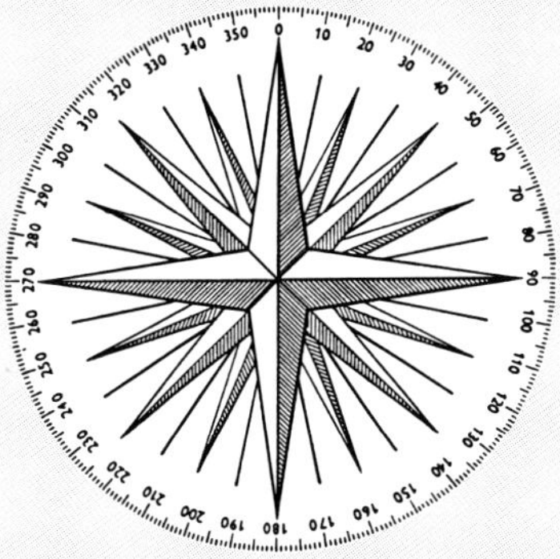

Oeste *Ponent*

Este *Levanto*

Suroeste *Leibeig*

Sureste *Xaloc*

Sur *Migjorn*

	Seegang	Etat de la Mer	Estado del Mar
0	ruhige, spiegelglatte See	calme mer d'huile	calma
1	ruhige, gekräuselte See	calme, ridée	mar rizada
2	schwach bewegte See	belle	marejadilla
3	leicht bewegte See	peu agitée	marejada
4	mäßig bewegte See	agitée	fuerte marejada
5	grobe See	forte	mar gruesa
6	sehr grobe See	très forte	mar muy gruesa
7	hohe See	grosse	mar arbolada
8	sehr hohe See	très grosse	mar montañosa
9	außergewöhnliche schwere See	énorme oder exceptionnelle	mar enorme

diesem Naturereignis - die Spanier sagen: „Fenómeno rissaga" - konfrontiert.
Am 19. Juni 1984 machten wir, von der Cala Addaya kommend, am Abend in Ciudadela/ Menorca fest, und ich beobachtete ähnliche MET-Bedingungen wie im Juli 1982:
- Tief über Nordafrika
- Wind aus E - SE, 4-5 Bft.
- feuchtwarme Luft
- starke Sichtreduzierung (roter Staub)
- gleichmäßiger Druckabfall
- Kaltluft von N (Cirrus-Niveau in großer Höhe)
- Nippzeit

Um nicht in die gleiche Situation zu geraten wie 1982, beschlossen wir, am 20. Juni frühmorgens nach Mallorca auszulaufen; und wir taten gut daran.
Das Baro fiel an diesem Tag nochmals um drei Punkte und stand jetzt auf 1011 hPa. Die Sichtweite betrug max. 5 sm, reduziert durch den Dunst und roten Saharastaub.
Die ersten Wasserstandsänderungen in der Bon Aire auf Mallorca stellten wir am 20.06.84 ab 20.00 h fest, und wir dachten zurück an Ciudadela.
Was sich dann bis zum 21.06. in einigen Häfen auf den Balearen abgespielt hat, übertrifft die Vorstellungskraft der Yachties und auch der Metereologen.
Am stärksten betroffen war wieder Ciudadela, wo in der Nacht zum 21.06.84 die Wasserstandsveränderungen an Intensität zunahmen und gegen 03.50 Uhr der Hafen trockenfiel. Festmacher brachen, Schiffe verkeilten sich ineinander und lagen im Hafenbecken, die Kielyachten traf es besonders hart. Dann kam die große Welle zurück, und übrig blieb nur Schrott.
78 Fischerboote und Yachten waren zum Teil stark beschädigt bzw. lagen unter Wasser.
Doch was sagen die spanischen Metereologen zu dem „Fenómeno rissaga"? Auf der Basis von Messungen der Klimaverhältnisse im westlichen Mittelmeer am 16./17. September 1975, am 14. Juli 1977, am 02. Juli 1981 und am 08. Juli 1982, die außergewöhnliche Wasserstandsänderungen zur Folge hatten, wurde von den Meteorologen Climent Ramis und Agusti Jansa 1983 im „Revista de Geofísica" in einer Studie über das „Fenómeno de la rissaga" sinngemäß folgendes veröffentlicht:
- Auf der Oberfläche schwache zyklonische Zirkulation
- Warme Luft auf den Balearen und kalte Luft auf der Iberischen Halbinsel
- Überlagerung einer kalten und feuchten Luftschicht durch eine warme trockene Luftschicht, getrennt durch eine starke thermische Inversion verknüpft mit plötzlicher Änderung von Windrichtung und Geschwindigkeit.

Als Fazit wird in dieser Studie folgende Hypothese vorgestellt: Die meteorologischen Bedingungen sind ausreichend, um interne gravitatorische Wellen auf der Diskontinuitätsfläche zu produzieren, welche die Veränderung der Druckverhältnisse erklären, verbunden mit einem Koppelmechanismus, die die Veränderung des Meeresspiegels verursachen.
Der Direktor des MET-Zentrums Sr. Cosme Gaya stellt in einem Artikel der El Día vom 23.06.84 fest, daß es keine Möglichkeit gibt, die „Rissagues" vorauszusagen, weil bei gleichen meteorologischen Bedingungen dieses Fenómeno auch ausbleiben kann.
Die „Rissagues" erscheinen zwar auf den ganzen Balearen, die fatalen Folgen jedoch sind besonders in den geschützten Häfen und engen Einfahrten zu beobachten (Düseneffekt der Einfahrt).

Wir haben bei unseren langjährigen Beobachtungen festgestellt, daß eine größere Erhöhung des Wasserstandes stets mit einem Luftdruckabfall und Temperaturanstieg verbunden war. *Bei ruhigem Wetter sind erhöhte Wasserstände sichere Vorzeichen für schlechtes Wetter mit Seewinden, niedrige Wasserstände Vorzeichen guten Wetters.*

Wetterinformationen (Zeiten in UTC)

Rundfunksender	Frequenz	Zeit	Inhalt
Deutschsprachige Seewetterberichte:			
Deutsche Welle	6075, 9545 kHz	Mo - Fr 1750 - 1800	Seewetterbericht
(Im Rahmen des Reisejournals)		Sa 1735 - 1745	Wetterlage
		So 1710-1715	Vorhersage 24/h
Österreichischer Rundfunk	6155, 13740,15410, 21490 kHz	Mo - Sa 0530 (So 0545)	Übs, Vs, Statm.
(26.03.-06.11.)	6155, 13730 kHz	Mo - So 1010	Übs, Vs, Statm.
Spanische Seewetterberichte: Radio Nacional de España			
Málaga	729 kHz	1000, 1300,	Übs, Vs, Sturmw (span.)
Barcelona	738 kHz	1700, 2100	
Radio Alemán	94,5 MHz	1600 - 1700 GZ	Sturmw, Übs, Vs (deutsch)
Radio Balear international	88,8 MHz	0600 GZ	Übs (deutsch)

Telefonische Wetterberichte (spanisch): Tel. 40 36 00 (Palma) auch über KüFuSt möglich.

Französische Seewetterberichte:			
Radio Monte Carlo	218, 1466 kHz	0600,1700	Sturmw, Übs, Vs (franz.)
Radio France Inter	162 kHz	0645, 1803	Übs, Vs (franz.)
Küstenfunkstellen (Küstengewässer der Balearen)			
Palma de Mallorca	K 25	0903, 1603	Übs, Vs (span.)
La Mola	K 26	1003, 1603	s.o.
Ibiza	K 28	1033, 1633	s.o.
Menorca	K 28	0833, 1533	s.o.

Erklärung der Abkürzungen

Auss. = Aussichten/Statm. = Stationsmeldungen/Sturmw. = Sturmwarnung/Übs. = Übersicht/Vs. = Vorhersage

Wetterinformationen

Der Seewetterbericht des Seewetteramtes Hamburg für das westliche Mittelmeer und die Biscaya, der täglich im Rahmen des „Reisejournals" der Deutschen Welle ausgestrahlt wird, ist sehr ausführlich; die „Trefferquote" war 1988 sehr hoch.

Gebiete:

Golfe du Lion, Balearen, Ligurisches Meer, westl. Korsika/Sardinien, Tyrrhenisches Meer, Adria, Ionisches Meer, Biscaya.

Inhalt:

Wetterlage, Vorhersagen für Seegebiete für die nächsten 24 Stunden und Stationsmeldungen gem. Bordwetterkarte Nr. 11 des Seewetteramtes Hamburg.

Sendezeiten:

siehe Tabelle
Zusätzlich empfehle ich den Wetterbericht im Fernsprechansagedienst in spanischer Sprache. Telefon 40 36 00.

Übersichtsliste Funkfeuer

Seefunkfeuer (R.C.)

Station	N	E	Reichweite	Frequenz	Kennung	Morsezeichen	Sendefolge	Sendeart
Pta del Llobregat	41°19,6′	02°09,2′	50 NM	291,9 Khz	OR	––– ·–·	1,2	A2A
Mahón	39°51,8′	04°18,3′	100 NM	291,9 Khz	MH	–– ····	3,4	A2A
Cabo S. Sebastian	41°53,9′	03°12,2′	50 NM	291,9 Khz	SN	··· –·	5,6	A2A
Castellon	39°58,2′	00°01,2′	50 NM	298,8 Khz	AS	·– ···	1,2	A2A
Cabo Salou	41°03,4′	01°10,4′	50 NM	298,8 Khz	UD	··– –··	3,4	A2A
Cala Figuera	39°27,5′	02°31,4′	50 NM	298,8 Khz	FI	··–· ··	5,6	A2A

Flugfunkfeuer (R.C. Aero) (verwendbar für die Seenavigation)

Station	Position		Reichweite	Frequenz	Kennung	Morsezeichen	Sendeart
Alicante	38°17,3′N	00°33,1′W	50 NM	280 Khz	ALT	·– ·–·· –	A2A
Valencia	39°26,3′N	00°20,8′W	50 NM	340 Khz	VLC	···– ·–·· –·–·	A2A
Barcelona	41°17,1′N	02°00,5′E	80 NM	325 Khz	QU	––·– ··–	A1A
Ibiza	38°54,8′N	01°28,1′E	60 NM	394 Khz	IBZ	·· –··· ––··	A2A
Porto Colom	39°25,6′N	03°15,3′E	30 NM	401 Khz	PTC	·––· – –·–·	A2A
Pollensa	39°54,7′N	03°05,9′E	40 NM	280 Khz	POS	·––· ––– ···	A2A

Flugfunkfeuer (bedingt verwendbar für die Seenavigation)

Station	Position		Reiweite	Frequenz	Kennung	Morsezeichen	Sendeart
Bagur	41°57,0′N	03°13,0′E	50 NM	319 Khz	BGR	–··· ––· ·–·	A1A
Andraitx	39°32,9′N	02°23,7′E	30 NM	384 Khz	ADX	·– –·· –··–	A2A
Mahón	39°50,2′N	04°12,7′E	60 NM	344 Khz	MN	–– –·	A2A

Funkpeilung

Die Angaben in der Übersichtsliste der Seefunkfeuer (R.C.) und Flugfunkfeuer (R.C. Aero) entsprechen dem Stand von 1989 und basieren auf amtlichen spanischen Unterlagen.
Die Genauigkeit der Funkpeilung wird von folgenden Faktoren beeinträchtigt:

Nachteffekt (Dämmerungseffekt)

Gleichzeitiges Auftreten von Boden- und Raumwellen.

Küsteneffekt

Wenn zwischen dem Funkfeuer und dem peilenden Schiff Berge oder Steilküstenstrecken vorhanden sind.

Sendebeginn der Seefunkfeuer in Gruppe:

Sendefolge	Sendebeginn h + ...									
1	00	06	12	18	24	30	36	42	48	54
2	01	07	13	19	25	31	37	43	49	55
3	02	08	14	20	26	32	38	44	50	56
4	03	09	15	21	27	33	39	45	51	57
5	04	10	16	22	28	34	40	46	52	58
6	05	11	17	23	29	35	41	47	53	59

Die Flugfunkfeuer sind primär für die Flugzeugnavigation vorgesehen und mit größter Vorsicht zu gebrauchen. Es wurden Peilfehler bis zu 15° festgestellt.

Seefunkfeuer (R.C.) in Gruppen

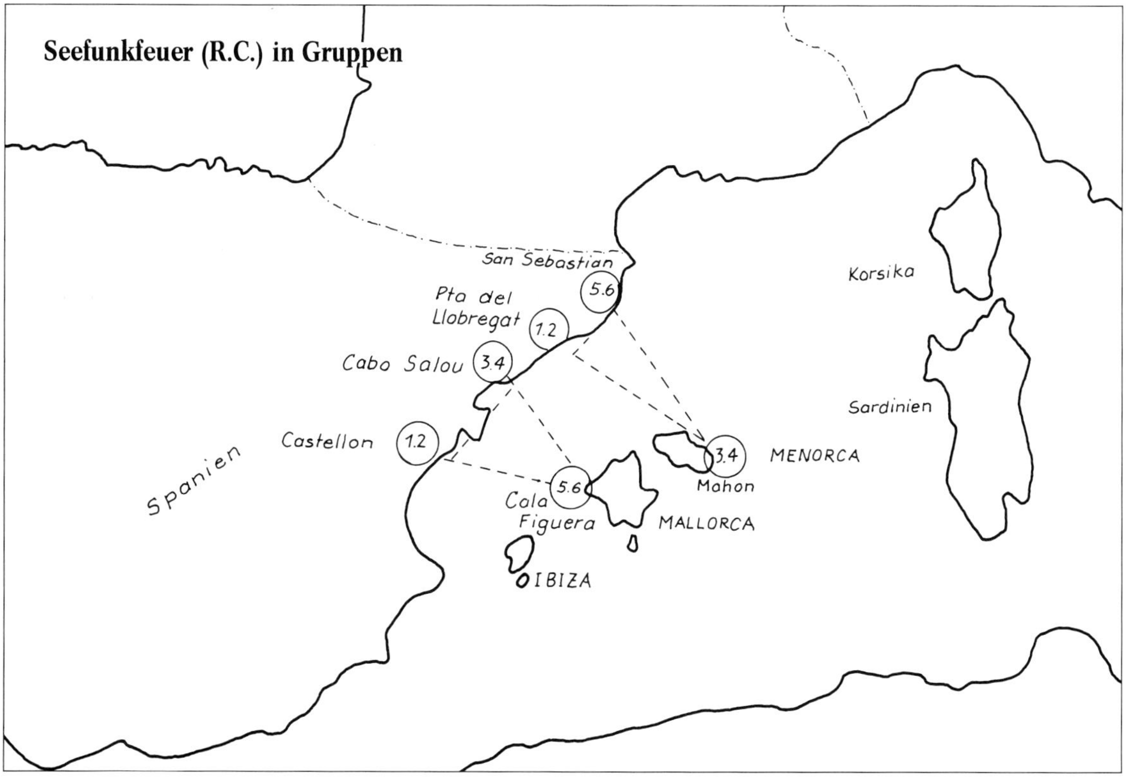

Balearen: Wichtige Leuchtfeuer und ihre ungefähre Tragweite

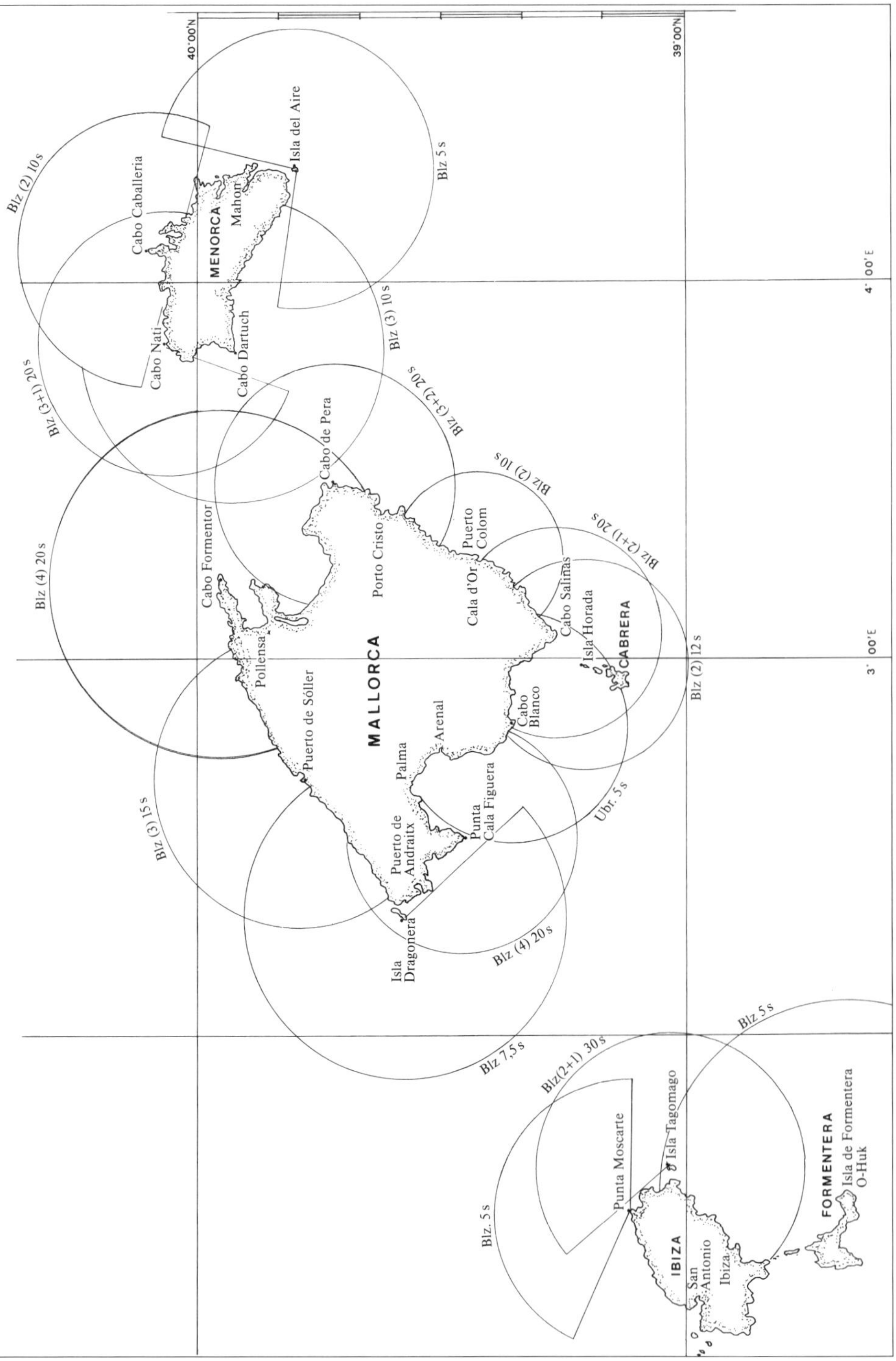

Küstenfunkstellen im Bereich der Balearen (24 h Service)

Küstenfunkstelle	Anruf UKW Kanal	Verkehrsabwicklung UKW Kanal	Sammelruf Zeiten	Position
Bagur Radio	16	23, 26, 27, 28	0233, 0633, 0833, 1033, 1233, 1633, 1833, 2233, K 28	41° 58′ N / 3° 13′ E
Barcelona Radio	16	04, 25, 26, 27	wie Bagur, K 27	41° 17′ N / 01° 54′ E
Ibiza Radio	16	04, 20, 26, 28	wie Bagur, K 28	39° 00′ N / 01° 28′ E
Palma des Mallorca Radio	16	20, 25, 26, 27	wie Bagur, K 25	39° 48′ N / 02° 48′ E
Menorca Radio	16	28	–	39° 49′ N / 04° 16′ E
Mallorca/La Mola Radio	16	26	wie Bagur, K 26	39° 32′ N / 02° 22′ E

A = Alfa (Alfah)	H = Hotel (Hotel)	O = Oscar (Osskar)	V = Victor (Wicktor)
B = Bravo (Brawo)	I = India (Indiah)	P = Papa (Papah)	W = Whiskey (Wisski)
C = Charlie (Tschali)	J = Juliett (Juhliett)	Q = Quebec (Kibeck)	X = X-ray (Exreh)
D = Delta (Delta)	K = Kilo (Kilo)	R = Romeo (Romio)	Y = Yankee (Jengki)
E = Echo (Ekko)	L = Lima (Limah)	S = Sierra (Ssierrah)	Z = Zoulou (Suhluh)
F = Foxtrott (Foxtrott)	M = Mike (Meik)	T = Tango (Tango)	
G = Golf (Golf)	N = November (November)	U = Uniform (Juniform)	

Internationales Morse-Alphabet:

A	.-	N	-.	1	.----
B	-...	O	---	2	..---
C	-.-.	P	.--.	3	...--
D	-..	Q	--.-	4	....--
E	.	R	.-.	5	.....
F	..-.	S	...	6	-....
G	--.	T	-	7	--...
H	....	U	..-	8	---..
I	..	V	...-	9	----.
J	.---	W	.--	0	-----
K	-.-	X	-..-		
L	.-..	Y	-.--		
M	--	Z	--..		

Ziffern und Zeichen im Sprechfunkverkehr

1 Unaone (uh-nah-wann)
2 Bissotwo (bis-so-tuh)
3 Terrathree (ter-ra-tri)
4 Kartefour (karte-fauer)
5 Pantafive (pann-ta-faif)
6 Soxisix (ssock-ssi-ssix)
7 Setteseven (sset-teh-ssäwn)
8 Oktoeight (ock-to-äit)
9 Novenine (noh-weh-nainer)
0 Nadazero (nah-dah-seh-ro)
, (Komma) = Decimal (deh-ssi-mal)
. (Punkt) = Stop

Literatur

Nautische Bücher

Seehandbuch DHI, Mittelmeer-Handbuch, I. Teil (D 2027)

Leuchtfeuerverzeichnis DHI, Teil V, Mittelmeer (D 2105)

Jachtfunkdienst Mittelmeer, DHI (D 2159)

Klima und Wetter im Mittelmeer, DHI (D 2180)

Sportbootführer

Robin Brandon: East Spain Pilot Isleas Baleares; St. Ives Huntingdon 1989

Hafenhandbuch Mittelmeer, Teil Ia, Die spanische Mittelmeerküste und die Balearen; DSV, Hamburg

Karlheinz Neumann: Spanische Gewässer; Bielefeld 1985

Klaus Peters: Hafenführer Spanien, Balearen; Tulln 1988

Gerd Radspieler: Häfen und Ankerplätze Balearen; Bielefeld 1988

Joachim Schult: Bord-Wetter-Karte / Mittelmeer-Wetterbericht; Hamburg 1989

Wassersport in Spanien. Merkblatt, herausgegeben von der Kreuzer-Abteilung des DSV; Hamburg

Allgemeine Reiseführer

Hans Cornelius / Othmar Baumli: Mallorca / Ibiza / Menorca / Formentera; Luzern 1978

Hans Cornelius / Bernd Helms: Menorca; München 1984

Hans Cornelius / Bernd Helms: Der Große Polyglott Mallorca; München

Juan de la Costa: Asi mi gusta Mallorca (in deutsch); Leon 1984

W. M. Healy: Mallorca, Menorca, Ibiza; München 1976

Bernd Helms / Hans Cornelius: Ibiza mit Formentera; München 1985

Bernd Helms / Hans Cornelius: Mallorca; München 1985

Robert P. Hertwig: Ibiza, Formentera und Menorca; München 1985

Robert P. Hertwig: Mallorca; München 1985

Ursula von Kardorff / Helga Sittel: Richtig reisen: Ibiza, Formentera; Köln

Kai Krüger: Ibiza, Formentera, Menorca (Surf-Reiseführer); Bielefeld 1985

Kai Krüger: Mallorca (Surf-Reiseführer); Bielefeld 1985

Wolfgang Kunz: Mallorca; Hamburg 1985

Merian-Heft: Mallorca, Menorca, Ibiza; Hamburg

Joseph Moll-Marqués / Brigitta Salvatori / Hans Cornelius: Mallorca; München 1982

Axel Naegele / Manfred Klemann: Ibiza - Formentera; Zürich 1984

Axel Naegele / Manfred Klemann: Mallorca - Menorca; Zürich 1984

Hans Reitz: Alles über Alcudia; Palma de Mallorca 1981

Jürgen W. Scheutzow: Ibiza kennen und lieben; Lübeck

Jürgen W. Scheutzow: Mallorca kennen und lieben; Lübeck

Wolf Strache / Celestino Sanchéz: Mallorca, Menorca, Ibiza, Formentera; München / Luzern 1984

Hans Strelocke: Mallorca - Menorca; Köln

Distanzen in sm

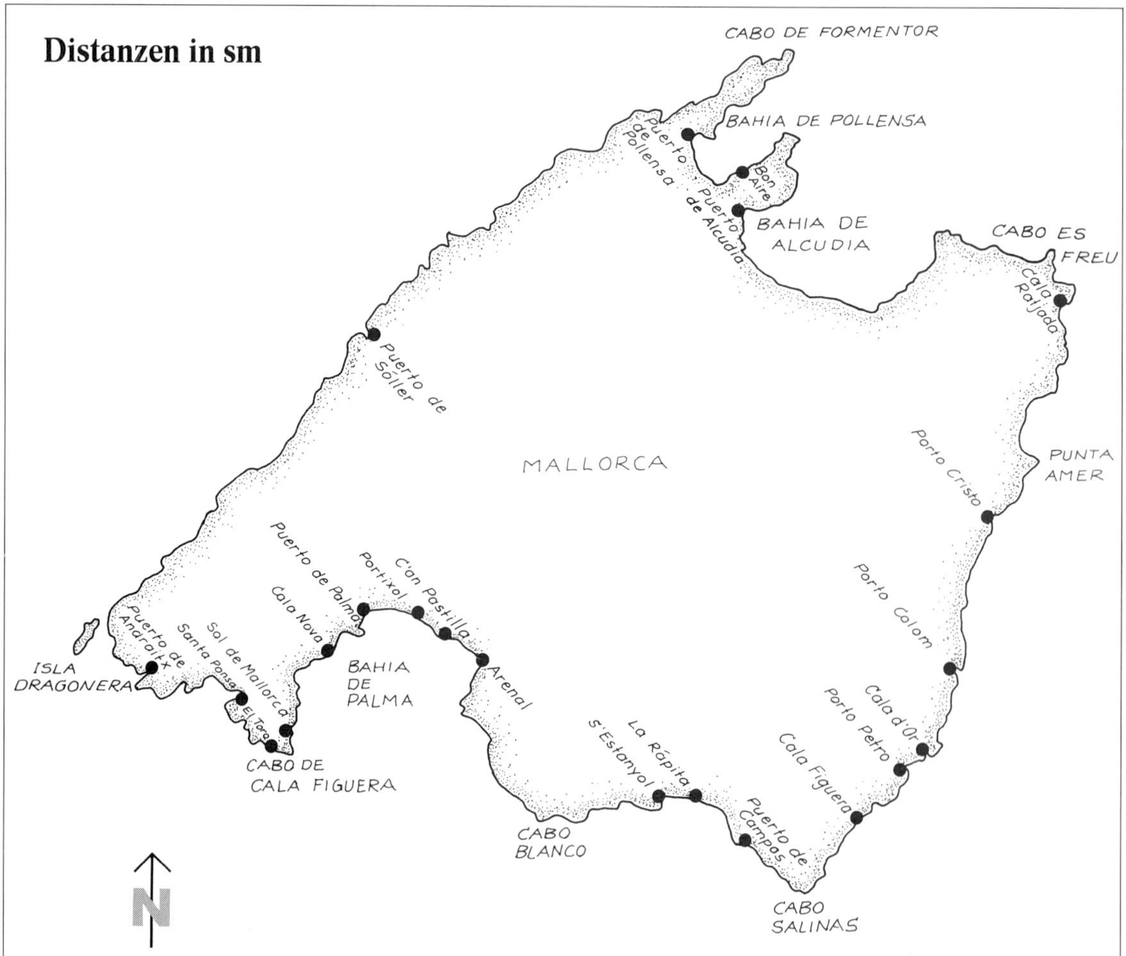

Puerto de Palma
2
Cala Nova
7
Sol de Mallorca
5
El Toro
4
Santa Ponsa
6
Puerto de Andraitx
27
Puerto de Sóller

Puerto de Sóller
36
Puerto de Pollensa
4
Bon Aire
10
Alcudia
23
Cala Ratjada
14
Porto Cristo

Porto Cristo
8
Porto Colom
3
Cala d'Or
1
Porto Petro
3
Cala Figuera
11
Puerto Campos
4
La Rápita
2
S'Estanyol
16
Arenal
3
Ca'n Pastilla
2,5
Portixol
1
Puerto de Palma

Mallorca

Insider nennen sie „Insel der Stille“ oder „Insel des Lichtes“, und in kaum einem Urlaubsrevier Europas entdeckt man so viele Kontraste und Widersprüche wie auf dieser Insel.
Der Pauschaltourist spricht gelegentlich vom Hinterhof Spaniens, Touristengrill und ähnlichem; für den Segler und Motorbootfahrer ist das Revier um Mallorca ein einziges Wassersportparadies mit unzähligen verträumten Buchten, Idealschlupfwinkeln für Romantiker; auch die Kulturhistoriker, oder alle, die es werden wollen, kommen - allerdings im Landesinneren - voll auf ihre Kosten.
Auf 3640 qkm findet man eine abwechslungsreiche Landschaft, deren Schönheit und Anmut einzigartig ist.
Die hohen und steil ins Meer abfallenden Berge, die sich wie eine Mauer an der Nordküste der Insel entlangziehen, werden von Tälern abgelöst, in deren Schutz sich Zitronen- und Orangenhaine ausdehnen. Auf Abhängen und teilweise noch von den Mauren angelegten Terrassen stehen jahrhundertealte Olivenbäume, und alles wechselt zu einer Landschaft mit wahrhaft lieblichem Charakter. Darauf folgen ausgedehnte Ebenen mit unzähligen Windmühlen und Mandelbäumen, die im Januar die Insel in ein weiß-rosa Blütenmeer verwandeln. Die Ebenen setzen sich fort zu kilometerlangen Sandstränden und den „Siedlungen“ der „Eroberer der Neuzeit“.
Schon im Altertum hatte die Insel - auch aufgrund ihrer geographischen Lage - eine wahrhaft magische Anziehungskraft auf fremde Völker. Phönizier, Griechen, Karthager, Römer, Vandalen, Byzantiner und schließlich Araber, die fünf Jahrhunderte lang auf der Insel ansässig waren, hinterließen Spuren ihrer Zivilisation.
Die eigentliche Geschichtsschreibung begann bereits nach dem Ende des 3. Punischen Krieges und der endgültigen Niederlage Karthagos, als die Insel von den Römern annektiert wurde.
Im Sommer 123 v. Chr. lief Quintus Caecilius Metellus, Befehlshaber der Flotte und Invasionstruppen, in die Bucht von Alcudia ein. Er gründete Pollentia (heute Alcudia), und man begann systematisch mit der „Romanisierung“ der Insel und fing an, den Seehandel auszubauen.
Der Außenposten des römischen Imperiums erhielt eine tadellose Verwaltung, Städte und Ortschaften wurden von römischen Architekten geprägt, und in Pollentia entstand ein römisches Theater. (Die relativ gut erhaltene Anlage wurde 1953 ausgegraben.)
Aus den Niederschriften des Diodorus geht hervor, daß Mallorca im ersten nachchristlichen Jahrhundert ca. 30 000 Bewohner zählte, römische Verwaltungsbeamte, Kaufleute und abgedankte Soldaten eingeschlossen.
Im 4. Jahrhundert wurden die Häfen und Festungen ausgebaut; Wein, Weizen und Olivenöl wurden in großen Amphoren nach Rom exportiert. Das Christentum hatte sich bereits auf der Insel ausgebreitet.
Das friedliche Dahinleben im westlichen Mittelmeer wurde jäh unterbrochen, als 409 n. Chr. die Vandalen in Nordspanien einfielen und 430 in Karthago ein neues Reich gründeten, 455 plünderten sie Rom, 465 eroberte Geiserich die Balearen, verwüstete

und plünderte die Insel und verfolgte die Christen.
Der byzantinische Feldherr Belisar zerschlug 535 das Vandalenreich, eroberte Mallorca und stellte die Balearen unter byzantinische Oberhoheit.
Von Nordafrika her näherte sich eine neue Gefahr: 697 fiel Karthago an die Araber, 711 wurde Roderich, König der Westgoten, in der Schlacht bei Jerez besiegt.
Die Macht von Byzanz auf den Balearen zerfiel, und Überfälle und Verwüstungen durch die Mauren, angeführt von Abdulla, beutelten die Insel sehr. In den nächsten 60 Jahren setzten sich Raubzüge und Invasionen mit Intensität fort, und die Einwohner suchten Schutz bei Karl dem Großen. Dieser gründete 795 die spanische Mark. 799 wurden auch die Balearen für kurze Zeit fränkisch. Auf Veranlassung Karls des Großen wurden militärische Hilfstruppen und Söldner auf Mallorca und Menorca stationiert, doch die Raubzüge, an denen sich zum Teil 70 Segelschiffe beteiligten, nahmen kein Ende.
Von Südspanien stieß 902 n. Chr. unter dem Kommando von Isam el Jaulani eine Armada von maurischen Segelschiffen zur Einnahme der Insel vor, und nach heftigem Widerstand und schweren Kämpfen wurde Mallorca von den Mauren eingenommen.
Die von den Vandalen und Mauren verwüsteten Städte wurden wieder aufgebaut, Schlösser, Moscheen, Terrassen und Gärten entstanden; Mallorca erreichte eine nie dagewesene Blüte.
Doch die Kurse der Raub- und Piratenschiffe wurden jetzt von Mallorca auf die römischen Stadtstaaten abgesteckt. Die Stadt Pisa stellte mit Hilfe des damaligen Papstes im Frühjahr 1114 eine Flotte von über 300 Galeeren und Segelschiffen zusammen, und am 6. August 1114 lief diese mit Ziel Balearen aus. Die Flotte wurde entlang der italienischen Küste verstärkt. Als der Flottenverband von Barcelona nach Ibiza den Kurs anlegte, hatte er eine Stärke von 800 Schiffen erreicht. Ibiza wurde erobert und verwüstet; kurz darauf fiel auch Mallorca. Maurische Herrscher und Verwandte des Emirs wurden nach Pisa verschleppt.
Die zusammengewürfelten Invasionstruppen zogen sich wieder von den Inseln zurück, und erneut ergriffen die Mauren von Mallorca Besitz.
Die neuen Herrscher verhalfen der Insel zu einer neuen Blüte. Landwirtschaft, Kunsthandwerk und Außenhandel erreichten einen Höhepunkt. Die Münzen „Medina Mayurka" wurden geprägt und über die Grenzen Mallorcas hinweg als Zahlungsmittel anerkannt. In der hochzivilisierten Stadt Palma entstanden großräumige Adelshäuser mit Säuleninnenhöfen und Gärten in geometrischen Formen.
Die maurische Gesittung und Lebensform erreichte einen „Grad der Verfeinerung" ähnlich der römischen Kaiserzeit in Pompeji. Der Aufstand der Bauern und der Druck aus dem christlichen Norden war programmiert. Die Invasion wurde ausgelöst, als die Emire obendrein Schiffe der Christen in der Nähe von Barcelona und Ibiza kaperten und den Mannschaften den Garaus machten.
Als Zwanzigjähriger empfand König Jaime I. von Aragon es als seine königliche Pflicht, den heiligen Krieg gegen die Ungläubigen zu führen und das Christentum auf den Balearen zu verbreiten. Unterstützt von dem Bischof von Barcelona und dem Erzbischof von Tarragona, wurde eine riesige Streitmacht mit Schiffen, Steinschleuderkanonen, Pferden, Soldaten und Proviant zusammengestellt.

Eine Flotte von 143 Schiffen setzte am 1. September 1229 die Segel, Kurs Bahia Pollensa/ Mallorca. Ein starker Mistral machte das Festmachen in der Bucht unmöglich, und so segelte man weiter bis in die Bucht von Santa Ponsa. Hier kam das Kommando: „Klar bei Anker". Landungsboote wurden klargemacht, und Mannschaften, Pferde und Geräte an Land geschafft. Ein Steinkreuz an der Hafeneinfahrt von Santa Ponsa bezeichnet heute die historische Stätte.

Der heilige Krieg der Reconquista hatte begonnen. Die Stadt Palma wurde im Handstreich genommen, nachdem die Zisternen leer waren: „Allah hatte es so gewollt". Dann wurde die Stadt den Rittern und Soldaten acht Tage zur Plünderung freigegeben. Auch die restlichen Festungen konnten den spanischen Invasionstruppen nicht standhalten. Nur die Inselbewohner, die sich in die Höhlen von Artá und Porto Cristo geflüchtet hatten, leisteten erbitterten Widerstand. Aber die Zeit drängte, und so wurden große Strohballen herangeschafft und die Höhlenbewohner ausgeräuchert.

Das Christentum zog auf Mallorca ein, König Jaime I. teilte die Insel unter den Edelleuten und Offizieren auf, die wiederum ausgedehnte Landsitze errichteten. In Palma wurden die Trümmer der Moschee beseitigt, an dieser Stelle begann man mit dem Bau der Kathedrale. Die Gebäude in der Stadt erhielten einen mediterranen Stil. Das Schloß Almundaina wurde restauriert - mit florentinischem Einfluß, versteht sich -, das Schloß Bellver wurde erbaut, das Königreich Mallorca gewann über die Grenzen hinaus wieder an Macht und Bedeutung.

Der Zwist im erlauchten Familienclan begann. König Jaime III. konnte sein Reich nicht gegen seinen Verwandten, den König Pedro IV. von Aragon, behaupten; in der Schlacht bei Lluchmayor 1349 schlug man ihm den Kopf ab. Der neue König führte von Mallorca aus einen erbitterten Seekrieg gegen Genua und Sardinien, und die mächtige Handelsflotte kam ernsthaft in Bedrängnis. Der Krieg verschlang Unmengen Geld, die Güter wurden ausgepreßt, die Kaufleute und Handwerker preßten ihre Kunden aus; die Bürgerunruhen wuchsen ständig an.

Es kam, was kommen mußte: 1479 wurden die Balearen unter Ferdinand und Isabella dem Königreich Spanien zugeordnet.

Es ging wieder aufwärts, parallel zur wachsenden Macht in Spanien nahmen auch die Bedeutung und der Handel Mallorcas wieder zu. Mallorca gelangte zu neuer Blüte. In der Nähe der Kirche Santa Eulalia produzierten die Gold- und Silberschmiede kostbare Gefäße „hispano - mauresk", die Falkenjagd wurde zum Sport der Aristokraten, die prachtvollen Yachten erhielten bunte Segel aus feinstem Leinen.

Bald war es wieder soweit: 1528 brach unter Führung von Juan Crispin ein handfester Bauernaufstand aus, die öffentlichen Gebäude von Palma wurden vom Mob verwüstet, auch Schloß Bellver fiel in seine Hand. Der Vizekönig mußte nach Ibiza fliehen.

Dieses Auf und Ab der Inselgeschichte setzte sich über Jahrhunderte fort, bis 1812 eine Verfassung für die Insel zustandekam, die Kontrolle der Armee für die Zivilverwaltung abgeschafft und das Inquisitionstribunal aufgelöst wurde. 1814 wurde von Ferdinand VII. die Verfassung wieder aufgehoben und die Inquisition wieder eingesetzt.

Von 1830 an, mit dem allgemeinen Wechsel der politischen Anschauungen in Spanien, zeichnete sich auch wieder eine wirtschaftliche Erneuerung auf Mallorca ab.

1833 fuhr zum ersten Mal ein Dampfschiff – es war ein hölzernes Radschiff mit Kesseln – vom Festland nach Mallorca. 1838 begann dann ein regelmäßiger Dampfer-Schiffsdienst zwischen Barcelona und Palma. Die Handelsbeziehungen mit Übersee wurden erneut aufgenommen und entwickelt. Die Handelsflotte zählte wieder 600 Schiffe und rund 28 000 Seeleute.
Doch die Ruhe war nicht von Dauer, Konservative und Liberale stritten um die Vorherrschaft und zerstörten dabei zahlreiche Kunstwerke und Archive, darüber hinaus griff 1890 die Natur jäh in die Inselwirren ein: Mehltau vernichtete die Weinstöcke und die Existenz der Weinbauern. Man ging wieder zur normalen Tagesordnung über oder wanderte nach Südamerika und Mexiko aus.
Die zuhausegebliebenen Mallorquiner führten resistentere Weinstöcke aus Kalifornien ein oder stiegen um auf Mandelbaumpflanzungen, die nunmehr die Insel im Januar/Februar in ein Blütenmeer verwandeln und heute mit ca. 10 000 t Mandeln zur Zahlungsbilanz der Insel doch etliches beitragen.
Erzherzog Ludwig Salvator von Österreich entdeckte seine Liebe zu den Balearen und stellte unvergleichliches Schriftmaterial über die Insel zusammen. Die 1897 im Brockhausverlag Leipzig veröffentlichten Bücher legten den Grundstein für den Massentourismus zu den Balearen, womit die Entwicklung Mallorcas für die nächste Zeit festgelegt war.

Palma

Die um ca. 800 von den Mauren gegründete Medina Mayurka (Stadt Mallorca) mit ihrer Moschee und den Befestigungsanlagen wurde nach der Eroberung und Zerstörung durch die Christen (1229) zur „Ciutat de Mallorques“ umbenannt.
Im 14. und 15. Jahrhundert erlebte Palma durch seine Handelsschiffahrt und den Expansionsdrang seiner Kaufleute eine großartige Blütezeit. Wein, Obst, Öl, Teppiche und Töpferwaren umfaßte der Export zu den angrenzenden Mittelmeerländern. Im damaligen Hafengelände entstanden riesige Arsenale und Lagerhäuser.
Um die Mitte des 14. Jahrhunderts zählte die Handelsflotte 470 Schiffe mit 31 000 Seeleuten.
Die Werften bauten die schnellsten Galeeren mit 13 Ruderbänken und Handelsschiffe bester Qualität.
Die Seefahrer der Balearen navigierten mit dem Magnetkompaß, lange bevor Gicia von Amalfi seine „richtungweisende“ Erfindung bekanntgab.
Die Seekarten der Palmeser waren mit Sicherheit die genauesten der Welt. Eine dieser Seekarten zeichnete 1439 ein Kartograph in Palma namens Gabriel de Valseca, und diese ist jetzt im Louvre in Paris sicher aufbewahrt. Der Tintenfleck am Rande rührt von einer Unvorsichtigkeit von George Sand her, die 1838 beim Studieren der Karte versehentlich ein Tintenfaß umstieß.
Mit dem Massentourismus wurde die Stadt Palma ein magischer Anziehungspunkt der Völker nördlich des 40. Breitenparallels.
Die nachfolgenden wichtigsten Sehenswürdigkeiten kann man an einem Tag besichtigen.

Museen in Palma

Stadtmuseum: Im Schloß Bellver, Archäologie
Museum des Bischofpalastes: Archäologie, Juwelen, Keramik, Münzensammlung, Gemälde, Figuren und Schnitzereien

Museum Krekovic: Calle Ciudad de Queretaro, Polígono de Levante, Tel. 246662, Sammlung von Gemälden über das ehemalige Incareich und das heutige Peru
Seefahrt-Museum: Consulado de Mar, Paseo Sagrera (im Umbau)
Palast Vivot: Calle Zavella 2, Teppiche, Bücher, Möbel
Nationalmuseum der Stadt: Almudainapalast, Plaza de la Catedral, Möbel, Waffen, Keramik, Gemälde
Museum der Kathedrale: Reliquien, Ornamente, Teppiche, Jüdisches Rimonin
Museum Mallorca: Calle Portella, Mittelalterliche Gemälde und Figuren, Keramik, Möbel
Öffnungszeiten: 10 - 13 Uhr und 15 - 18 Uhr.

Architektonisch interessante Orte in Palma

Arco de la Almudia: Eines der wenigen noch vorhandenen Zeugnisse der arabischen Herrschaft, gelegen in der Calle Almudiana
Baños Arabes: (Arabische Bäder) Calle de Serra, 13. Eines der wenigen noch vorhandenen Zeugnisse der islamischen Besetzung. Zugang zu einem prächtigen Garten.
Kathedrale: Gotischer Stil, angefangen im 13. Jahrhundert. Im Inneren schlanke Säulen und hohe gewölbte Kuppeln, bestehend aus drei Schiffen. Besonders bemerkenswert das Rosettenfenster. Gräber der mallorquinischen Könige.
Seefahrt-Konsulat: Paseo de Sagrera. Gebaut von der Schule des Handels im 17. Jahrhundert. Kleine gotische Kirche, schöner Hof im Renaissancestil.
Lonja: (Handelsbörse) Paseo de Sagrera. Gotisch, 15. Jahrhundert. Prächtige Säulen.
Almudaina-Palast: Frühere Residenz der arabischen Könige und später des königlichen Hauses von Mallorca. Vergrößert und umgebaut im 14. und 15. Jahrhundert. Gotische Kapelle von Santa Ana.

Archive von Palma

Archivo del Reino de Mallorca: Calle Lulio 5. Sehr wichtig. Mit der Altertumsgeschichte von Mallorca, Protokolle, Finanzen, Königliche Audienz.

Bibliotheken in Palma

Landesbibliothek (Oficial Provincial): Calle Ramón Llull 5, von 10 bis 14 Uhr und von 17 bis 20 Uhr.
March: Spezialisiert auf Literatur und balearische Geschichte. Conquistador 2, von 9 bis 14 Uhr.

Paseo Marítimo

Der Paseo Marítimo ist der öffentliche Kai am NW-Rand des Puerto de Palma. Er liegt direkt an der Küstenavenida Paseo Maritimo und Avenida Ingeniero Gabriel Roca, deren zum Teil starker Verkehr Tag und Nacht eine ständige Geräuschkulisse bildet, die zusammen mit dem Touristentrubel und dem Lärm der Night-Clubs die Ruhe der Yachties erheblich beeinträchtigt.
Festgemacht wird in der Regel mit Heckanker am Kai. Die Liegeplätze sind numeriert und haben weder Wasser- noch Stromanschluß. Gegen einen Aufpreis auf die niedrigen öffentlichen Liegegebühren ist jedoch Wasser erhältlich.
Die meisten Plätze sind ständig von Langzeitliegern, meist sogenannten „Aussteigern" belegt. Auch die Vielzahl der auf- und abpromenierenden Touristen erkennt sicherlich

schnell, daß ein Spaziergang am Paseo der Besichtigung eines Schiffsmuseums gleichkommt. Hier haben in der Tat Schiffe der verschiedensten Bauarten und Größen festgemacht; man entdeckt u. a. alte Dreimastschoner, Gaffel- und Rah-Segler, Taiwanschiffe der verschiedensten Ausführungen.
Dieses bunte Treiben bringt leider den Nachteil der erhöhten Diebstahlsgefahr mit sich, und der Skipper tut gut daran, sein Schiff abzuschließen und Beiboot und Decksausrüstung ausreichend zu sichern.
Der Paseo Marítimo eignet sich aufgrund der schnellen Verbindung zum Flughafen vortrefflich für einen Crewwechsel - das Taxi fährt direkt ans Schiff.
Wie der Real Club Nautico ist auch der Paseo der ideale Ausgangspunkt für Stadtbummel und Sightseeing-Tour durch die Balearen-Metropole.
Nach dem Überqueren der Avenida wendet man sich an der Lonja Richtung Stadtmitte und landet unverzüglich im typischen Hafenviertel der Altstadt Palmas. Hier sind die vielen kleineren Schiffsausrüster zu Hause; auch ein Schiffsmodellbauer ersteht in den Lädchen sicher ein interessantes Objekt.
Schließlich geht man in einer der zahlreichen Tapas-Kneipen „vor Anker“, die in der Apuntadores, der sogenannten „Freßgasse“ schnell auszumachen sind. Die reichliche Auswahl an kleinen mallorquinischen Spezialitäten und der einheimische Landwein werden die Crew für den Marsch durch die Altstadt entschädigen.

Puerto de Palma

Puerto de Palma liegt im Scheitel der Bahía de Palma und wird von Schiffen aller Art angelaufen.
Die Hafenanlagen bieten bei jedem Wetter sicheren Schutz für Kreuzfahrtschiffe, Fähren, Frachter, Fischerboote, Yachten und natürlich auch die Schiffe der königlichen Seestreitkräfte.
Hier schaukeln die bis zu hundert Meter langen Luxuspaläste mit Panama-Flagge der Eigner aus dem Morgenland. Tausende von Segelyachten jeder Größe und Nationalität liegen in den Marinas und am Paseo dicht nebeneinander.
Der Vorhafen Porto Pi ist durch den weit in die Bucht reichenden Wellenbrecher geschützt, und das Hafengebiet vor der Stadt und die Clubanlagen des Real Club Náutico schützt die ca. 1100 m lange, nach SW verlaufende Muelle Nuevo.
Für Privatyachten bieten sich vier Möglichkeiten zum Festmachen an:

Club de Mar

Dieser ausgesprochene Nobelclub verfügt über alle Serviceeinrichtungen, Reparaturdienste und Bequemlichkeiten und ist sehr teuer.

Real Club Nautico

Die Hafenerweiterung des R.C.N.P. mit zusätzlich 247 Liegeplätzen für Schiffe bis 20 m Länge war im Herbst 1988 abgeschlossen. (siehe Detailplan S. 31) Der Club zählt zu den ältesten Yacht-Clubs in Spanien und kann auf eine langjährige Tradition zurückblicken.

Die Konzeptlosigkeit allerdings, die beim Bau der neuen Marina zugrunde lag, ist meines Erachtens primär auf das schwache Clubmanagement zurückzuführen, das vergessen hat, die notwendigsten Serviceeinrichtungen wie Toiletten und Duschen zu planen. Die Toiletten im Marinerogebäude waren im Januar 89 unbenutzbar. Ausgezeichnet allerdings ist das Leistungsangebot der im Clubgebäude etablierten Servicebetriebe und Schiffszubehörläden.

Yacht Service Mallorca S.A.

Der Betrieb unter deutscher Leitung verfügt über gut ausgebildetes Personal für alle Reparatur- und Malerarbeiten am Schiff und wird heute bei den deutschen und auch ausländischen Yachteignern als Servicestelle mit Zentralfunktion von Arenal bis Andraitx eingestuft.
Die Palette der Dienstleistungen reicht von Yachtbetreuung bis hin zu allen Reparaturarbeiten an Rumpf, Maschine, Wellenanlage, Kühl- und Wärmetechnik, Elektronik, Inox- und Stahlarbeiten.

Yacht Center

Will man kleinere Reparaturen am Schiff selbst durchführen oder Bordbestände ergänzen, ist der gut sortierte Betrieb Yacht-Center der richtige Anlaufpunkt. Der deutsche Besitzer hat sich besonders auf die Bedürfnisse der Fahrtensegler eingestellt und die wichtigsten Ersatzteile, Seekarten, Handbücher und Petroleum auf Lager.

Talleres Nauticos MAYTO

Dieser Betrieb repariert alle Außenborder und Ankerwinschen.

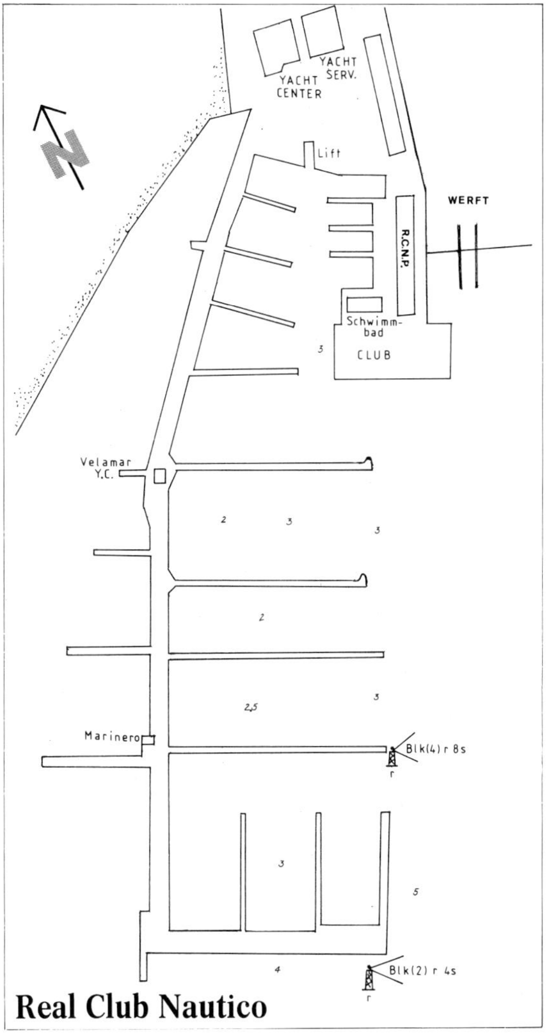

Real Club Nautico

Mecanautica

Die Werkstatt ist spezialisiert auf Reparaturarbeiten an Dieselmotoren der Marken Volvo, Solé, Perkins, Mitsubishi, Ford und Mercedes.

Puerto de Palma mit erweiterter Steganlage.

Muelle de Pedrera

Hier macht der Skipper fest, dem nur eine kurze Verweildauer zur Verfügung steht bzw. der die hohen Kosten der Marinas scheut. Wasser und Strom sind an den Liegeplätzen vorhanden.

Paseo Maritimo

Hier wird in der Regel mit Heckanker und Bugleinen festgemacht. Den Wasserschlauch gibt es auf Bestellung beim Marinero, die Liegegebühren variieren zwischen 100 und 200 Pts. Der Paseo ist - besonders in den Sommermonaten - bis in die Nacht sehr laut.

In den Sommermonaten sind die Muelle de Pedrera und der Paseo Maritimo ab 14.00 Uhr oft überbelegt, dann kann man ca. 150 m ostwärts auf 5 - 6 m frei ankern. Der Untergrund ist Sand und Schlick.

Ansteuerung bei Tag

Die Tagansteuerung bereitet keine Schwierigkeiten; von S kommend, steuert man mit Nordkurs durch die Mitte der Bucht. Die Skyline der Hochhäuser beginnt bei Palma Nova und setzt sich über Palma fort bis Arenal.
Von W kommend, umfährt man Punta Cala Figuera mit dem schwarzweiß diagonal gestreiften Leuchtturm auf sandgrauem

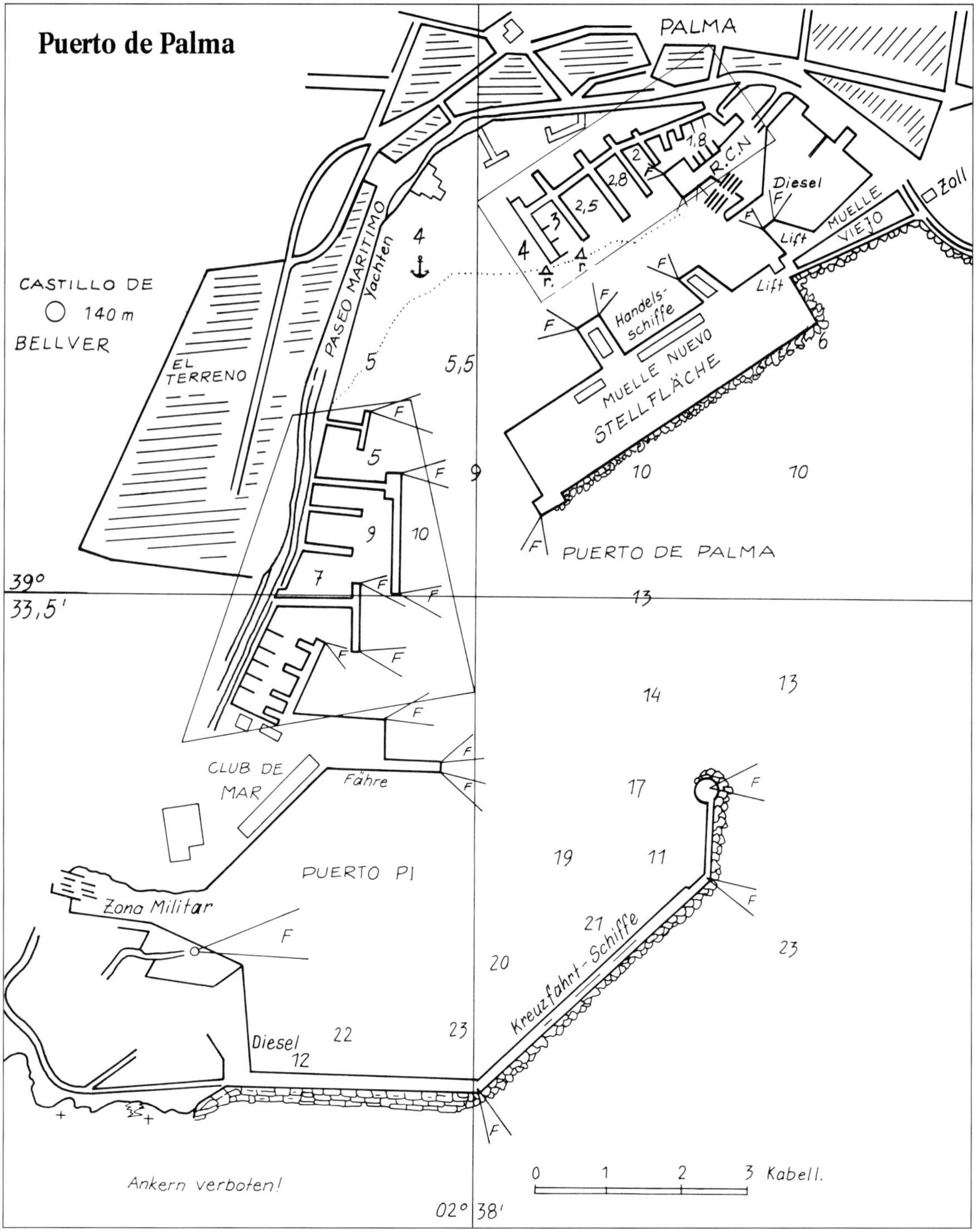
Puerto de Palma
PALMA
CASTILLO DE
140 m
BELLVER
EL TERRENO
PASEO MARITIMO
Yachten
R.C.N
Diesel
Zoll
MUELLE VIEJO
Lift
Lift
Handels-schiffe
MUELLE NUEVO
STELLFLÄCHE
PUERTO DE PALMA
CLUB DE MAR
Fähre
PUERTO PI
Zona Militar
Kreuzfahrt-Schiffe
Diesel
Ankern verboten!
39°
33,5'
02° 38'
0 1 2 3 Kabell.

Hafen
Real Club Nautico

Ort
Palma de Mallorca

Wassertiefe in Metern

Einfahrt	Reede	Hafen	Gästemole
13	4 - 5	siehe Plan	—

Betriebsstoffe/Anlagen

Diesel	siehe Plan
Benzin	——
Wasser	an den Liegeplätzen
Strom	220 V an den Liegeplätzen / 380 V Nähe Slip
Telefon	Münzfernsprecher/Sekr. C.N.
Dusche	C.N.
Sanitär	C.N.

Reparaturdienste/Technische Anlagen

Motor	separat aufgeführt auf Seite 36
Segel	Avenida de Eros de Manacor, Juan Alcover 5, Tel. 46 74 13 (Velas Ferrá)
Rigg	Servimast S.A./Yachtservice Mallorca
GFK/Farbe	Pinmar Tel. 71 37 44/Yachtservice Mallorca
Holz	Yachtservice Mallorca Tel. 71 40 72
Kran	6 t
Lift	50 t Yachtservice Mallorca 95 t / 35 t
Slip	

Service/Catering

Schiffszubehör	Yacht Center
Supermarkt	in der Stadt
Würfeleis	C.N.
Gas	Yacht Center
Post	Stadtmitte, J. Antonio 6
Bank	in der Stadt
Taxi	in der Stadt
Parkplätze	im Hafengelände

Position
39° 33,5′ N 02° 38,5′ E

Anrufkanal
9*

Wichtige Telefonnummern

Hafenmeister
72 68 48

Guardia Civil
71 32 80

Club
72 68 48-49

Zoll
22 65 83

Telex C.N.
6 88 07

Arzt Anschrift
Centro Medico
Paseo Maritimo, 18
Tel. 23 00 23

Wetterinformationen

Wetterstation im C.N.
- Barograph 14 Tage
- Wetterkarte
- Mondphasenkalender
- Wetterberatung

Busverbindungen

alle Richtungen

Sonstige Hinweise

* Rufzeichen:
Palma Nautico

Liegegebühren in PTS

m	Tag	Monat	Jahr
10	auf Anfrage		
15	auf Anfrage		

Hafen

Club de Mar

Ort

Palma de Mallorca

Wassertiefe in Metern

Einfahrt	Reede	Hafen	Gästemole
		3 - 9	

Betriebsstoffe/Anlagen

Diesel	Bunkerstation } Öffnungszeiten 0830 - 1300/
Benzin	Bunkerstation } 1515 - 1815 - Sa/So nur vormittags
Wasser	an den Liegeplätzen
Strom	an den Liegeplätzen 220 V/380 V
Telefon	über Telefonzentrale/Münzfernsprecher
Dusche	Club
Sanitär	Club

Reparaturdienste/Technische Anlagen siehe auch Real Club Náutico

Motor	Club
Segel	Velas Ferrá, Juan Alcover 5, Tel. 46 74 13
Rigg	Club
GFK	Club
Holz	Club
Kran	Werft Astilleros via Club
Lift	bis 25 t Werft Astilleros via Club
Slip	4 Schlepphellinge 400 - 1700 t

Service/Catering

Schiffszubehör	via Club
Supermarkt	Club Tel. 40 00 10
Würfeleis	Club, Blöcke und abgepackte Würfel
Gas	via Club
Post	Postdienst und Telegrammlieferung
Bank	Banco Credito Balear, Tel. 40 18 49
Taxi	via Club
Parkplätze	im Clubgelände

Position

39° 33,5′ N 02° 38,5′ E

Anrufkanal

16/9

Wichtige Telefonnummern

Hafenmeister

Guardia Civil
71 32 80

Club
40 36 11

Telex
68688 SECLU

Arzt Telefon
23 00 23

Arzt Anschrift
Centro Medico
Paseo Maritimo, 18
Tel. 23 00 23

Wetterinformationen

Wetterstation im Club

Busverbindungen

alle Richtungen

Sonstige Hinweise

Service: Wäscherei, Damen/Herren Friseur, Reisebüro/ Mietwagen/Drugstore/Fotoservice, Restaurant/Disco/ Pool/Bar/ Snack-Bar

Liegegebühren in PTS

m	Tag	Monat	Jahr
auf Anfrage			

Service (Palma)

Marine-Kommandantur, Muelle Viejo
Tel. 21 12 71 / 21 13 71

Touristik-Büro, Calle Almudaina, Tel. 22 40 90
Plaza de Espania, Tel. 21 15 27

Polizei Tel. 091

Stadtpolizei Tel. 092

Guardia Civil, Antonio Marques, 26
Tel. 21 12 73 / 21 12 75

Zoll (Aduana), Muelle Viejo, Tel. 21 12 23

Telegramm-Annahme, Tel. 22 20 00 / 01

Taxiplätze

Cooperativa de Taxis
Avenida 16 de Julio, s/n., Tel. 29 83 00

Aeropuerto (San Juan)
Edificio Terminal, Tel. 26 16 90

Sindicato, Frente Bar Triquet, Tel. 22 28 83

Andrea Doria
Esquna a Marqués de la Cenia, Tel. 23 45 96

Porto Pi, Avenida Joan Miró, s/n., Tel. 23 28 74

C'an Pastilla, Plaza Pío IX, Tel. 26 02 24

El Arenal, Avenida Nacional, Tel. 26 22 67

Progreso, Plaza del Progreso, Tel. 23 23 07

Radio Taxis, Franzisco Sancho, 7, Tel. 25 54 40

Terreno, Calle de Teniente Mulet, s/n., Tel. 23 08 60

La Punta, 31 de Deciembre, s/n., Tel. 25 37 16

Tele Taxi, Juan de Saridakis, s/n., Tel. 40 14 14

Autovermietungen

Avis, Paseo Maritimo, 16, Tel. 23 07 20

Avis, Aeropuerto, Tel. 26 09 10

Eurocar, Aeropuerto, Tel. 26 38 11

Hertz
Paseo Maritimo, 13 (Edificio Mar), Tel. 23 48 33

Hertz, Aeropuerto, Tel. 26 08 09

Hasso (deutschspr.)
C'an Pastilla, Tel. 26 02 19 / 26 17 84

Reparaturdienste von Schiffsmotoren (Palma Aera)

BMW:
Planisi S.A., Gremio Zapateros, 37,
Poligono Victoria, Tel. 25 67 40

Tallers Juan Frau Navarro,
Petro Martel, 1, Tel. 26 09 99 / 29 29 16

Renault / Nanni:
Thomas Darder,
AVDA General Primo de Revera, 13, Tel. 46 24 50

Volvo:
Volvo Concesionarios S.A.
Carrer de Manacor, 29, Tel. 42 42 25 / 46 42 25

Mallorca Boat Service,
Asegra s/n, Poligono La Paz, Tel. 29 26 33

Talleres Forti, Franzisco Marti Mora, 36,Tel. 23 42 52

Vilbon Gemio Horneros,
Poligono Victoria, Tel. 29 50 60

Mercury / Mercruser:
Gabriel Planisi,
Zapateros s/n, Poligono Victoria, Tel. 25 67 40

Johnson:
Darder S.A., Aragon, 215, Tel. 27 98 00
Solé:
Tallers Juan Frau Navarro,
Petro Martel, 1, Tel. 2 50 99 / 29 29 16

MWM / Diter:
Juan Pina, Mirador Vulcano 36, Tel. 27 33 47

Yanmar:
La Industrial y Agricola,
Gran Via Asima 3, Poligono La Victoria,Tel. 20 05 11

Mecanautica:
Real Club Náutico, Tel. 72 68 48
Volvo, Solé, Perkins, Mitsubishi, Ford, Mercedes

Yacht Service Mallorca
Fax 71 85 44
Real Club Náutico, Tel. 71 40 72

Talleres Nautico MAYTO, Tel. 72 65 94

Gebäude und den Antennenanlagen des Funkfeuers. Die Wellenbrecher sind bei der Nahansteuerung deutlich auszumachen.

Von E kommend, umfährt man Cabo Blanco mit dem weißen Leuchtturm in 95 m Höhe. Die Steilküste mit den weißen Ferienhäusern

Club de Mar

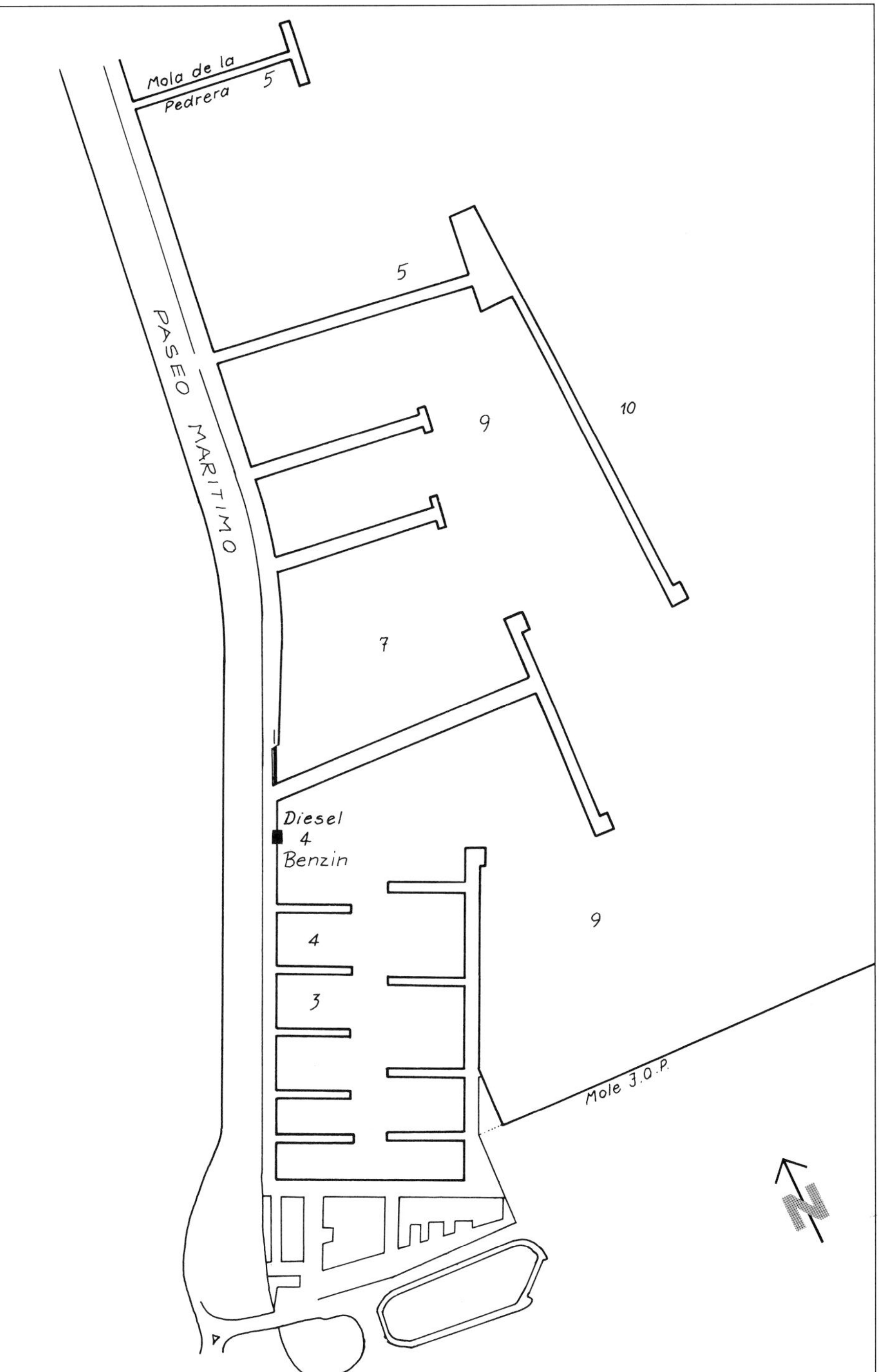
Mola de la
Pedrera
5
5
PASEO MARITIMO
9
10
7
Diesel
4
Benzin
4
3
9
Mole J.O.P.
N

Club de Mar

setzt sich von Cabo Regana fort bis Bahia Grande.
Die beste Landmarke für die Ansteuerung ist das Castillo de Bellver auf einem Hügel in 140 m Höhe westlich der Stadt. Auch die Kathedrale mit den beiden Türmen am Fuße der Stadt ist eine gute Landmarke.

Ansteuerung bei Nacht

Bei der Nachtansteuerung navigiert man nach den Feuern Punta de Cala Figuera, Cabo Blanco und Puerto Pi.
Die Einsteuerung ist einfach, aber hier treten auch die Nachteile eines Großhafens auf. Durch die unzähligen Lichter und Leuchtreklamen der dahinterliegenden Stadt ist die Hafenbefeuerung schlecht auszumachen.

Hinweise

Innerhalb des gesamten Hafenbereichs ist die Geschwindigkeitsbegrenzung von 4 kn unter Beachtung des generellen Vorfahrtrechts der Berufsschiffahrt einzuhalten.
Falls man beabsichtigt, in einer der Marinas festzumachen, empfiehlt es sich, den betreffenden Club über VHF anzurufen.
Erhöhte Diebstahlgefahr am Paseo.

Cala Portixol

Dieser kleine Fischerhafen ist für seegehende Yachten nicht besonders geeignet, und die Anlegemöglichkeiten sind hier stark eingeschränkt, obwohl die Liegeplatzkapazität 1985 erhöht wurde.
Das Festmachen im Vorhafen war 1988 nicht möglich. Wasser und Strom ist an den Stegen für Yachten verfügbar, Duschen und Sanitäreinrichtungen sind nicht vorhanden.
Das einzig Gute an und in dem Hafen ist das Portixol Restaurant.
Der Segelmacher Velera Matheu hat jetzt seinen Fachbetrieb an der Straße Capitan Ramonell Boix, Richtung Ca'n Pastilla neben Nautica MUS eröffnet. Hier werden fachmännisch Reparaturen durchgeführt und Neuanfertigungen in bester Qualität geliefert.

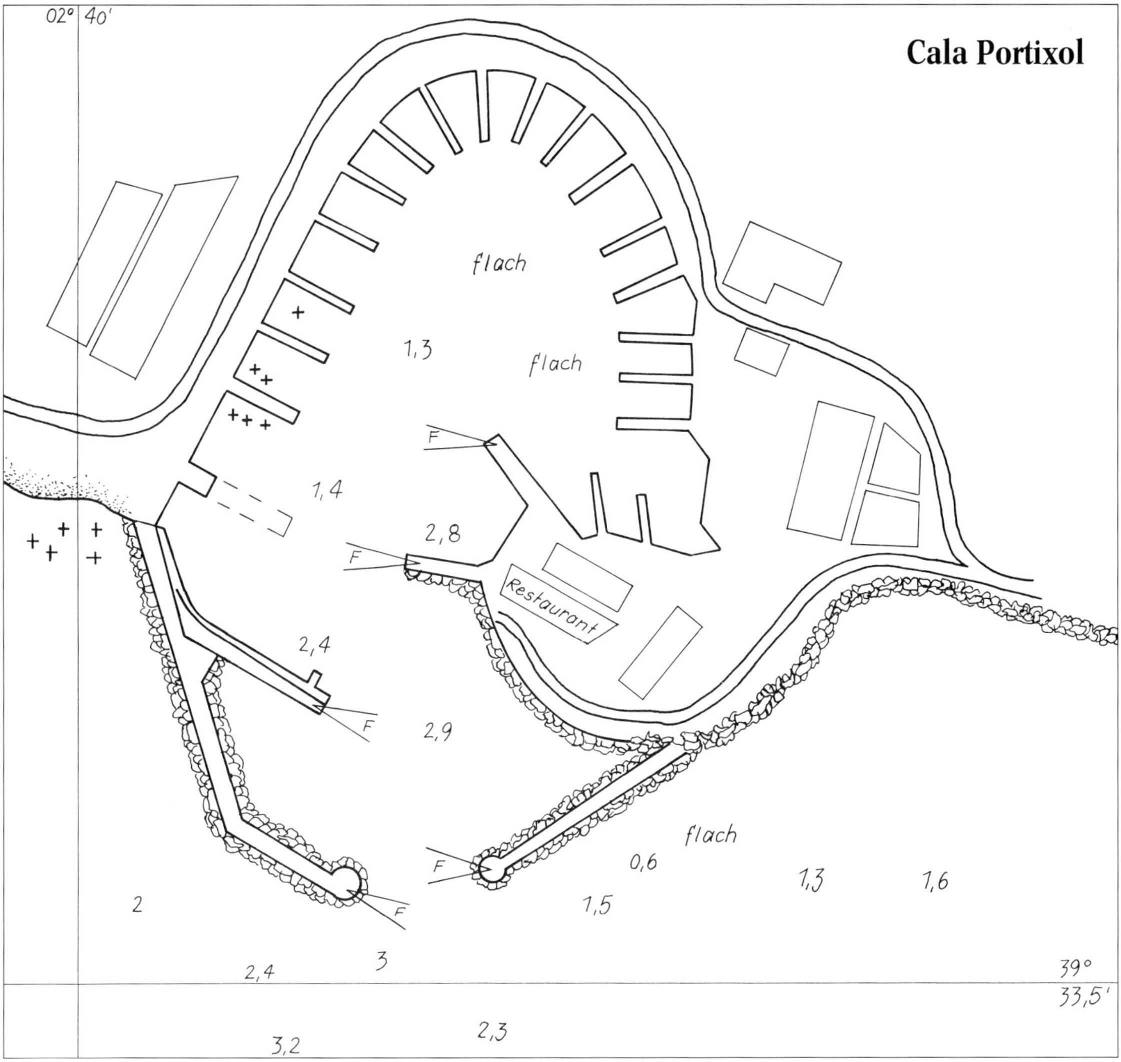

Puerto de Ca'n Pastilla

Puerto de Ca'n Pastilla

Der moderne Yachthafen Ca'n Pastilla und Basisstützpunkt von K.P. Winter Yacht Charter liegt ca. 3,5 sm SW-lich von Puerto de Palma und ca. 2 sm NW-lich von Arenal, 3 km vom Flughafen Palma entfernt. Die Mallorquiner nennen ihn auch Club Marítimo San Antonio de la Playa.

Bis 1981 bestand innerhalb der Hafeneinfahrt große Versandungsgefahr, und man war morgens manchmal nicht sicher, ob man den Hafen verlassen konnte, ohne aufzusitzen. Nach einem Sturm im Herbst 81 war es dann soweit: der Hafenmeister meldete „cerrado", und die Mausefalle war zu.

In Windeseile begann man damit, die Hafeneinfahrt mit Öffnung nach Süden zu verlegen. Gleichzeitig wurde der Wellenbrecher verlängert und die Marina modernisiert. Heute verfügt der Hafen über eine Kapazität von 540 Liegeplätzen, trotzdem ist der Hafen in den Sommermonaten oft überbelegt.

Ansteuerung bei Tag

Von W kommend, umfährt man Punta Cala Figuera mit dem schwarzweiß diagonal gestreiften Leuchtturm auf dem sandgrauen Gebäude und den Antennenanlagen des Funkfeuers. Auf NE-E-Kurs erkennt man bald die Stadt Palma und bei der Nahansteue-

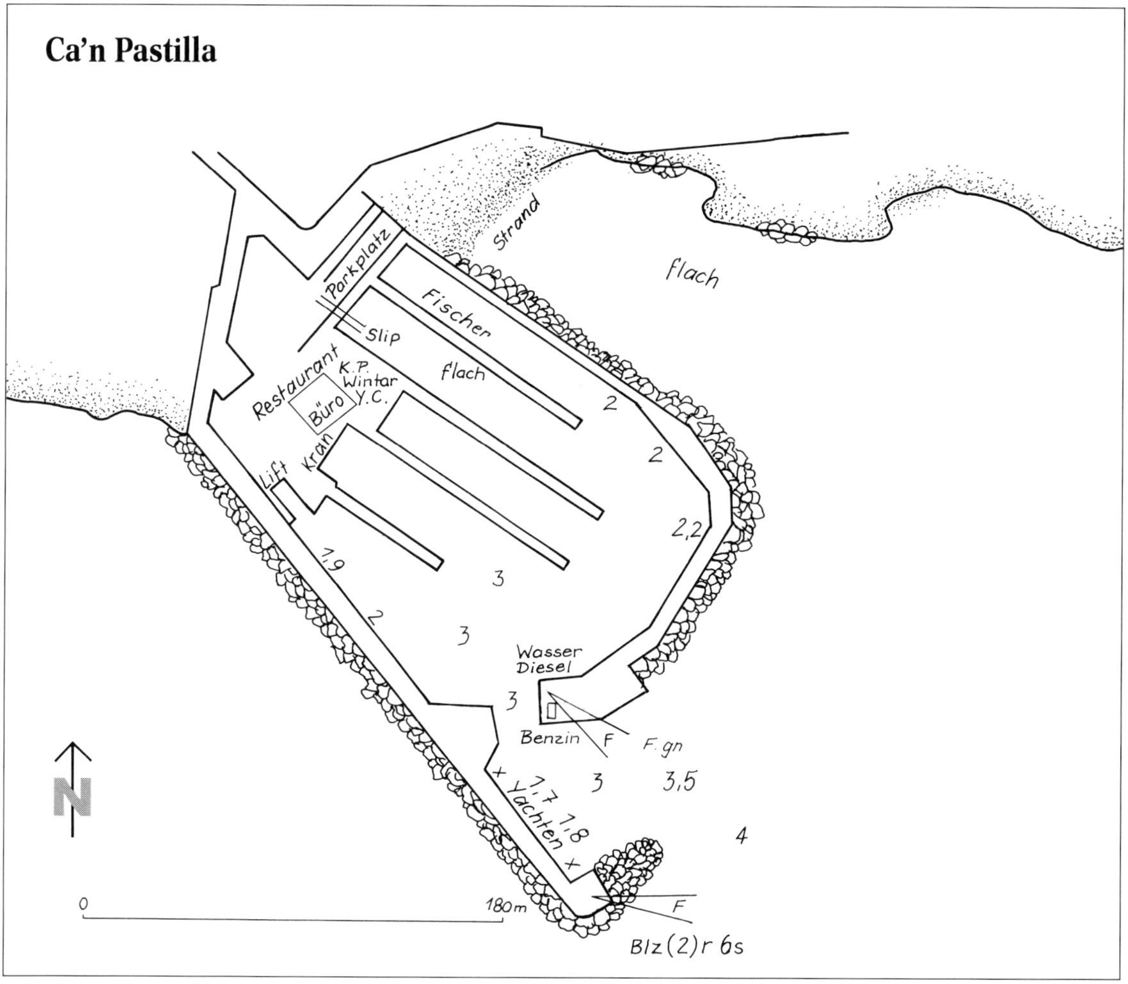

rung die Wellenbrecher von C'an Pastilla und Arenal mit den Hochhäusern und Hotels im Hintergrund.
Von E kommend, umfährt man Cabo Blanco mit dem weißen Leuchtturm in 95 m Höhe. Die Steilküste mit den weißen Ferienhäusern setzt sich von Cabo Regana fort bis Bahia Grande. Hinter Cabo Enderrocat liegt der malerische Ferienort Cala Blava, und kurz danach läuft die Steilküste aus in einen Sandstrand, der sich von El Arenal bis C'an Pastilla hinzieht.

Ansteuerung bei Nacht
Bei der Nachtansteuerung navigiert man nach den Feuern Punta de Cala Figuera und Puerto Pi. Die Molenköpfe der Hafeneinfahrt zeigen die Feuer F.gn. und Blz(2)r 6s.

Versorgung
Die Versorgungsmöglichkeiten sind hier sehr gut. Aufgrund seiner kurzen Entfernung zum Flughafen bietet sich dieser Hafen für Crewwechsel an; den Lärm der startenden und landenden Flugzeuge hört man jedoch bis tief in die Nacht hinein.

Hafen
Ca'n Pastilla Club Marítimo

Ort
Ca'n Pastilla

Wassertiefe in Metern

Einfahrt	Reede	Hafen	Gästemole
3,5	-	2 - 3	1,7 - 1,8

Betriebsstoffe/Anlagen

Diesel	im Hafen tägl. 0900 - 1900
Benzin	im Hafen tägl. 0900 - 1900
Wasser	an den Stegen, 1/2 Zollgewinde
Strom	an den Stegen, System Le Grand
Telefon	Münzfernsprecher am Hafentor
Dusche	4, sehr sauber
Sanitär	4, sehr sauber

Reparaturdienste/Technische Anlagen

Motor	Gastillo Garcia Molinar (Yanmar/Yamaha) Nautica Mus (Volvo/Yanmar)
Segel	Velera Matheu Portixol, Tel. 27 38 87
Rigg	Servimast S.A. Tel. 58 17 42
GFK	-
Holz	-
Kran	2 t/8 t
Lift	30 t
Slip	nur für kleine Fischerboote

Service/Catering

Schiffszubehör	Nautica Casa Mus Molinar, Tel. 24 68 32
Supermarkt	im Ort
Würfeleis	Club Marítimo (Marinero)
Gas	Ferreteria im Ort
Post	im Ort
Bank	und Wechselstuben im Ort
Taxi	im Ort
Parkplätze	im Hafengelände
Autovermietung	Hasso Rent a Car, Tel. 26 02 19/26 17 84

Position
39° 32,0′ N 02° 43,1′ E

Anrufkanal
9

Wichtige Telefonnummern

Hafenmeister
26 35 12

Guardia Civil
21 32 80

Club
26 35 12, Fax 26 16 38

K.P. Winter Yacht Charter
49 09 00, Fax 49 16 05

Arzt Telefon
26 01 57

Arzt Anschrift
Centro Medico
Calle de Lebeche 6

Wetterinformationen

Tel. 40 36 00
K.P. Winter Yacht Charter

Busverbindungen

nach Palma und Arenal

Sonstige Hinweise

Gästemole keine Muring!

Bürozeiten:
Mo. - Fr. 0800 - 2000
Sa. 0900 - 1800
So. 0900 - 1400

Liegegebühren in PTS

m	Tag	Monat	Jahr
8	815	20000	
10	1440	30765	
12	2165	41550	

Puerto de Arenal

Puerto de Arenal

Diese moderne Marina liegt im östlichen Teil der Bahia de Palma ca. 7,5 sm von Palma entfernt.

Der Hafen wurde ausgebaut und modernisiert, die 2. Ausbaustufe ist seit Sommer 83 in Betrieb. Die Liegeplätze sind zum größten Teil verkauft, und im Sommer ist der Hafen überbelegt. 70 Liegeplätze werden für Yachten im Transit vorgehalten. Wenn man Glück hat, gibt es noch einen Platz im Päckchen am Wartekai.

Yachten mit Seefunkstellen sollten die Marina vor der Einsteuerung über Sprechweg 9 rufen und sich anmelden, um gegebenenfalls noch rechtzeitig umzudisponieren.

Ansteuerung

Die Tagesansteuerung bereitet keine Probleme, schon von weitem erkennt man den Wellenbrecher und die Masten im Hafen. Nachts ist die Hafeneinfahrt befeuert.

Hinweis

Die Wassertiefe nimmt östlich der Hafeneinfahrt sehr schnell ab. Versandungsgefahr in der Hafeneinfahrt.

El Arenal/Playa de Palma

Hier beginnt das größte Ferienzentrum Europas; der 10 km lange und 30 m breite Sand-

Hafen

Puerto de Arenal

Ort

El Arenal

Wassertiefe in Metern

Einfahrt	Reede	Hafen	Gästemole
3 siehe Hinweis	5 - 9	2 - 3	3

Betriebsstoffe/Anlagen

Diesel	C.N. Wartekai
Benzin	-
Wasser	an den Liegeplätzen - Spezialanschluß 1000 Pts Deposit
Strom	an den Liegeplätzen
Telefon	Münzfernsprecher in Hafennähe
Dusche	sehr saubere, großzügige Anlage
Sanitär	6, ebenfalls sehr sauber

Reparaturdienste/Technische Anlagen

Motor	der C.N. hat Firmen unter Vertrag
Segel	Velera Matheu Portixol, Tel. 37 38 87
Rigg	C.N./Servimast S.A. Tel. 58 17 42
GFK	C.N.
Holz	C.N.
Kran	-
Lift	12 t/50 t (Gebühren: 10 m - 8560 / 12 m - 11900)
Slip	im alten Hafen, für flachgehende Boote

Service/Catering

Schiffszubehör	direkt am Hafen, hinter dem Pförtner (NAUTIGOM)/Nautica Mus
Supermarkt	im Ort
Würfeleis	C.N. Restaurant
Gas	zwei Ferreterias in Hafennähe
Post	im Ort
Bank	und Wechselstuben im Ort
Taxi	im Ort
Parkplätze	im Hafen

Position

39° 30,0′ N 02° 44,7′ E

Anrufkanal

9

Wichtige Telefonnummern

Hafenmeister
26 89 11 - 50

Guardia Civil
66 01 61

Club
Fax 49 12 11

Rotes Kreuz
66 06 46

Arzt Zentrum
49 02 22

Arzt Anschrift
an der Hauptstraße, 50 m gegenüber C.N.

Wetterinformationen

im Clubbüro

Bürozeiten:
Mo - Sa 0900 - 2000
So 0900 - 1400

Busverbindungen

nach Palma

Sonstige Hinweise

- Hafen eignet sich für Crewwechs.
- C.N.-Flughafen 6 km
- Schwimmbad im C.N.
- Hafen ist bewacht
- Taucherflaschen-Füllstation (NAUTIGOM)

Liegegebühren in PTS

m	Tag	Monat	Jahr
8	850	18000	Sonder-
9	1100	19600	gebühren
10	1300	26400	im Winter

Puerto de Arenal

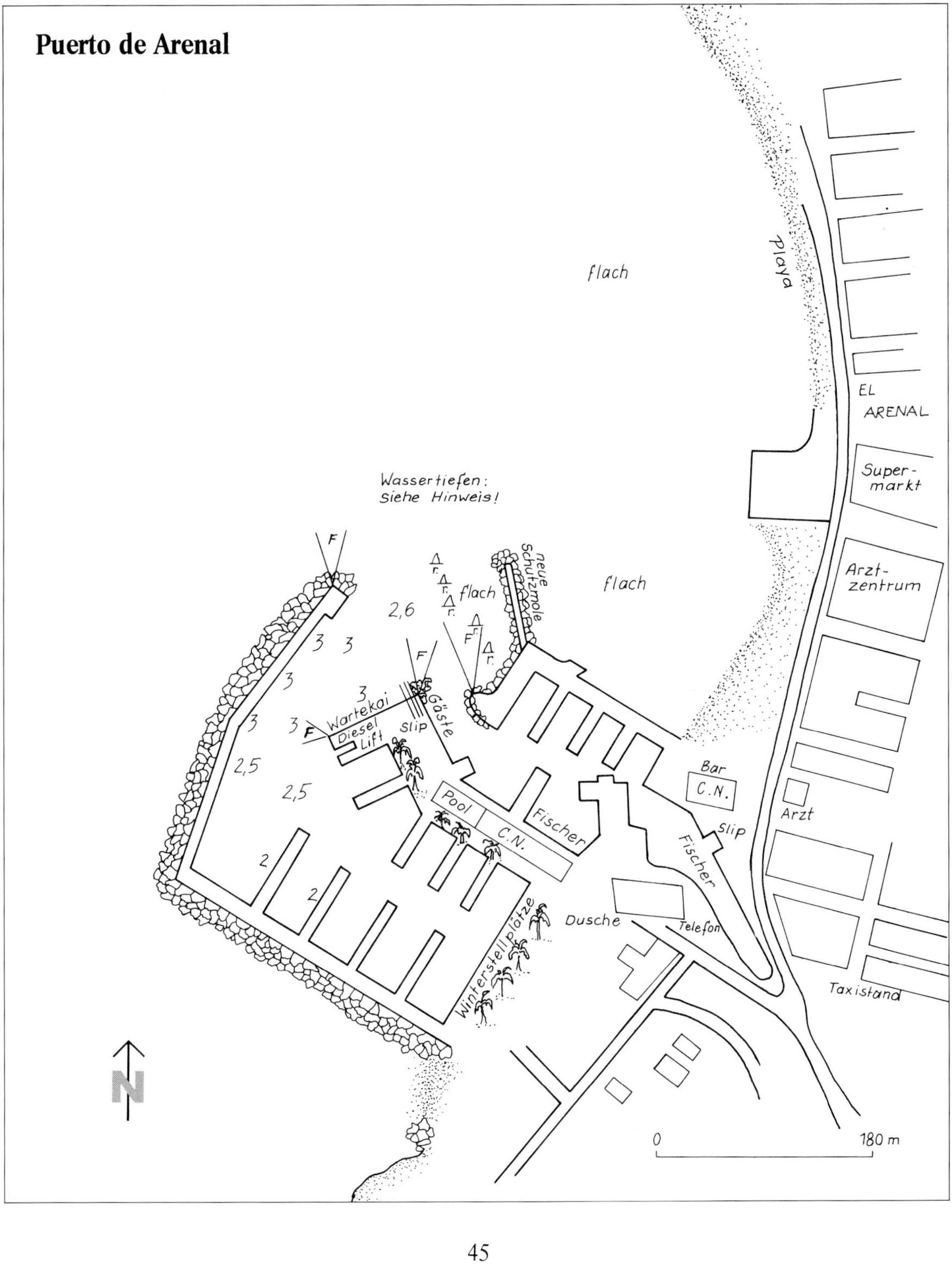

Einfahrt Puerto de Cabrera

strand wird durch eine vierspurige Autostraße von den Bettensilos und Betonmonstern getrennt. Alles ist hier dicht an dicht plaziert: Liegestühle, Häuser, Bars, Kneipen und Discos.

Die Versorgungsmöglichkeiten in El Arenal sind ausgezeichnet, die Lädchen in den Seitenstraßen sind auf deutsche Geschmacksrichtungen eingestellt. Wird eine Proviantierung für mehrere Tage und eine große Crew in Betracht gezogen, sollte man den kostengünstigeren Einkauf im Supermarkt *Continente* im 5 km entfernten Coll de'n Rabassa in Betracht ziehen; die Bordkasse wird es Ihnen danken.

Zum Abendessen lohnt sich ein Abstecher (mit dem Taxi ca. 500,- Pts) zur alten Mühle „Moli ca'n Pere". Diese typisch mallorquinische Kneipe liegt 3 km außerhalb von El Arenal an der Carretera nach Luchmayor ca. 1 km hinter der Tankstelle. Umgebung, Preise und Qualität der Speisen entsprechen spanischen Maßstäben. Kaninchen, Wachteln und T-Bone-Steaks werden schmackhaft auf dem Grill im Garten zubereitet, dazu gibt es „Ensalada Mixta" und Landwein vom Faß.

Puerto de Cabrera

Die Insel Cabrera - von Mallorquinern auch Ziegeninsel genannt - ist die größte Insel einer Gruppe südwestlich Cabo de Salinas mit einer Fläche von ca. 20 qkm und hat außer einigen Bäumen in den Tälern wenig Vegetation. Die unvergleichliche Schönheit und der herbe Reiz ihres ursprünglichen Charakters blieb bis in unsere Zeit erhalten.

Zur Zeit leben auf Cabrera nur noch zwei Bauernfamilien, und Soldaten eines Militärpostens fristen hier ihr karges Dasein. Verwaltungsmäßig untersteht die Insel dem Kriegsmarineministerium, sonst würden auch hier schon Betonburgen und Bettensilos die Skyline beherrschen.

Der Naturhafen Puerto de Cabrera schneidet tief in die Insel ein und bietet Schutz bei jedem Wetter.

Der Ankergrund besteht aus Sand und im südwestlichen Teil aus Ton und Seegras. Es empfiehlt sich, genügend Kette zu stecken, plötzliche Fallwinde treten häufig in den Sommermonaten auf.

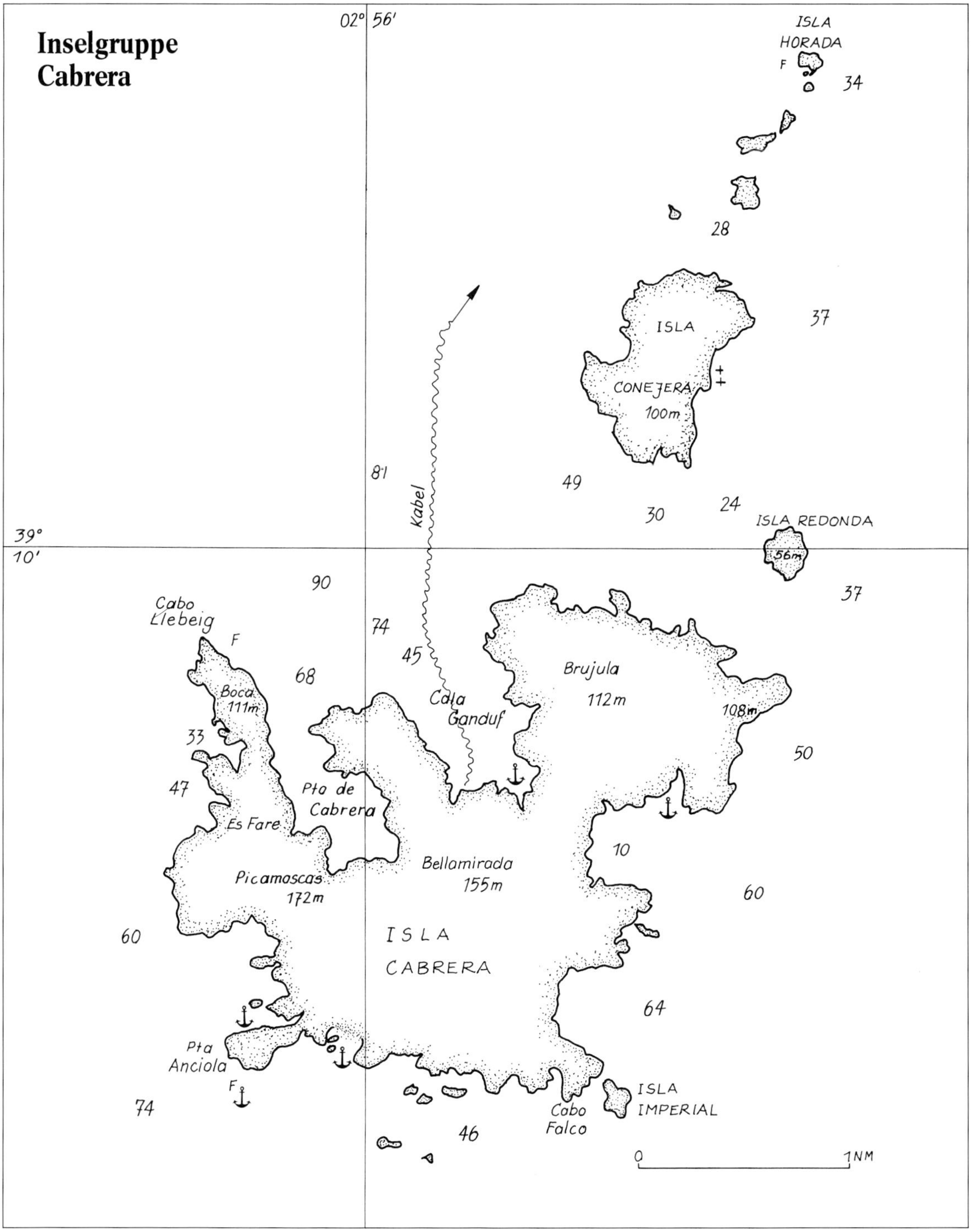
Inselgruppe
Cabrera
02° 56'
39°
10'
ISLA
HORADA
F
34
28
37
ISLA
CONEJERA
100m
81
49
30
24
ISLA REDONDA
56m
Kabel
90
37
Cabo
Llebeig
F
74
45
68
Boca
111m
Cala
Ganduf
Brujula
112m
108m
33
50
47
Pto de
Cabrera
Es Fare
10
Bellamirada
155m
Picamoscas
172m
60
60
ISLA
CABRERA
64
Pta
Anciola
F
74
46
Cabo
Falco
ISLA
IMPERIAL
0
1NM

Puerto de Cabrera

Seit 1983 ist in diesem wunderschönen Naturhafen das Wasserskilaufen strikt untersagt, und somit eignet sich dieser Ort für eine längere Verweildauer zum Schwimmen, Schnorcheln und Relaxen. Das Wasser ist glasklar, und zeitweise hat man - besonders im südwestlichen Teil - eine Unterwasserhorizontalsicht von 40 m und mehr.
Die Versorgungsmöglichkeiten sind allerdings begrenzt, die „Cantina" des Militärpostens - neben der Landungsbrücke - kann man mit dem Beiboot anlaufen zum Café solo oder Vino tinto.
Neben der Cantina wurde 1984 ein kleines Magazin eingerichtet, hier gibt es Trinkwasser in Plastikflaschen, Alkohol, Brot und Dosengerichte.
Treibstoffe sind nicht zu bekommen. Das Anlegen an der Mole ist nur mit besonderer schriftlicher Erlaubnis oder bei Havarie gestattet.

Ansteuerung bei Tag

Die An-/Einsteuerung in den Puerto de Cabrera ist problemlos, gute Landmarken bei Tag sind das NW-Huk Cabo Llebeig (Lebeche) mit dem schwarz-weiß gewürfelten Leuchtturm und die Burgruine auf Punta de los Pabellones.

Ansteuerung bei Nacht

Nachts brennt auf Cabo Llebeig ein starkes Feuer, und bei der Einsteuerung ist das Feuer auf Pta de sa Creueta von weitem erkennbar.

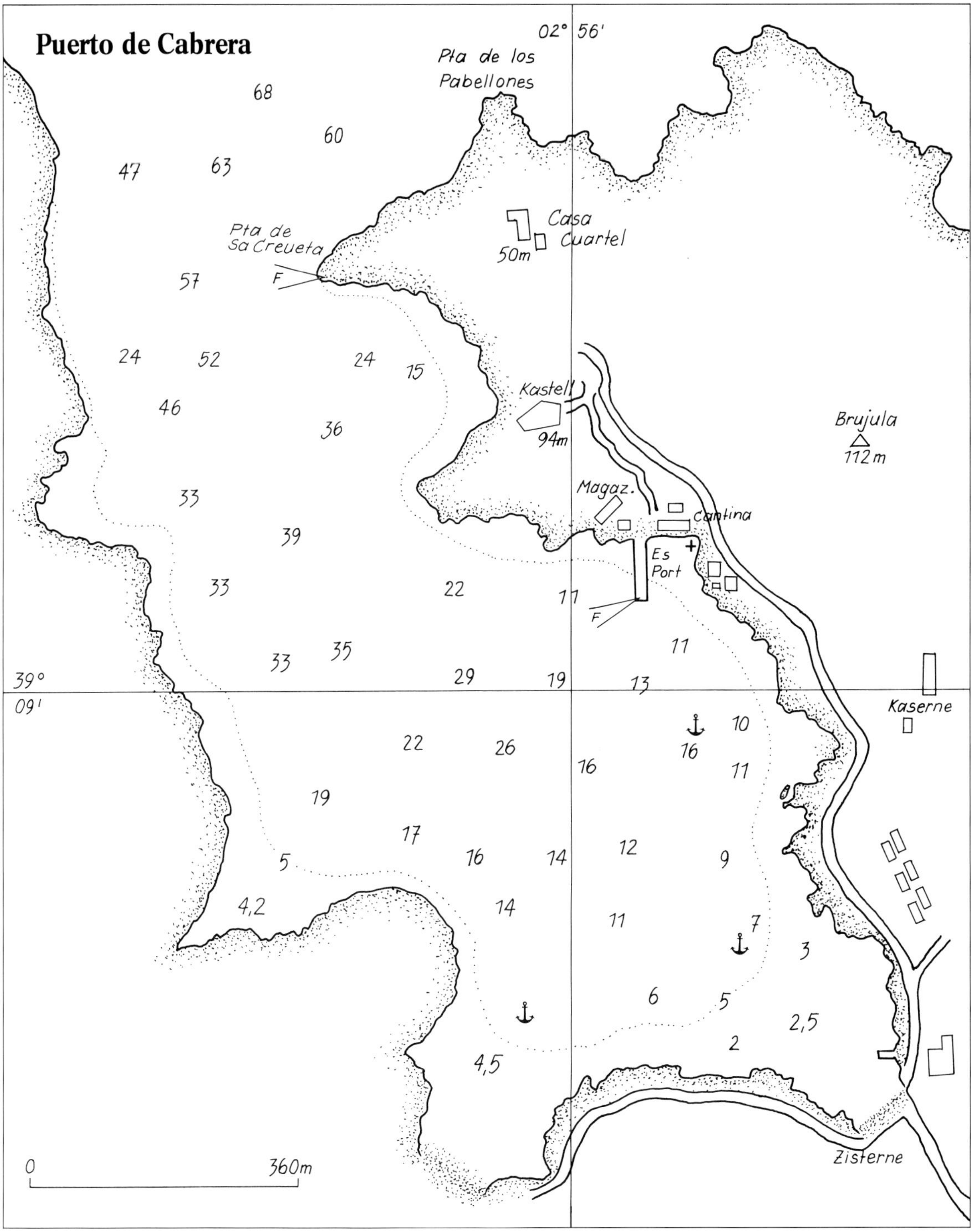

Puerto de Cabrera
02° 56'
Pta de los Pabellones
Casa Cuartel
50m
Pta de Sa Creueta
F
Kastell
94m
Brujula
112 m
Magaz.
Cantina
Es Port
F
39° 09'
Kaserne
Zisterne
0
360m
68
60
47
63
57
24
52
24
15
46
36
33
39
33
22
11
11
33
35
29
19
13
10
16
22
26
16
11
19
17
16
14
12
9
5
4,2
14
11
7
3
6
5
2,5
2
4,5

Das Hafenfeuer auf dem Anlegekopf der Landungsbrücke kann durch die Aufbauten von dort festgemachten Fischereifahrzeugen verdeckt sein.

Geschichte

Aber auch hier in dieser stillen und verträumten Ankerbucht war das Wasser nicht immer so „ungetrübt"; Seeräuber aller Provenienzen hatten hier ihr Versteck und lieferten sich blutige Gefechte mit den Besatzungen der Handelsschiffe, die auf Cabrera Schutz suchten.
Wrackteile aus Zedernholz und phönizische Amphoren sind heute die stummen Zeugen auf dem Meeresgrund.
Ein trauriges und makabres Kapitel in der Geschichte Cabreras begann im Frühsommer 1809, als ca. 7000 französische Kriegsgefangene aus Napoleons Heer von der Schlacht bei Bailën hierhin verbannt wurden.
Wenn man heute die Insel näher betrachtet, kann man sich ungefähr ausmalen, wie sich der Kampf ums Überleben gestaltet hat, da weder Lebensmittel noch Trinkwasser zur Verfügung standen.
Wie die Fliegen wurden die Männer von Hunger, Durst und Seuchen daringerafft. Für eine Handvoll Bohnen wurde gemordet. Diebe wurden vom Gefangenenrat abgeurteilt, von der Meute verstümmelt und als Geächtete in die Berge verbannt.
Als am 16. Mai 1814 Schiffe mit der Bourbonenflagge in den Hafen segelten, kam die Befreiung; Napoleon war geschlagen und auf dem Weg in die Verbannung nach Elba.
Ca. 3600 bis zum Skelett abgemagerte Gestalten schleppten sich an den Strand zum Einschiffen nach Marseille.
1848 wurde im Hafen von Cabrera ein schlichter Obelisk aufgestellt, der mit seiner Inschrift: „In Erinnerung an die hier verstorbenen Franzosen" an die Geschehnisse erinnern soll.
Der stark gegliederte Küstenverlauf bietet bei ruhigem Wetter ideale Ankerbuchten.
Absolut ruhige und wenig besuchte Ankerbuchten findet man NE-lich und E-lich Punta Anciola an der SW-Huk der Insel. Das Wasser hier ist klar und kalt, ideale Bedingungen für einen Tauch-, zumindest einen Schnorchelgang.
In den Höhlen der Ilot de ses Rates sieht man in 25 m Tiefe kapitale Zackenbarsche und Arten von Fischen, die man sonst nur noch auf dem bunten Fischprospekt im Mercado bewundern kann: Eine intakte Unterwasserwelt, die von Harpunenjägern verschont geblieben ist und hoffentlich auch bleibt.
Eine unverwechselbare Landmarke für die Ansteuerung ist der weiß-rot gewürfelte Leuchtturm auf weißem Haus auf Punta Anciola.

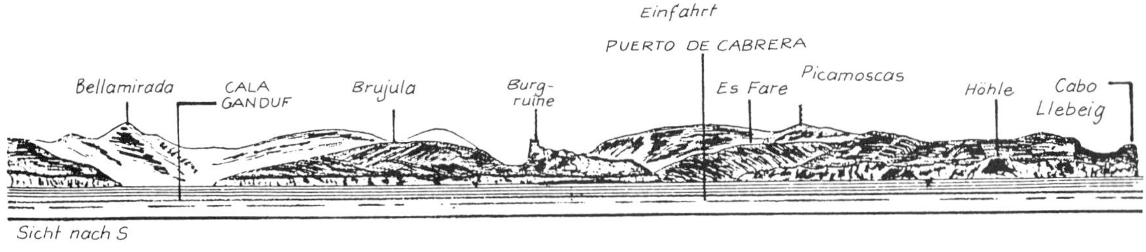

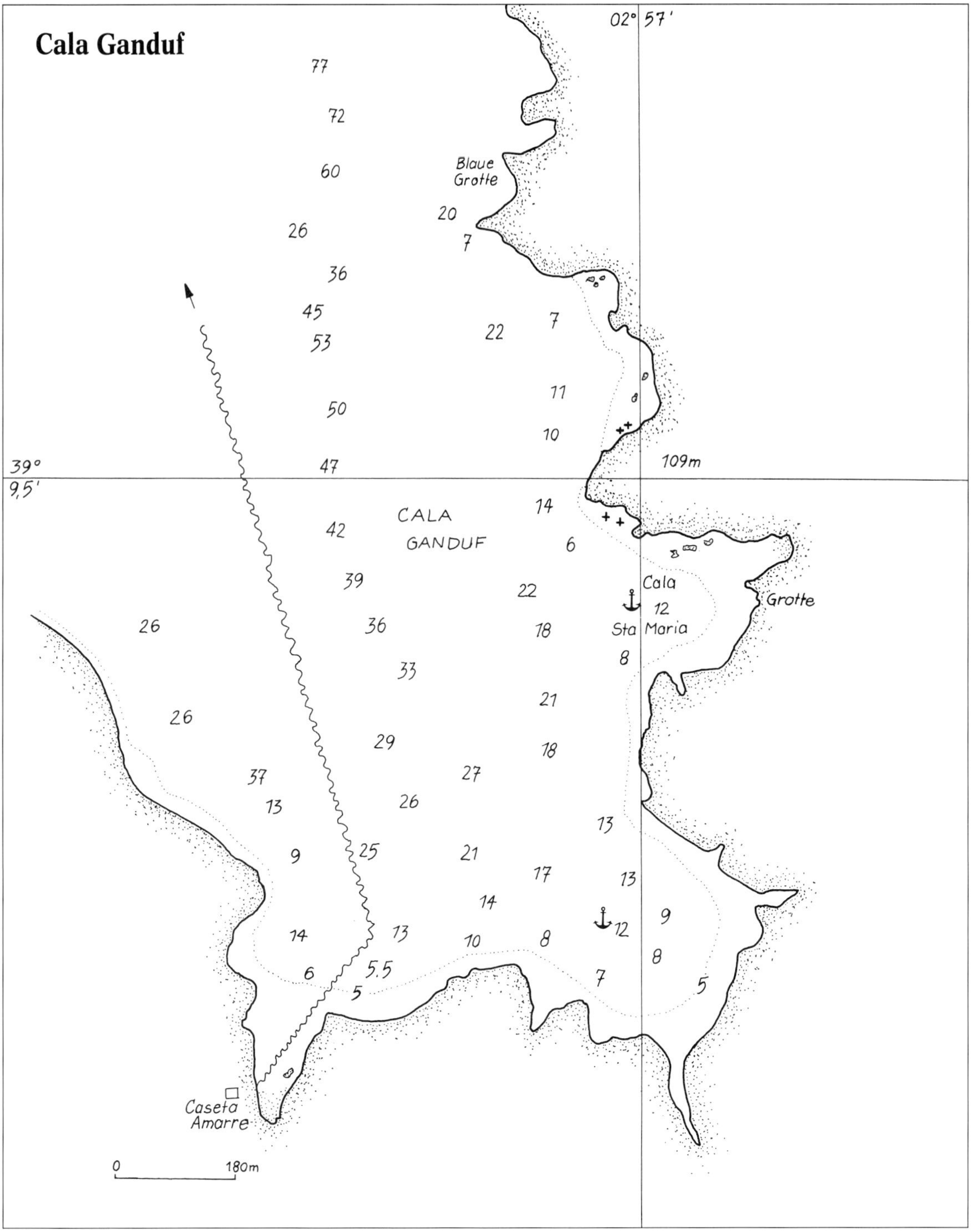
Cala Ganduf
02° 57'
39° 9,5'
Blaue Grotte
CALA GANDUF
Cala Sta Maria
Grotte
109m
Caseta Amarre
0 180m
77
72
60
20
26
7
36
45
53
22
7
11
50
10
47
14
42
6
39
22
12
26
36
18
8
33
21
26
29
18
37
27
13
26
13
9
25
21
17
13
14
9
14
13
10
8
12
8
6
5.5
7
5
5

Cala Ganduf

Cala Ganduf (Cabrera)

Die Cala Ganduf wird von Puerto Cabrera durch eine Halbinsel mit dem 112 m hohen Berg Brujula getrennt.
Die Bucht ist rein bis dicht unter Land, sehr gute Ankerplätze auf Sandgrund findet man im Süden der Bucht.
Die Bucht ist als Nachtliegeplatz nicht besonders geeignet, da bei nördlichen bis nordwestlichen Winden sehr schnell hoher Seegang aufkommt.
Beim Einlaufen sieht man an Backbord die blaue Grotte, ein kurzer Ausflug dorthin mit dem Beiboot lohnt sich immer.

Cala Pi

Im Hinblick auf Naturschönheit und Romantik rangiert die Cala Pi auf den vordersten Plätzen der Ankerbuchten auf den Balearen. Tief und schmal, nach NE eingeschnitten, von pinienbewachsener Steilküste geschützt, läuft die Bucht im Scheitel allmählich in einen Sandstrand aus. Man ankert auf 3 - 5 m Wassertiefe, der Untergrund besteht aus Sand und Seegras. Wegen der Enge der Bucht ist der zusätzliche Heckanker obligatorisch. Zu dem Fischrestaurant *Miquel* gelangt man vom Sandstrand über die Treppe in ca. 5 Gehminuten.

Cala Pi

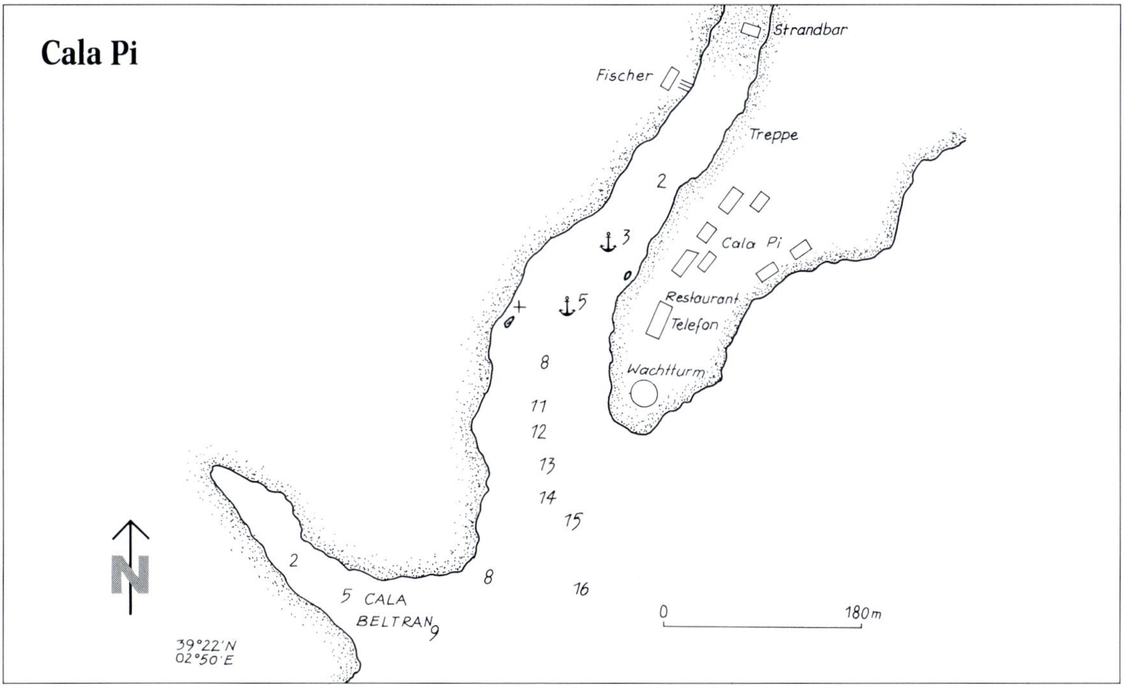
Cala Pi
Strandbar
Fischer
Treppe
2
3
Cala Pi
5
Restaurant
Telefon
8
Wachtturm
11
12
13
14
15
2
8
16
5 CALA
BELTRAN
9
0
180m
39°22'N
02°50'E
N

Cala Pi

Ansteuerung bei Tag

Die noch unbebaute Steilküste setzt sich von Cabo Blanco E-wärts 2,5 sm, allmählich abfallend, bis zur Einfahrt fort. Auf dem E-Huk der Einfahrt steht ein markanter alter Wachtturm. Im weiteren Küstenverlauf erkennt man die weißen Häuser der Urbanización Cala Pi und Valgonera.

Ansteuerung bei Nacht

Die Einfahrt ist unbefeuert, Ansteuerung und Ankern bei Nacht sind wegen der Enge der Cala nicht zu empfehlen.

Die nahgelegene *Cala Beltran* eignet sich nur als Tagesankerplatz bei ablandigen Winden.

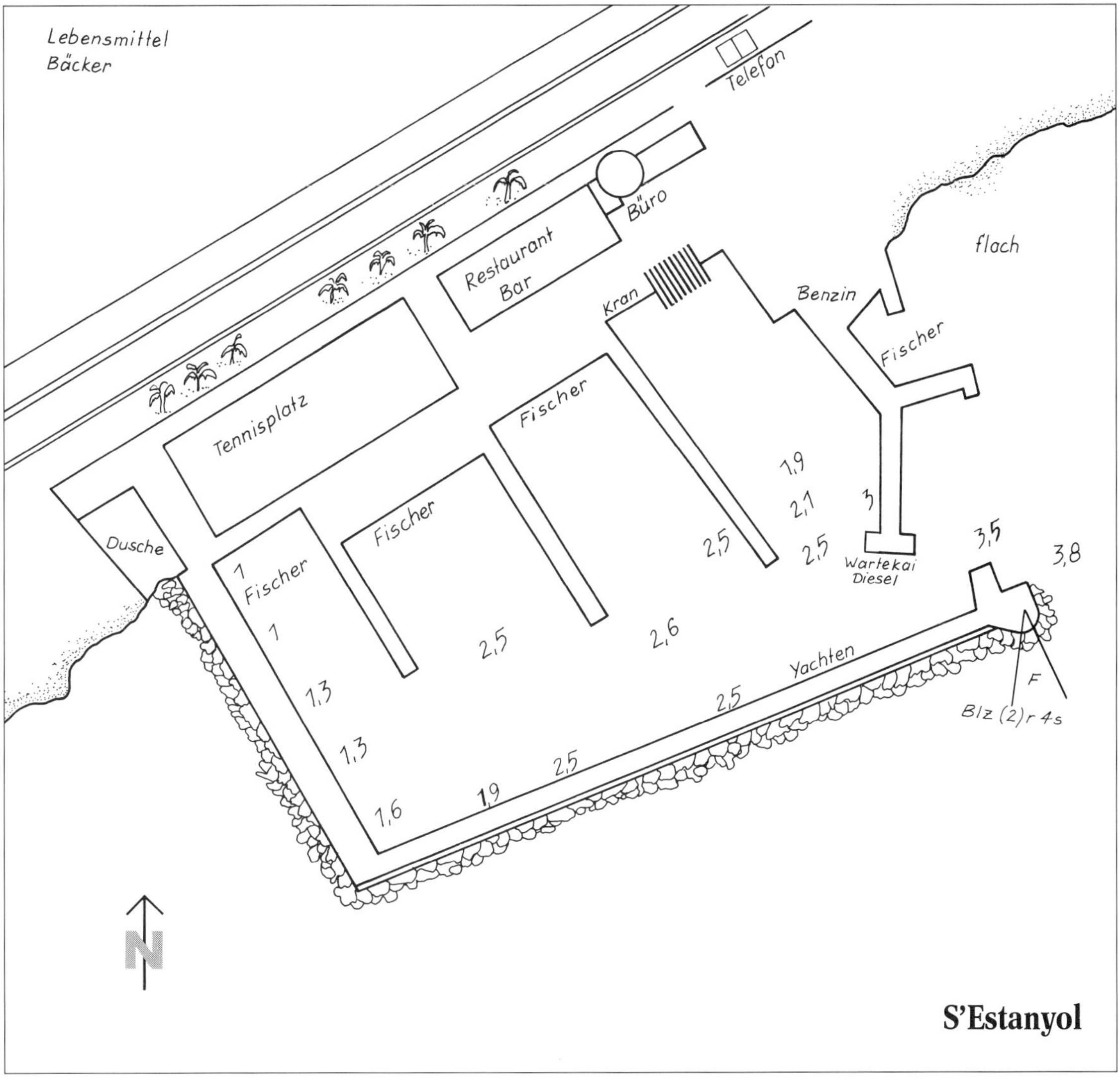

S'Estanyol

Der kleine Fischer- und Yachthafen Estanyol liegt nur ca. 2 Meilen westlich von La Rápita entfernt. Der Ort Estanyol ist mit der Zeit stehengeblieben, und man hat das Gefühl, daß sich hier eine „Dauersiesta" eingeschlichen hat.

Der Hafen bietet wenig Atmosphäre, und die Liegeplätze an der Gästemole sind bei schwerem Wetter nicht besonders gut geschützt. Nach der Kapazitätserweiterung 1978 wurde der Hafen auf ca. 285 Liegeplätze ausgelegt, die in der Regel mit spanischen Yachten und Fischerbooten belegt sind. 15 Plätze an der Gästemole werden für Yachten im Transit vorbehalten.

Hafen
S'Estanyol

Ort
S'Estanyol

Wassertiefe in Metern

Einfahrt	Reede	Hafen	Gästemole
3,5	-	1,9 - 2,5	2,5

Betriebsstoffe/Anlagen

Diesel	am Wartekai
Benzin	siehe Plan
Wasser	am Steg (in den Liegegebühren enthalten)
Strom	am Steg
Telefon	am Hafeneingang
Dusche	siehe Plan
Sanitär	siehe Plan

Reparaturdienste/Technische Anlagen

Motor	-
Segel	-
Rigg	-
GFK	-
Holz	-
Kran	6 t
Lift	Portallift 7 t
Slip	siehe Plan

Service/Catering

Schiffszubehör	-
Supermarkt	kleiner Laden im Ort
Würfeleis	Clubrestaurant
Gas	-
Post	-
Bank	-
Taxi	siehe La Rápita!
Parkplätze	in Hafennähe

Position
39° 21,5′ N 02° 55,0′ E

Anrufkanal
9

Wichtige Telefonnummern

Hafenmeister

Guardia Civil

Club

Arzt Telefon

Arzt Anschrift
nächster Arzt
in Campos

Wetterinformationen

Tel. 40 36 00

Busverbindungen

Sonstige Hinweise

clubeigener Tennisplatz
im Hafengelände

* Sommer

Liegegebühren in PTS

m	Tag	Monat*	Jahr
8	1600		
10	1850	32000	
12	2100		

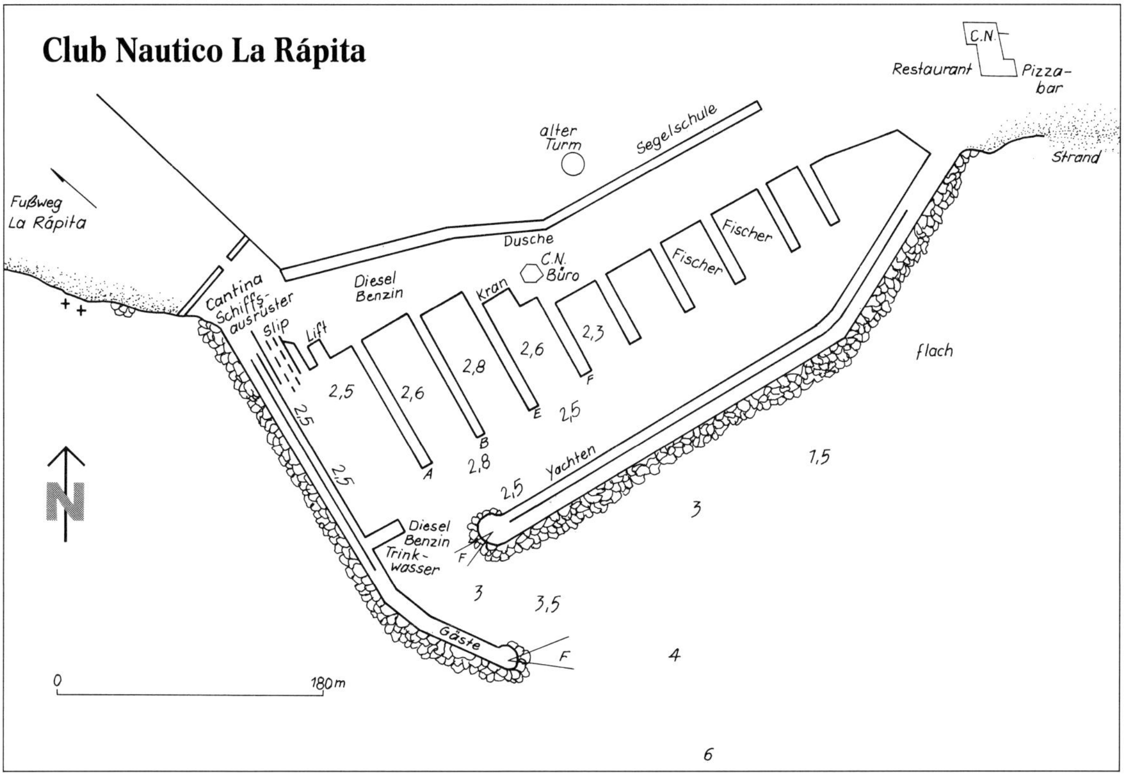

Club Nautico La Rápita

Ansteuerung bei Tag
Von W kommend, erkennt man - wenn man Cabo Blanco passiert hat - den alten Wachtturm an dem Ost-Huk der Cala Pi und die Häuser der Urbanisation. Der s-w. quergestreifte (im Lfv als r-w. angegebene) Leuchtturm auf Pta Plana ist eine unverwechselbare Landmarke. Von hier aus erkennt man im N die aufgeschüttete Mole aus Natursteinquadern.

Ansteuerung bei Nacht

Bei der Nachtansteuerung navigiert man nach dem Ansteuerungsfeuer auf Punta Plana und den Feuern auf Cabo Blanco und Pta Salinas. Der Kopf des Anlegers zeigt das Feuer Blz(2) r 6s 3 sm. Das grüne Feuer auf der Kontramole soll installiert werden.

Hinweise
Bei S-lichen Winden bilden sich je nach Stärke und Dauer vor der Hafeneinfahrt starke Grundseen.

La Rápita

Der gegen alle Winde und Seegang bestens geschützte Yachthafen La Rápita in der Ensenada de la Rápita verfügt über 456 Liegeplätze und alle Serviceeinrichtungen einer modernen Marina. Der Direktor Miguel Obrador des Club Náutico La Rápita hat die Marina im Hinblick auf Dienstleistungen und Erscheinungsbild auf einen Standard gebracht, der für die Balearen beispielhaft ist.

Club Nautico La Rápita

Ganz gleich, zu welcher Tages- oder Nachtzeit man in diesen Hafen einläuft, die Marineros sind an der Gästemole oder am Steg und nehmen die Leinen an.
Alle Liegeplätze sind mit Murings versehen, nur an der Gästemole wird längsseits festgemacht.
Im W-lichen Teil des Hafens haben sich Schiffsausrüster, Vertragswerkstätten und Reparaturbetriebe angesiedelt, die es ermöglichen, Reparaturen und Überholungsarbeiten an allen Diesel- und Benzinmotoren, Rumpf und Elektrik durchzuführen.
Für größere Arbeiten am Rigg ziehen die Firmen Nautica 180°/Tramuntana den Fachbetrieb Servimast S.A. hinzu.
Im Winter 88/89 waren ca. 90 Yachten an Land abgestellt. Die Kosten zu diesem Zeitpunkt beliefen sich auf 35 Pts. pro qm und Tag.
Das Wasser an den Stegen und in den Duschräumen hat einen Salzgehalt von 0,6 %, das Bunkern von Trinkwasser ist an der Tankstellenpier möglich.

Ansteuerung bei Tag

Von E kommend, umfährt man die unreine Küste von Puerto de Campos. N-lich der Insel Gabina beginnt der Sandstrand Playa es Trench, der sich hinter dem flachen Huk Punta Covetas als Playa de la Rápita bis zum Hafen fortsetzt.

Hafen

Club Nautico La Rápita

Ort

La Rápita

Wassertiefe in Metern

Einfahrt	Reede	Hafen	Gästemole
3,5	Es Trenc 4,0	2,5 - 3,0	3,0

Betriebsstoffe/Anlagen

Diesel	siehe Plan
Benzin	siehe Plan
Wasser	am Steg, System Gardena (gebührenfrei)
Strom	am Steg, System Le Grand
Telefon	Münzfernsprecher am Hafeneingang/3 Kabinen geplant im Club '89
Dusche	W/K siehe Plan
Sanitär	siehe Plan

Reparaturdienste/Technische Anlagen

Motor	Nautica 180°, Tel. 65 08 26 u. Tramuntana/Andres Rigo y Miguel Vidal
Segel	Nautica 180°, Tel. 64 02 66, Fax 64 01 76
Rigg	Servimast S.A., Tel. 58 17 42
GFK	Nautica 180°/Tramuntana
Elektr.	Juan Mesquida, Tel. 65 09 77
Kran	7 t/Mobilkran
Lift	50 t bis 22 m Länge/5,75 m Breite
Slip	siehe Plan
Winterlager	überdacht: Nautica 180° (M.Y.)

Service/Catering

Schiffszubehör	Nautica 180°/Tramuntana
Supermarkt	neben Bar Brisas
Würfeleis	Restaurant C.N./Bar Brisas/Bar Cana Punta
Gas	Nautica 180°/Tramuntana
Post	Büro C.N.
Bank	Wechselmöglichkeit Bar Brisas/C.N.
Taxi	im Ort, Bar Nuevo/via C.N./via Bar Brisas/C.N.
Parkplätze	im Hafen (wird abgeschlossen)

Position

39° 21,8' N 02° 57,1' E

Anrufkanal

9*

Wichtige Telefonnummern

Hafenmeister

64 00 01

Guardia Civil

65 02 74

Club Restaurant

64 04 13

Arzt Telefon

Arzt Anschrift

nächster Arzt:
Dr. Margarita Ginard Vanrell
Campos

Wetterinformationen

C.N. Aushang

Travellift: Pts

8 m	10.000
10 m	15.000
12 m	17.500

Busverbindungen

nach Palma 20.00 (nur Sommer)

Tankstelle
0700 - 1300
1700 - 2000

Sonstige Hinweise

* Club Náutico La Rápita
- Mofaverleih deutschsprachig
- Winterstellplätze
- 24h bewacht
- Mietwagen über C.N.

Liegegebühren in PTS

m	Tag	Monat	Jahr
8	1350	33600	
10-12	2200	56000	

incl. Wasser + Strom + Steuer

Bei der Nahansteuerung erkennt man den alten Wachtturm oberhalb des Hafens und die Mole aus Natursteinquadern.
Von W kommend, setzt sich die noch unbebaute Steilküste von Cabo Blanco ca. 2,5 sm fort bis zur Cala Pi. Von hier aus ist die niedrige Küste mit Ferienhäusern bebaut bis zur flachen Punta Plana mit dem s-w. waagerecht gestreiften Leuchtturm. Die überwaschene Klippe vor Punta Plana ist nachts und bei gutem Wetter schlecht auszumachen. Von hier aus sieht man den Ort La Rápita mit dem Hafen.

Ansteuerung bei Nacht

Bei der Nachtansteuerung navigiert man nach den Feuern auf Punta Salinas, Cabo Blanco, Isla Horadada und Punta Plana.
Die Hafeneinfahrt ist befeuert. Der alte Wachtturm oberhalb des Hafens ist nachts angestrahlt und auf mehrere Meilen sichtbar.

Versorgung

Die Versorgungsmöglichkeiten sind relativ gut. In ca. 15 Min. gelangt man zu dem kleinen Supermarkt hinter der Bar Brisas, der auch Frischfleisch anbietet. Fangfrischen Fisch gibt es vormittags manchmal bei den Fischern am Pantalan F.
Crews, denen die Bordküche bereits „zum Halse raushängt" haben die Möglichkeit, im Clubhaus in Hafennähe vom fremden Herd zu essen. Für den kleinen Hunger zwischendurch bietet sich die Pizzeria im Clubhaus an. Deftige Hausmannskost wie Spanferkel und Lammkeule, dazu „Köpi" vom Faß, wird in der Bar Brisas serviert. Für Fischliebhaber empfiehlt es sich, ein paar Schritte weiter zu „Ca'n Pepe" zu gehen.
Einen herrlichen Tagesankerplatz unweit des Hafens findet man an der naturbelassenen *Playa Es Trench* mit ihren kilometerlangen Sandstränden und glasklarem Wasser in sämtlichen Türkistönen.

Tourismus

Für Tagesausflüge über Land kann man im Nautica 180° Mofas oder über das Büro des Club Náutico Autos mieten. Eine „Reise in die Vergangenheit" führt auf der Straße in Richtung Cabo Blanco zu den Talayots von Capicorp Vell. In einer Mandelbaumplantage kurz hinter der Landkneipe Ca'n Busso haben die Steinkolosse der mallorquinischen Vorzeit die Jahrhunderte überdauert.
Sieben zum Teil noch erhaltene talayotische Rundtürme, verbunden durch eine Ringmauer, umgeben eine große Ansiedlung der unbekannten Urbevölkerung Mallorcas.
Die ganze Anlage besteht aus gewaltigen Steinblöcken, die ohne Mörtel oder sonstige Bindemittel zusammengefügt sind, billiges und leicht zu beschaffendes Baumaterial für die Lonja und Kathedrale.
Die Kunst der alten Baumeister hat sich über Generationen in den Trockenmauern erhalten, die heute auf dem Land riesige Grundstücke umgeben.
Den Schlüssel zum Zyklopenreich verwahrt der Bauer gegenüber in einem der ältesten noch bewirtschafteten Höfe Mallorcas.

Puerto de Campos

Der kleine Fischerhafen ist nicht für den Yachtbetrieb ausgelegt, und die Gebäude und Einrichtungen zeigten 1989 starke Verfallserscheinungen. Der innere Hafen ist nur für Boote mit einem Tiefgang von max. 1,3 m

Puerto de Campos

geeignet. Die Schutzmole bietet nur Platz für wenige Yachten, die Wassertiefe beträgt hier 2,5 - 3 m. Bei ruhigem Wetter kann man in der Bucht vor Anker gehen, der Ankergrund ist Sand und Seegras. Bei auflandigen Winden bildet sich sehr schnell eine starke Brandung; spätestens dann ist es höchste Zeit, diesen Touristengrill zu verlassen.

Ansteuerung bei Tag

Ganz gleich, aus welcher Richtung man kommt, erkennt man schon von weitem die Hochhäuser und Hotels der Touristensiedlung Colonia de San Jorge. Bei der Ansteuerung ist Vorsicht geboten, der unreinen Punta Campos (Punta Puntasa) sind mehrere Klippen und Inseln vorgelagert. Die Einfahrt zwischen Punta Campos und Isla de la Guardia ist rein, die Wassertiefe beträgt 4 - 5 m.

Ansteuerung bei Nacht

Bei der Nachtansteuerung navigiert man nach den Feuern Cabo de Salinas und Punta Campos (Punta Puntasa). Der Anlegerkopf und die Quermolen sind befeuert.

Versorgung

Die Versorgungsmöglichkeiten - bis auf Lebensmittel - sind stark beschränkt, Treibstoffe gibt es nur an einer Straßentankstelle am Ende des Ortes.
Generell kann man davon ausgehen, daß die Fischgerichte in den Restaurants an der Hafenfront frisch sind. Da aber auch hier die Besitzer und Köche häufig wechseln, ist auch die Qualität des Essens „abwechslungsreich“. Am besten versucht man es zuerst im Marisol oder in der *Lonja* bei Niko.

Hafen

Puerto de Campos

Ort

Colonia de San Jorge

Wassertiefe in Metern

Einfahrt	Reede	Hafen	Gästemole
2,5	2,5	1 - 1,3	2 - 3

Betriebsstoffe/Anlagen

Diesel	Straßentankstelle, ca. 800 m
Benzin	Straßentankstelle, ca. 800 m
Wasser	kleine Mengen von den Fischern
Strom	-
Telefon	Münzfernsprecher am Hafen
Dusche	-
Sanitär	-

Reparaturdienste/Technische Anlagen

Motor	Taller J. Mora (neben der Tankstelle)
Segel	-
Rigg	Servimast S.A. Telefon 58 17 42
GFK	-
Holz	-
Kran	-
Lift	-
Slip	nur für Fischerboote

Service/Catering

Schiffszubehör	-
Supermarkt	im Ort
Würfeleis	Bar el Puerto
Gas	-
Post	-
Bank	Wechselstube in Hafennähe
Taxi	Julian, an der Hauptstraße
Parkplätze	im Hafengelände

Position

39° 18,7′ N 03° 00,0′ E

Anrufkanal

-

Wichtige Telefonnummern

Hafenmeister

Guardia Civil

65 02 74

Club

-

Arzt Telefon

64 92 74 und 65 54 58

Arzt Anschrift

Dr. M. Viceus
Calle Dr. Baraquer
tägl. 11.30 - 12.30

Wetterinformationen

Tel. 40 36 00

Busverbindungen

-

Sonstige Hinweise

Liegegebühren in PTS

m	Tag	Monat	Jahr

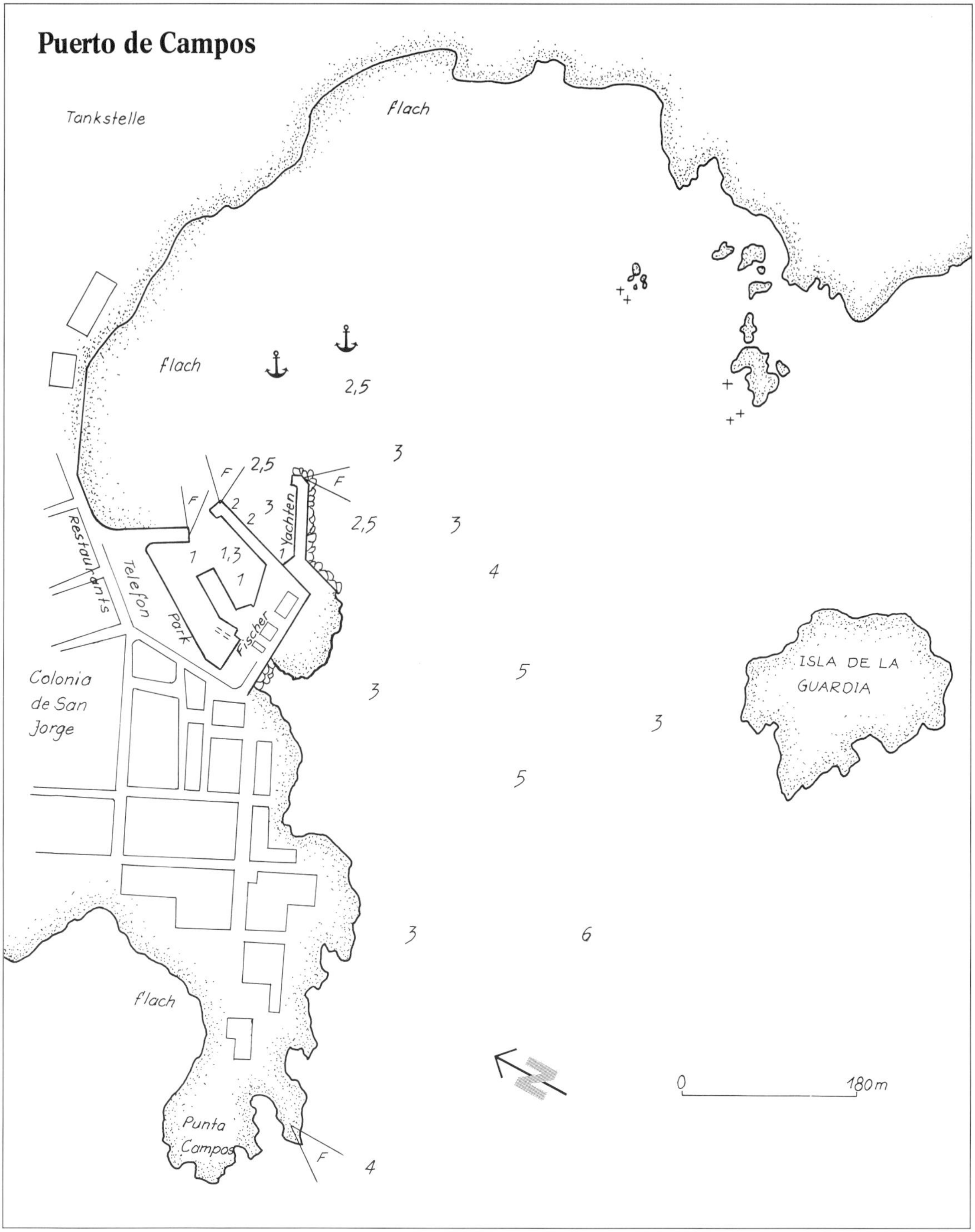
Puerto de Campos
Tankstelle
flach
flach
2,5
3
2,5
F
F
F
2
3
2
2,5
Yachten
3
1
1,3
1
1
4
Restaurants
Telefon
Park
Fischer
5
Colonia
de San
Jorge
3
ISLA DE LA
GUARDIA
3
5
3
6
flach
0
180m
Punta
Campos
F
4

Ankerbucht Caragol

Die weiträumige Bucht ca. 1,5 sm NW-lich Cabo Salinas liegt weitab von Urbanisationen und Tourismus und ist ein Geheimtip für Individualisten. Man ankert auf 5 - 8 m Wassertiefe; der Untergrund besteht aus Fels und großflächigen Sandstellen.
Die Bucht läuft aus in einen sauberen und wunderschönen Sandstrand, der selbst in den Ferienmonaten wenig besucht ist, weil das dahinter liegende Umland militärisches Sperrgebiet ist.
Das Farbenspektrum des Wassers wechselt von türkisgrün bis blau. Schnorchler und Badelustige kommen hier ebenfalls voll auf ihre Kosten.

Ansteuerung bei Tag

Eine unverwechselbare Landmarke für die Ansteuerung ist das weiße Haus mit rotem Dach SE-lich der Bucht.
Im Nordwesten wird die Bucht durch die vorgelagerte Insel Caragol begrenzt.

Cala Figuera

Puerto de Cala Figuera

Diese tief nach NW ins Land einschneidende, romantische Cala ist Basis einer genossenschaftlichen Fischerflotte und einer Vielzahl privater Fischerboote. Nur wenige Yachten können an der Außenseite des Wellenbrechers festmachen bzw. innerhalb der Bucht ankern. Der innere Hafen ist für Fischerboote reserviert, im nordwestlichen Finger liegen in den Sommermonaten Dauerlieger. Die Versorgungsmöglichkeiten sind relativ gut; Wasser gibt es neben der Lonja (Fischermarkthalle), Lebensmittel in den kleinen Läden im Ort.

Nur wenige Meter vom Hafen entfernt findet man typisch mallorquinische Cafés und Restaurants, und man hat von hier aus einen herrlichen Blick auf die Cala. Die Bucht mit ihren weißen Häusern, den alten „Bootsgaragen“ mit grünen Türen und - nicht zu vergessen - dem tiefen Blau des Wassers ist äußerst konstrastreich und sehr fotogen.

Ansteuerung bei Tag

Von S kommend, beginnt der niedrige Steilküstenverlauf bei Punta Salinas und setzt sich fort bis zur Einfahrt in die Cala Santañy und ca. 2 sm weiter in die Cala Figuera.
Der alte braune Wachtturm Torre D'en Beu und davor das Feuer auf weißem Turm mit

Hafen
Cala Figuera

Ort
Cala Figuera

Wassertiefe in Metern

Einfahrt	Reede	Hafen	Gästemole
15	3 - 4	3,5	3,5

Betriebsstoffe/Anlagen

Diesel	siehe Hinweise
Benzin	nächste Tankstelle Santany
Wasser	mit langem Schlauch/Fischer
Strom	-
Telefon	Münzfernsprecher in Hafennähe
Dusche	im Restaurant Ca'n Jordi, oberhalb des Hafens (400 Pts)
Sanitär	-

Reparaturdienste/Technische Anlagen

Motor	Bitacora, an der Straße nach Santany
Segel	-
Rigg	Servimast S.A. Tel. 58 17 42
GFK	-
Holz	-
Kran	Bitacora, Mobilkran bis 10 t
Lift	-
Slip	-

Service/Catering

Schiffszubehör	Bitacora, Tel. 65 40 24 (deutschspr.)
	überdachtes Winterlager 3000 m^2
Supermarkt	im Ort
Würfeleis	im Ort
Gas	Ferreteria in Santany
Post	im Ort, neben Hotel Sirena
Bank	Wechselstuben im Ort
Taxi	Taxistellplatz in Hafennähe
Parkplätze	im Ort

Position
39° 19,7′ N 03° 10,2′ E

Anrufkanal
-

Wichtige Telefonnummern

Hafenmeister
-

Guardia Civil
65 30 81 Santany

Club
-

Arzt Telefon
65 31 21

Arzt Anschrift
neben Hotel Rocamar

Wetterinformationen

Tel. 40 36 00

Busverbindungen

Palma - Cala Figuera
Abfahrt:
Avenida Alejandro
Rosello, 27
Tel. 22 10 47

Sonstige Hinweise

*CAMPSA-Depot
am Molenende

Di 1000 - 1300
Do 1600 - 1900

Liegegebühren in PTS

m	Tag	Monat	Jahr
keine			

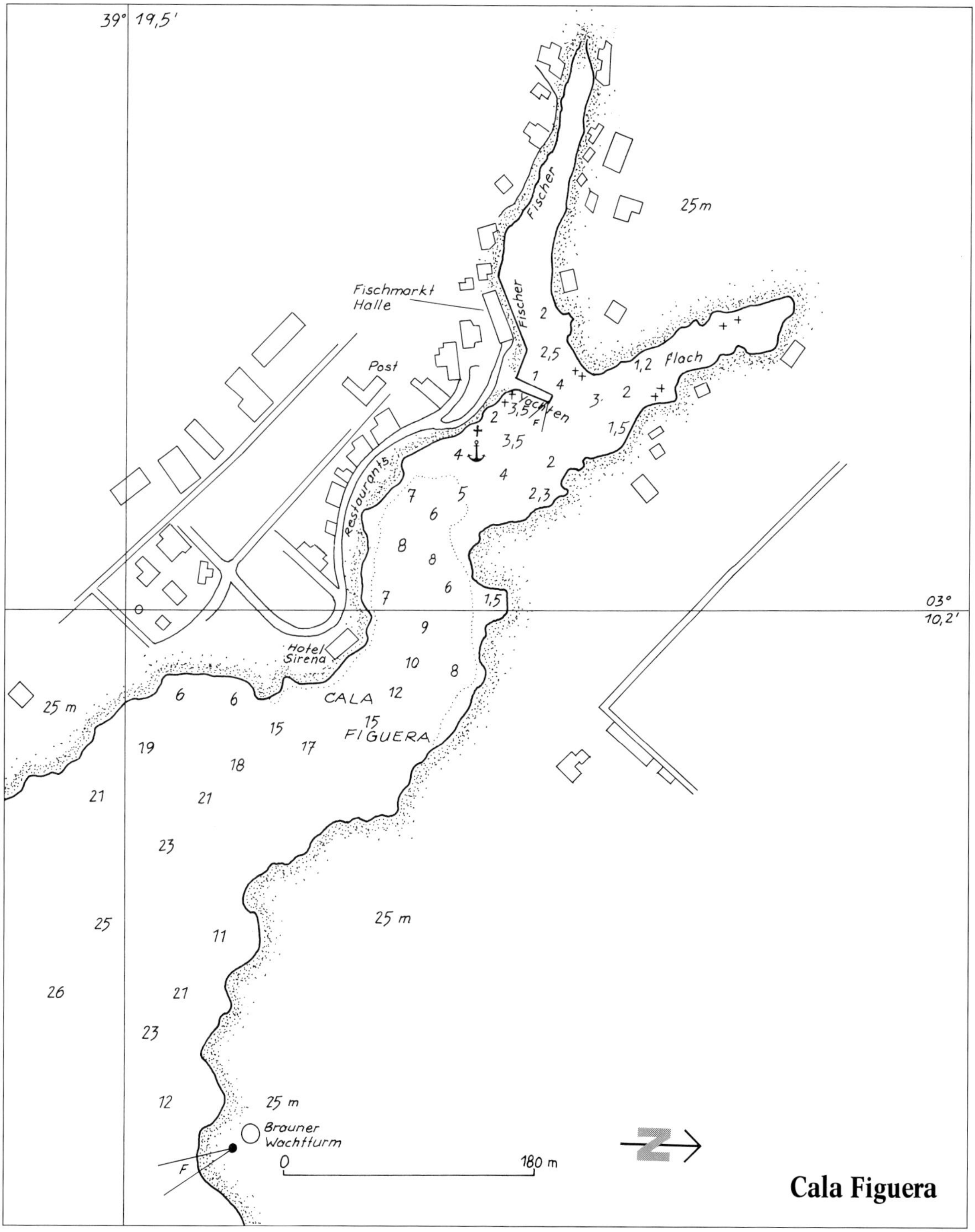

Cala Figuera

schwarzen Streifen sind gut zu erkennende Landmarken.
Die auffälligen Hotels auf dem westlichen Teil der Küstenlinie sind schon aus großer Entfernung auszumachen.
Von N kommend, setzt sich die Steilküste von Porto Petro fort bis zur Einfahrt. Im Hintergrund sieht man die Berge Galatzo 1026 m und Randa 539 m. Das Leuchtfeuer oberhalb der Einfahrt ist auf diesem Kurs und wenn man dicht unter Land fährt erst relativ spät zu sehen.

Ansteuerung bei Nacht

Für die Nachtansteuerung peilt man die Feuer Punta de la Farola, Punta Salinas und Torre D'en Beu.
Bei der Einsteuerung navigiert man nach dem Molenkopffeuer. Im Sommer sind die Hotels gut beleuchtet.

Wachtturm und Ansteuerungsfeuer Cala Figuera

Cala Mondragó

Einen schönen Tagesankerplatz findet man ca. 1,5 sm NE-lich der Cala Figuera in der Cala Mondragó. Die Bucht ist umgeben von einer felsigen Küste und frei von Untiefen. Man ankert auf 4 - 10 m Wassertiefe, der Untergrund ist Sand.
Trotz der intensiven Bebauung ist es hier selbst in den Ferienmonaten noch relativ ruhig, und die Aktivitäten der Feriengäste sind auf den Badebetrieb und das Surfen beschränkt. Eine Schnorcheltour entlang der Felsen bietet sich an.
In den kleinen Kneipen am Sandstrand bekommt man das Notwendigste gegen Hunger und den allgegenwärtigen Durst.

Porto Petro

Porto Petro zählt landschaftlich sicher zu den schönsten Naturhäfen von Mallorca und, nachdem das Wasserskilaufen verboten wurde, liegt man hier - wenn man von der Geräuschkulisse des Clubs Méditerranée absieht - ruhig. Man ankert sicher auf einer Wassertiefe von 5 - 11 m und Sanduntergrund mit genügend Raum zum Schwojen.
Durch die Weiträumigkeit der Bucht ist das Wasser sehr klar und ideal zum Baden und Schnorcheln. Besonders in den frühen Abendstunden verwandelt sich die Landschaft in ein kontrastvolles Bild, und zur „Sherrytime" genießt man eine Farbenpracht von unvergleichlicher Schönheit.

Porto Petro

Im nordwestlichen Teil der Bucht befindet sich der Puerto Deportivo. Der nördliche Teil davon ist für Fischer- und Ausflugsboote reserviert und sehr flach. Die Einfahrt in den kleinen Yachthafen ist sehr eng und durch zwei rote Bojen markiert.

1989 wurde im Hafenbecken mit dem Handlot eine Wassertiefe von 1,8 - 3 m gelotet, im nördlichen Teil nur 1,5 m (Steine). Die Wassertiefe am Kai betrug 1,8 - 2 m und an der Gästemole 2,6 m. Auf Platz Nr. 31 liegt ein Felsbrocken in 0,8 m Wassertiefe nahe am Kai. Alle Liegeplätze sind mit Murings ausgestattet; es empfiehlt sich, mit dem Bug zum Kai festzumachen, um Ruderschäden zu vermeiden. Die Wasserstandsänderungen (Rissagues) sind in diesem Hafen unbedingt zu beachten, und bei Einsetzen der Rissagues wird dringend empfohlen (auch nachts), auf Reede zu gehen.

Ansteuerung

Die Einfahrt in den Naturhafen ist bei Tag und Nacht gut auszumachen; ein markanter Ansteuerungspunkt bei Tag ist der viereckige schwarz-weiß längsgestreifte Leuchtturm mit rundem Aufbau auf Punta de sa Torre, außer-

Hafen

Porto Petro/Puerto Deportivo

Ort

Porto Petro Santany

Wassertiefe in Metern

Einfahrt	Reede	Hafen	Gästemole
21	5 - 11	1,8 - 3	1,8 - 2

Betriebsstoffe/Anlagen

Diesel	–
Benzin	–
Wasser	an der Mole (Clubschlauch)
Strom	an der Mole (Schuko)
Telefon	Münzfernsprecher am Hafen
Dusche	im Clubhaus C.N.
Sanitär	im Clubhaus C.N.

Reparaturdienste/Technische Anlagen

Motor	–
Segel	–
Rigg	Servimast Balear S.A., Tel. 58 17 42
GFK	Jordi Bosch
Holz	C/Cristobal Colon 25
Kran	–
Lift	–
Slip	nur für Fischerboote

Service/Catering

Schiffszubehör	–
Supermarkt	am Hafen
Würfeleis	in den Bars am Hafen
Gas	Cala d'Or/Santany
Post	Santany/Cala D'Or
Bank	Wechselstube am Hafen
Taxi	am Hafen
Parkplätze	am Hafen

Position

39° 21,6′ N 03° 12,6′ E

Anrufkanal

-

Wichtige Telefonnummern

Hafenmeister
65 76 57

Guardia Civil
65 30 81

Club
65 76 57

Arzt Telefon
65 32 25

Arzt Anschrift
Dr. Obradar
C/Canteras
Santany

Wetterinformationen

Tel. 40 36 00

Busverbindungen

Palma - Cala d'Or
Abfahrt: Alejandro Rosello 27
Tel. 22 10 47

Sonstige Hinweise

Ausgezeichnete
Trinkwasserqualität
in Puerto Deportivo

Liegegebühren in PTS

m	Tag	Monat	Jahr
8 - 10	1300	28050	
10 - 12	1500	32775	
12 - 14	1855	39800	

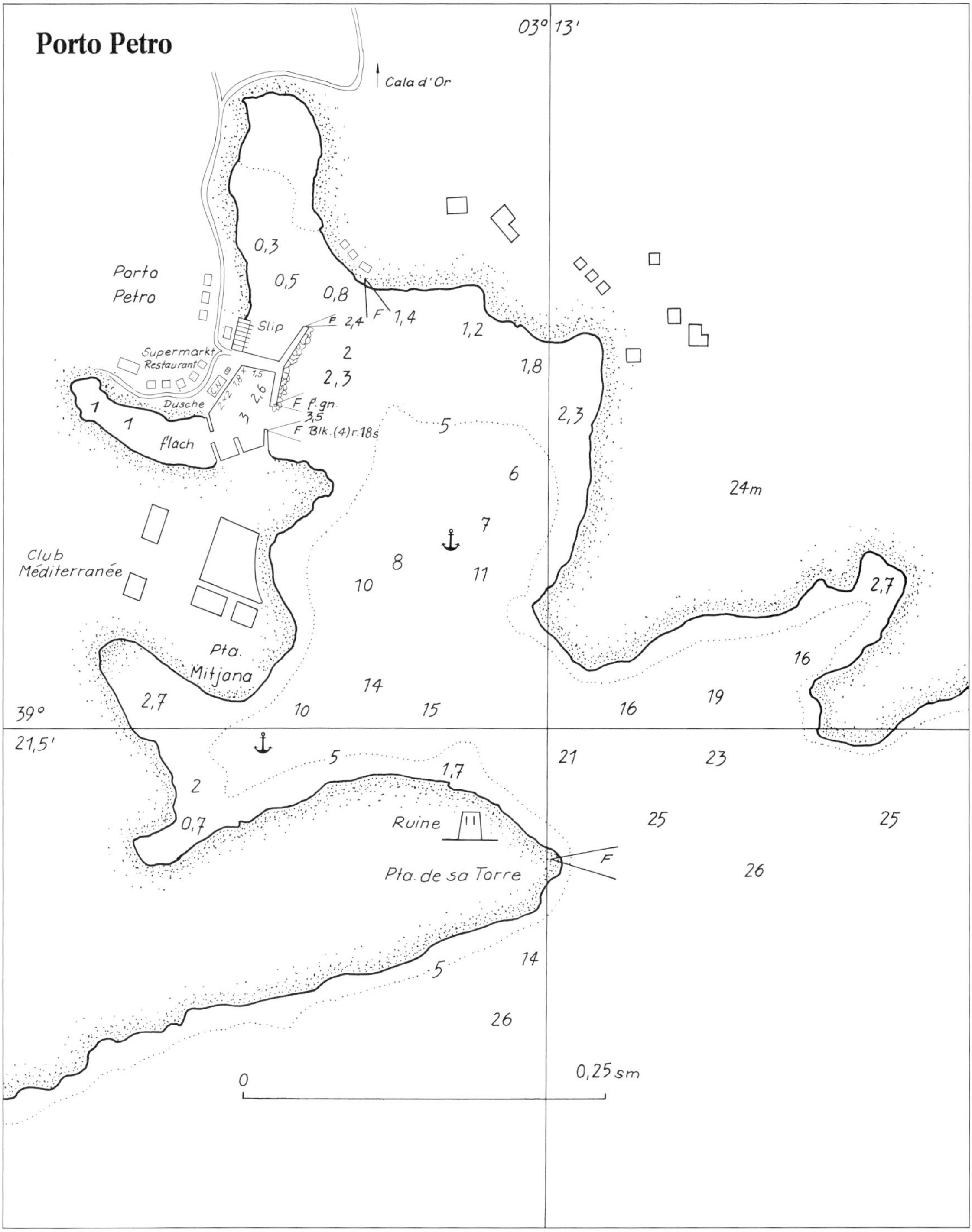
Porto Petro
03° 13'
Cala d'Or
Porto
Petro
Slip
Supermarkt
Restaurant
Dusche
flach
F 2,4
F 1,4
F f. gn.
F Blk.(4)r.18s
Club
Méditerranée
Pta.
Mitjana
39°
21,5'
Ruine
Pta. de sa Torre
F
24m
0
0,25 sm

Marina Cala d'Or

dem sieht man bei der Einsteuerung die Lichter vom Hotelkomplex auf Punta Mitjana und die Lichter vom Ort. Die Einfahrt in den Puerto Deportivo ist befeuert: Blz (2)r 6s Fkl. (4)r. 12s (im Lfv 2105 nicht aufgeführt).

Cala d'Or

Die Privat-Marina Cala d'Or befindet sich in der Cala Llonga und ist nicht dem Club Náutico angeschlossen, jedoch mit Sicherheit der am besten ausgestattete und bei allen Winden bestgeschützte Yachthafen an der mallorquinischen Ostküste. Die Marina ist allerdings seit Jahren eine Großbaustelle und anstelle von idyllischer Ruhe werden die Hafentage von kommerzieller Hektik geprägt. Der erste Bauabschnitt für die Erweiterung wurde im Sommer 1988 fertiggestellt, mit dem Ausbau des Porto Cari genannten Hafenbeckens wurde im Januar 1989 begonnen.

Cala Egos, Cala Llonga
Cala d'Or, Cala Gran

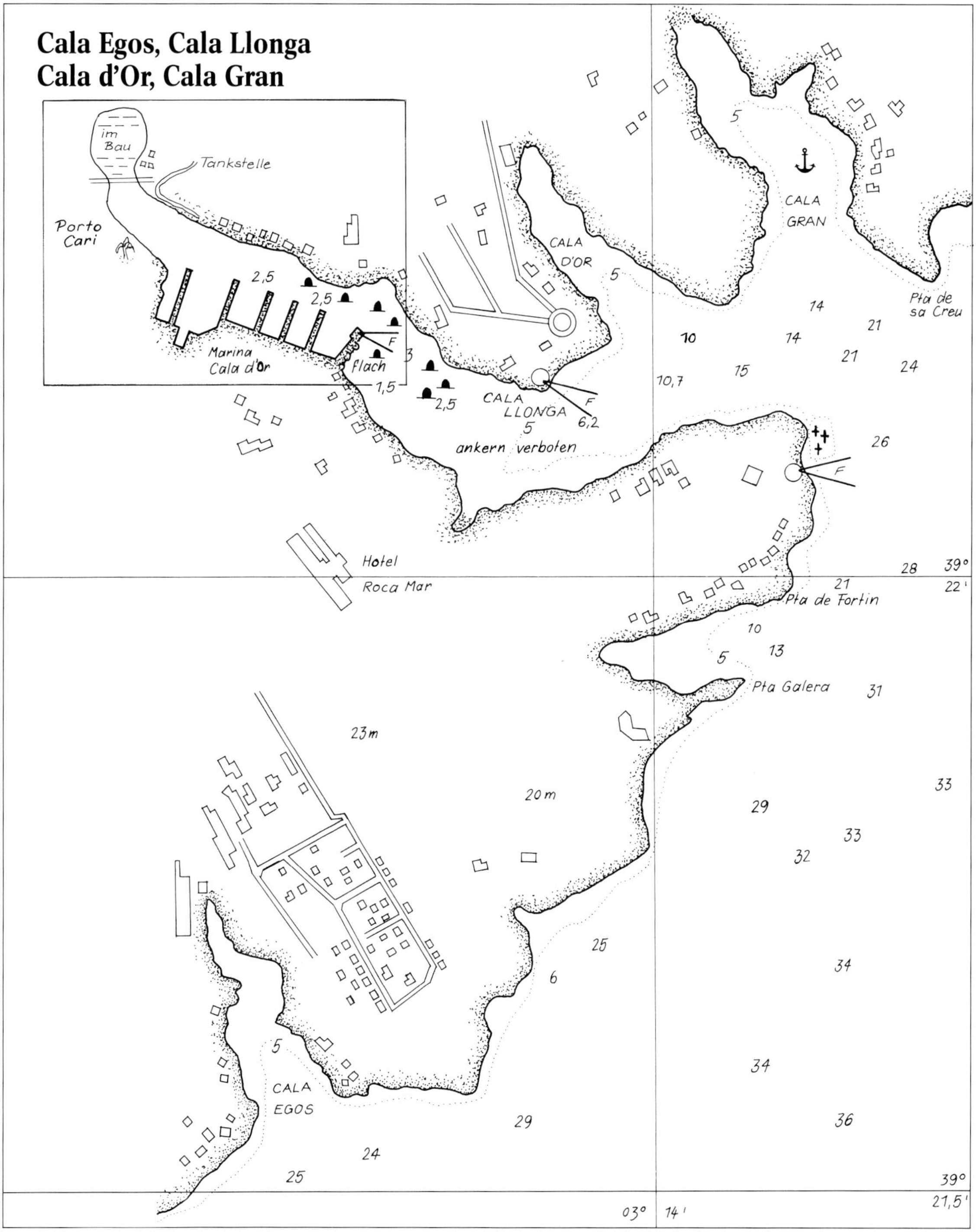

Hafen
Cala Llonga

Ort
Cala d'Or

Wassertiefe in Metern

Einfahrt	Reede	Hafen	Gästemole
15	-	2,5 - 3	2,5

Betriebsstoffe/Anlagen

Diesel	nächste Hafentankstelle ist in Porto
Benzin	Colom, kleinere Mengen, Tankstelle oberhalb des Hafens
Wasser	am Steg, 1/2 Zollgewinde
Strom	am Steg
Telefon	Münzfernsprecher im Hafen
Dusche	je 4, W/K-Wasser, Schlüssel gegen
Sanitär	Kaution vom Hafenmeister

Reparaturdienste/Technische Anlagen

Motor	Marina Cala d'Or (Volvo-Vertragswerkstatt)
Segel	Marina Cala d'Or (Segelmacher unter Vertrag)
Rigg	Servimast S.A., Tel. 58 17 42
GFK	Marina
Holz	Marina
Kran	3 t
Lift	50 t Yachten bis 22 m/5,6 m
Slip	-

Service/Catering

Schiffszubehör	Marina oder Shipchandler, im Hafengelände
Supermarkt	Porto Cari oder Cala d'Or
Würfeleis	beim Marinero
Gas	im Ort
Post	im Ort
Bank	im Ort/Wechselstuben Porto Cari
Taxi	im Ort
Parkplätze	in Hafennähe

Position

39° 22,2' N 03° 13,7' E

Anrufkanal

9*

Wichtige Telefonnummern

Hafenmeister
65 70 70 / 65 70 69

Guardia Civil
65 32 27

Club
65 70 69 / 65 70 70

Telex
69502

Arzt Telefon
65 74 41

Arzt Anschrift
im Hafen

Wetterinformationen

ab 10 h Aushang im Club oder Information über das Clubsekretariat

Arbeitsstundensätze in PTS

Mechaniker	3000
Lackierer	2500
Lift	21000 (12 m)
Antifouling	800 Reinigung

Sonstige Hinweise

* Rufzeichen: Marina Cala d'Or

Der Hafen ist 24 Stunden bewacht.

Liegegebühren in PTS

m	Tag	Monat	Jahr
6-8	1300	27600	x 10
8-10	1800	35600	x 10
10-12	2100	41400	x 10

Marina Cala d'Or

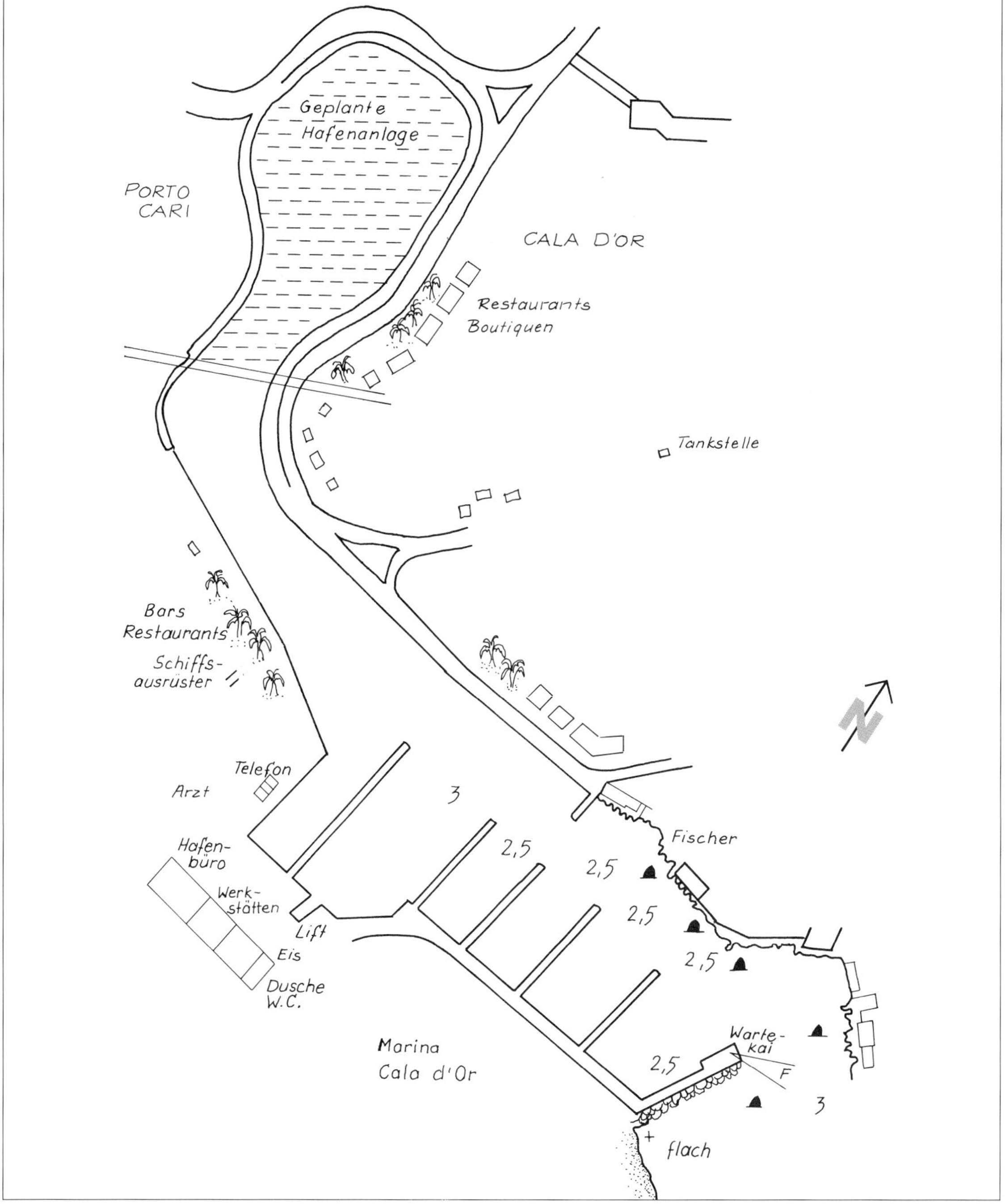

Cala Egos/Cala Llonga/Cala d'Or/Cala Gran

An den fünf Schwimmstegen und an den Molenplätzen gibt es Wasser- und Stromanschluß, alle Liegeplätze sind oder werden mit Murings versehen.
Die Palette der Service-Einrichtungen und Reparaturdienste für Yachten reicht von Generalüberholungen bis zu kleinen Reparaturen an Mechanik, Elektrik, GFK, Farbe und Rigg.
Diese enorme Kapazitätserweiterung wird unweigerlich zu ernsthaften Problemen führen, wenn die sanitären Anlagen des Hafens (z.Zt. 2 Toiletten + 4 Duschen) nicht im gleichen Ausmaß miterweitert und entsprechend entsorgt werden. Schon im Frühjahr 1989 störte mich die starke Geruchsbelästigung, die auf zunehmenden Gebrauch der Bordtoiletten zurückzuführen ist.

Ansteuerung bei Tag

Ganz gleich, ob man von Norden (Porto Colom) oder Süden (Porto Petro) kommt, erkennt man eine niedrige Steilküste, die von kleinen Calas unterbrochen wird. Die Silhouette ändert sich durch die Ansiedlung von Ferienhäusern von Jahr zu Jahr.
Wenn man kurz vor der Einmündung in die dreifingrige Bucht steht, sieht man das sw. senkrecht gestreifte Feuer und die alte Ruine auf Punta del Fortin.
Bei der Einsteuerung in den Hafen orientiert man sich an den Fahrwassertonnen und macht am Molenkopf (Wartekai) fest. Für Yachten mit Seefunkstellen empfiehlt es sich, über Sprechweg 9 ca. 30 Min. vor dem Festmachen die Marina anzurufen und einen Liegeplatz zu bestellen. In der Regel läuft dann alles sehr gut und unkompliziert. Die Verkehrsabwicklung erfolgt in englisch.

Ansteuerung bei Nacht

Das Feuer auf Punta del Fortin ist, wenn man von Süden kommt, spät auszumachen. Für die Ansteuerung peilt man die Feuer Punta de la Farola/Porto Petro. Wenn man das Feuer auf Punta del Fortin erkennt, navigiert man mit ausreichendem Sicherheitsabstand um Punta del Fortin (Untiefe, siehe Plan!)

herum; dann orientiert man sich an dem Feuer auf dem Südhuk der Cala d'Or Blz gn 5s 4sm 9m und dem Feuer auf dem Molenkopf Fkl. (2)r 7s 3sm 5m (beide Feuer sind nicht im Lfv V aufgeführt).
Die Landschaft und der Ort sind vom Massentourismus geprägt, überall schießen Hotels aus dem Boden, zudem hat man sich auf die Geschmacksrichtung der Deutschen und Engländer eingestellt. Gute Restaurants findet man im Ort. In Porto Cari wird das unter deutscher Leitung stehende Fischrestaurant Botawana empfohlen.
Eine schöne Ankerbucht ist u.a. die *Cala Gran* (siehe Plan!). Der Untergrund ist Sand und Seegras.
Bei E-SE-Winden steht - je nach Stärke - eine Dünung in die Bucht, die westlich von Punta del Fortin abnimmt.
Mit riesigem Aufwand hat man 1984 begonnen, den Hafen nach Norden zu erweitern, die Fertigstellung erfolgt nicht vor 1990.

Cala Marsal

Dieser schöne Tagesankerplatz, nur 0,5 sm südlich Puerto de Colom, ist selbst in den Sommermonaten relativ ruhig.
Die Wassertiefe in der Einfahrt beträgt 14 m. Sie nimmt zum Strand hin allmählich ab; der Ankergrund ist guthaltender Sand.

Puerto de Colom

Dieser Naturhafen ist in den Sommermonaten eine ideale Ankerbucht; längere Aufenthalte kann man abwechslungsreich gestalten, indem man von hier aus Tagesausflüge in den Nahbereich unternimmt. Oder man kramt mal wieder Taucherbrille und Schnorchel aus der Backskiste und vertreibt sich die Zeit bis zur Sherry-Time aus der Fischperspektive an den Felsen in der Nähe der Einfahrt.
Im nordwestlichen Teil der Bucht wurde 1981 ein Yachthafen fertiggestellt mit einer Kapazität von 252 Liegeplätzen.

Ansteuerung bei Tag

Von S kommend, setzt sich die niedrige Felsküste von Cala d'Or weiter fort, schon von weitem sieht man den schwarz-weiß quergestreiften runden Leuchtturm auf weißem Wärterhaus auf dem SW-Huk von Punta de la Farola und die Einfahrt.
Von N kommend, wird die niedrige Felsküste von Porto Cristo bis Puerto Colom von 17 gut sichtbaren Calas unterbrochen. Der Leucht-

Ansteuerung Puerto de Colom

Hafen
Puerto de Colom

Ort
Porto Colom

Wassertiefe in Metern

Einfahrt	Reede	Hafen	Gästemole
16	4 - 5	1,8 - 2,1	3

Betriebsstoffe/Anlagen

Diesel	Handelsmole
Benzin	Straßentankstelle (Nähe der Mole)
Wasser	Handelsmole und Club Nautico
Strom	C.N. Steg und Gästemole
Telefon	Münzfernsprecher am Hafen
Dusche	-
Sanitär	-

Reparaturdienste/Technische Anlagen

Motor	Nautica Blas (Volvo, Honda, BMW, Mercury)
Motor/Elektr.	Santos (Volvo, Janmar, Yamaha)
Rigg	Servimast S.A., Tel. 58 17 42
GFK	-
Holz	Albons (Schiffsschreiner) C/Colon 65
Kran	Mobilkran an der Handelsmole
Lift	-
Slip	siehe Plan!

Service/Catering

Schiffszubehör	Aigo Nautica C/Pescadores 19
Supermarkt	im Ort
Würfeleis	in den Läden am Hafen
Gas	Aigo Nautica
Post	„auf Rädern“ 1200-1215 (Tankstelle)
Bank	und Wechselstuben im Ort
Taxi	im Ort
Parkplätze	im Hafen und Club Nautico

Position
39° 25,2′ N 03° 15,9′ E

Anrufkanal
9*

Wichtige Telefonnummern

Hafenmeister
57 56 58

Guardia Civil
57 50 20

Club
57 56 90

Zollbüro
Mole

Notarzt Telefon
Felanit 58 02 54

Arzt Anschrift
Dr. J.M. Orriols
C/Colom Nr. 49
Mo - Fr 0900 - 1030

Wetterinformationen

Tel. 40 36 00

Busverbindungen

Porto Colom, Felanit, Palma
im Sommer 5 x täglich
Aushang: Bar D'es Moll

Sonstige Hinweise

* Rufzeichen:
Club Náutico P.C.
Zeitweise starke Fallwinde!

Liegegebühren in PTS

m	Tag	Monat	Jahr
8	1300		
10	1350		
12	1900		

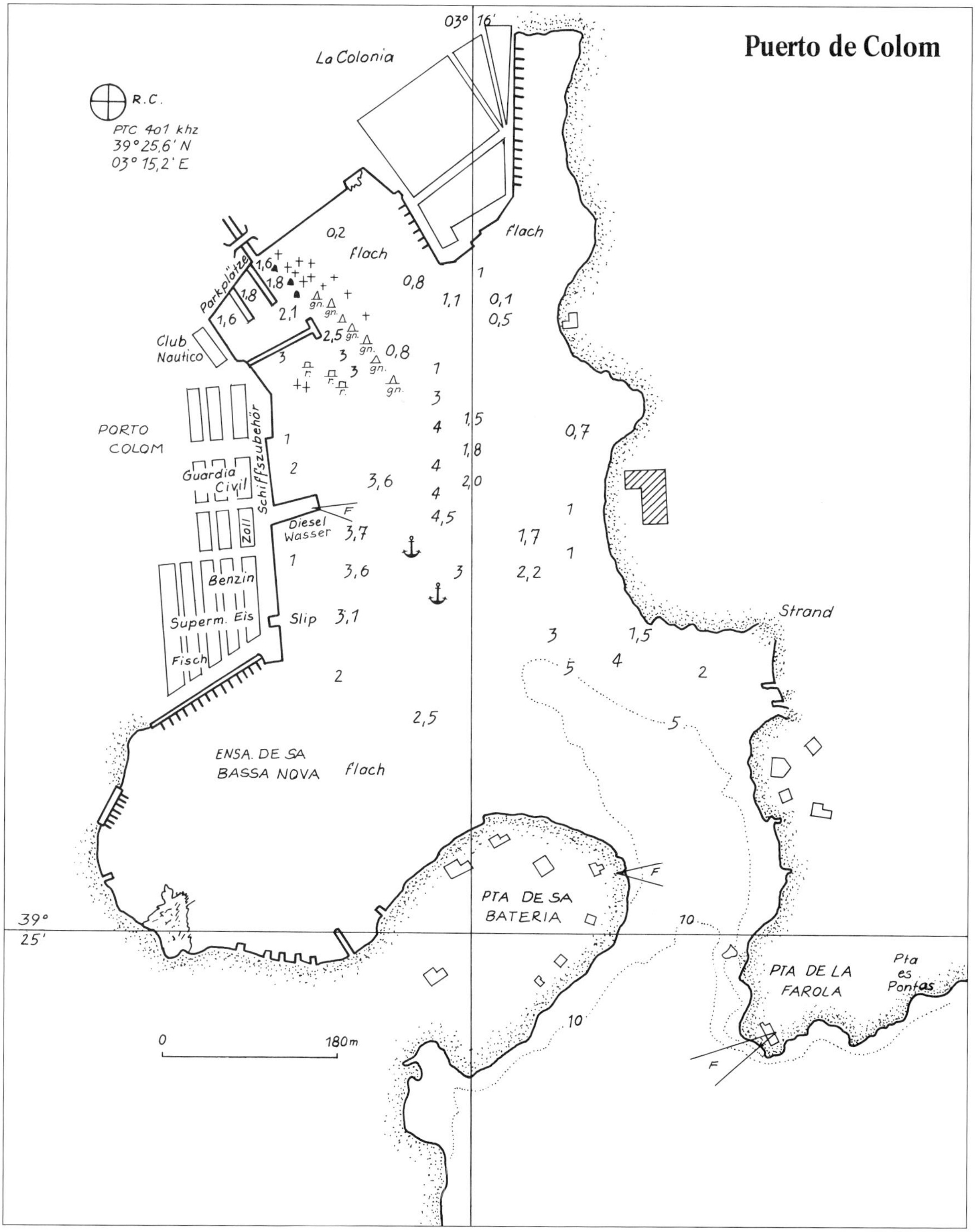
Puerto de Colom
03° 16'
La Colonia
R.C.
PTC 401 khz
39°25,6' N
03° 15,2' E
Parkplätze
Club Nautico
PORTO COLOM
Guardia Civil
Schiffszubehör
Zoll
Diesel Wasser
Benzin
Superm. Eis
Fisch
Slip
flach
Strand
ENSA. DE SA BASSA NOVA
PTA DE SA BATERIA
PTA DE LA FAROLA
Pta es Pontas
39° 25'
0
180m

Puerta de Colom und Cala Marsal

turm auf Pta de la Farola ist verdeckt und erst zu erkennen, wenn man Pta es Pontas passiert hat und kurz vor der Einfahrt steht.

Die Einfahrt in die Bucht ist rein bis dicht unter Land bzw zu der kleinen Insel NW-lich Pta Farola.

Ansteuerung bei Nacht

Bei der Nachtansteuerung, von N kommend, ist der verdeckte bzw. schwache Sektor des Feuers auf Pta de la Farola bei der Navigation zu beachten (siehe Hinweise im Lfv). Bei der Einsteuerung in die Bucht navigiert man nach dem Feuer auf Pta de sa Batería.

Wenn man Pta de sa Batería passiert hat, ist das Feuer auf dem Kopf der Handelsmole von hier aus schwer zu erkennen, oft ist es durch die Aufbauten von Fischereischiffen verdeckt, zudem ist das Feuer trotz der angegebenen Sichtweite von 4 sm sehr schwach.

Die Zufahrtsrinne in den Yachthafen hat eine Wassertiefe von 3,0 m und ist bis in den hinteren Teil durch Bojen markiert. Gastlieger finden in der Regel an der Südseite der Mole Platz. Die Wassertiefe beträgt hier 3,0 m, im Hafen 2,1 m und im hinteren Teil abnehmend auf 1,6 m.

Die Hafenanlagen des Club Náutico sind gut geschützt, an den Ankerplätzen an der Südmole können bei gelegentlichen Fallwinden Probleme auftreten.

Die Stegliegeplätze sind fast alle verkauft/ vermietet und mit Wasser- und Stroman-

schlüssen versehen. In den Sommermonaten werden Gastliegeplätze hier vom Hafenpersonal zugewiesen.
Die Ensenada de sa Bassa Nova und der NE-Teil der Bucht sind flach und nur für kleine Fischerboote geeignet.
Beim Ankern in der Bucht empfiehlt es sich, genügend Kette auszustecken; der Untergrund ist Schlick und Seegras.

Versorgung

Die Versorgungsmöglichkeiten sind sehr gut, auch die Shipchandler sind bestens sortiert. Für Wartungsarbeiten an der Maschine stehen autorisierte Werkstätten (Volvo/Yanmar incl. der wesentlichen Außenbordermarken) mit geschultem Personal zur Verfügung.

Tourismus

Für einen Tagesausflug bietet sich der Besuch des prachtvollen Klosters Santuario de San Salvador an. Zu dem heutigen Klostergebäude aus dem 16. Jahrhundert gelangt man über eine Serpentinenstraße, und man hat, oben angekommen, einen herrlichen Blick über die mallorquinische Landschaft bis hin zum Meer. In der Kapelle befindet sich ein Altar mit der Darstellung des letzten Abendmahls, der Kreuzigung und Auferstehung Christi.
Wie es in Klöstern so üblich ist, kann man auch hier eine kräftige Mahlzeit und ein kühles Bier zu sich nehmen.

Porto Cristo

Dieser alte Fischerhafen ist gegen alle Winde gut geschützt und auch als Winterliegeplatz bestens geeignet.
Der eigentliche Hafenschlauch wurde 1984 auf 4 m ausgebaggert, im vorderen Teil der Betonschwimmstege beträgt die Wassertiefe zwischen 2,4 und 3,0 m.
An den Schwimmstegen wird in der Regel mit Muringleinen festgemacht; in Einzelfällen ruft der Marinero: „Anclar por favor!“, der im Hafenschlick gut hält.

Ansteuerung bei Tag

Unter normalen Wetterbedingungen ist die Ansteuerung in die Cala Manacor problemlos, gute Ansteuerhilfen sind der Kirchturm hoch über dem Ort und der braune Wachtturm neben dem Leuchtfeuer auf Morro de sa Carabassa. Der Grund ist rein bis zur Betonmole, von hier variiert die Wassertiefe zwischen 2,5 und 4 m.
Bei der Einsteuerung in den Hafen ist ganz besonders auf Badegäste und schwimmende Wassersportler zu achten, die oft den Bremsweg einer Yacht falsch einschätzen.

Ansteuerung bei Nacht

Bei der Nachtansteuerung navigiert man zuerst nach den Feuern Punta de la Farola und Cabo de Pera, das Ansteuerungsfeuer auf Morro de sa Carabassa ist aufgrund der geringen Sichtweite relativ spät auszumachen. Wenn man Morro de sa Carabassa passiert hat, erkennt man das Feuer auf dem Kopf des Wellenbrechers.

Hinweis

Bei starken E-SE-Winden sollte man am öffentlichen Kai gegenüber des Club Náutico nicht festmachen; hier treten dann starke Wechselströmungen auf, verbunden mit Wasserstandsänderungen.
Der Club Náutico weist mit einem Handzettel beim Einklarieren darauf hin, daß es polizeilich verboten ist, Abfälle jeglicher Art ins Meer zu leiten. Gleichzeitig werden die

Hafen

Porto Cristo

Ort

Porto Cristo

Wassertiefe in Metern

Einfahrt	Reede	Hafen	Gästemole
12	-	3	s. Plan

Betriebsstoffe/Anlagen

Diesel	Pier Mo/Mi/Fr. 0900 - 1300 und 1600 - 2000, Sa 0900 - 1300
Benzin	Carretera de Manacor (4 km)
Wasser	an den Stegen(System Gardena)/ 1/2 Zoll Gewinde
Strom	an den Stegen
Telefon	Münzfernsprecher oder Clubhaus
Dusche	3 W/K im C.N.
Sanitär	2 im C.N.

Reparaturdienste/Technische Anlagen

Motor	Vernell Werft, Tel. 57 00 81
Segel	Reparaturdienste unter Vertrag
Rigg	Servimast S.A./Vernell
GFK	Vernell Werft
Holz	Vernell Werft
Kran	5 t Werft
Lift	70 t
Slip	siehe Plan!

Service/Catering

Schiffszubehör	Vernell oder über Marinero
Supermarkt	im Ort, gut sortiert
Würfeleis	an der Bar (Marinero)
Gas	Ferreteria, gegenüber Restaurant Ses Gomes
Post	im Ort
Bank	und Wechselstuben im Ort
Taxi	Standstellen am Marktplatz
Parkplätze	siehe Plan!

Position

39° 32,5′ N 03° 20,3′ E

Anrufkanal

-

Wichtige Telefonnummern

Hafenmeister

Guardia Civil

57 03 22

Club

57 04 56

Arzt Telefon

57 03 04

Arzt Anschrift

Wetterinformationen

Tel. 40 36 00

Busverbindungen

Palma - Porto Cristo
Abfahrt:
Plaza de Espana Palma
Tel. 25 22 24

Sonstige Hinweise

Nur wenige der Stegplätze verfügen über Murings.

Liegegebühren in PTS

m	Tag	Monat	Jahr
9	1500	auf Anfrage	
10	1730	auf Anfrage	
12	2080	auf Anfrage	

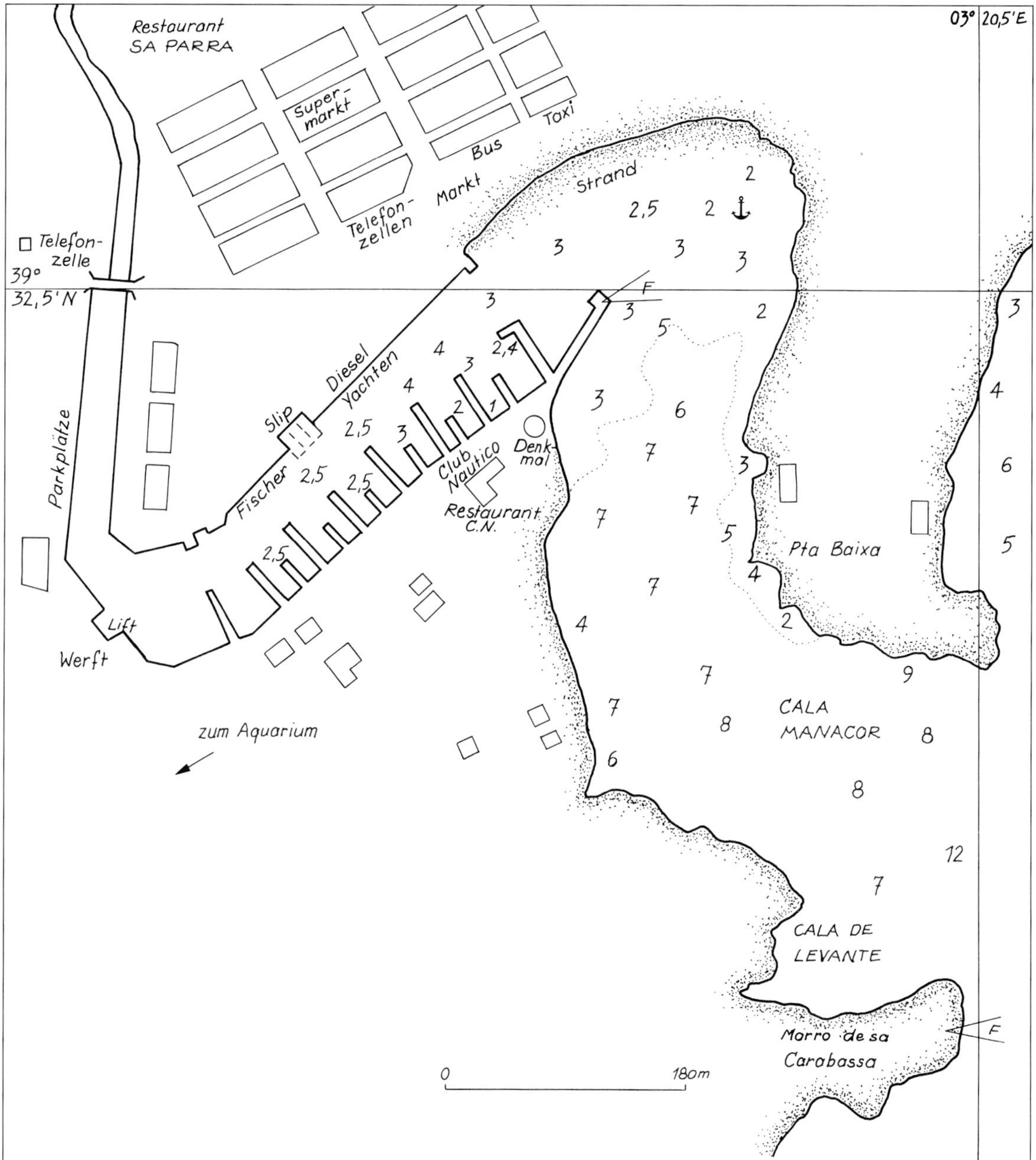

Porto Cristo

Porto Cristo

Yachties gebeten, die Einrichtungen des Clubs zu benutzen (Toilette/Duschen), da anderenfalls Strafen bis zu 25 000 Pts auferlegt werden können.

Dieser Appell sollte - nicht nur hier - unbedingt befolgt werden, denn das Benutzen von Bordtoiletten in Häfen - besonders mit geringem Wasseraustausch - ist gegenüber der Umwelt und den Besatzungen der Nachbarlieger verantwortungslos. Auf der anderen Seite lassen die Duschräume und sanitären Anlagen - wie auch hier in Porto Cristo - oft zu wünschen übrig, was die Hygiene anbetrifft, und die orientalischen Gerüche sind vielerorts nicht akzeptabel.

Tourismus

Der Hafen und der Ort haben viel Atmosphäre, und wer hier einige Liegetage plant, hat die Möglichkeit, im Nahbereich Ausflüge zu unternehmen bzw. kleine Reparaturen am Schiff durchzuführen.

Der Besuch des See-Aquariums und der Tropfsteinhöhlen sollte an oberster Stelle der Ausflugsliste stehen.

Wenn eine Reparatur ansteht, wendet man sich am besten an die Werft *Vernell*; zwei Mechaniker sind spezialisiert auf Volvo/Perkins und BMW, auch gibt es hier einen Fachmann für Einspritzpumpen. Arbeiten am Rigg, GFK und Holz werden ebenfalls fachmännisch durchgeführt.

Oberhalb der Duschanlage befindet sich der Club Náutico mit Büro, Schwimmbad und Restaurant.

Wer allerdings herzhafte Seemannskost (Fisch/Spanferkel) vorzieht, der sollte das Restaurant *Sa Parra* an der Straße nach Manacor aufsuchen.

Cala Ratjada

Cala Ratjada

Aufgrund seiner geographischen Lage und der guten Versorgungsmöglichkeiten wird dieser alte Fischerhafen vorwiegend als Absprunghafen nach Menorca benutzt. Die Verweildauer wird von den meisten Yachties hier auf ein Minimum begrenzt; Lärm bis spät in die Nachtstunden, der Schwell und die Fischerboote lassen wenig Ruhe aufkommen, außerdem ist der Hafen - besonders in den Sommermonaten - ständig überfüllt.
In der Regel macht man längsseits an der Gästemole fest, und gegen 20.00 Uhr liegt man schon im Viererpäckchen.
Die Wassertiefe im vorderen Hafen und an der Gästemole beträgt ca. 6 m, der Untergrund ist Sand und Schlick.
Besondere Vorsicht - besonders nachts - ist beim Festmachen an der Südseite des Tankstellenpiers geboten, herumliegende Betonteile reduzieren die Wassertiefe an einigen Stellen auf 1 m.
Der hintere Teil des Hafens dient ca. 20 Fischerbooten als Basis, und ab 04.00 Uhr morgens ist es mit dem Schlaf vorbei, wenn sich der satte Klang der Langhuber an der hohen Betonmauer bricht.

Hinweis

Besonders bei Winden aus E-SE steht je nach Windstärke ein starker Schwell in den Hafen,

Hafen
Cala Ratjada

Ort
Cala Ratjada

Wassertiefe in Metern

Einfahrt	Reede	Hafen	Gästemole
7	-	5 - 6	6

Betriebsstoffe/Anlagen

Diesel	am Pier, siehe Plan! tägl. außer Sa/So 0900 - 1300 und 1600 - 2000
Benzin	Straßentankstelle, 2 km Richtung Capdepara
Wasser	Clubschlauch (450 Pts.) pro/hl
Strom	langes Kabel erforderlich, System Le Grand
Telefon	Münzfernsprecher im Hafen
Dusche	-
Sanitär	-

Reparaturdienste/Technische Anlagen

Motor	Werftmechaniker
Segel	-
Rigg	Servimast Balear S.A., Tel. 58 17 42
GFK	Werft
Holz	Werft
Kran	Privat Marina 7 t
Lift	-
Slip	Werft 40 t

Service/Catering

Schiffszubehör	Efectos Navales im Hafen
Supermarkt	im Ort
Würfeleis	im Ort, Hafennähe
Gas	im Ort (Probleme bei franz. Größen)
Post	im Ort, Reyes Catolicos, 10
Bank	im Ort
Taxi	im Ort
Parkplätze	in Hafennähe

Position
39° 42,6′ N 03° 27,9′ E

Anrufkanal
-

Wichtige Telefonnummern

Hafenmeister
56 31 30

Guardia Civil

Club

Notarzt
56 38 74

Arzt Telefon
56 38 76

Arzt Anschrift
am Marktplatz
Sprechstunden:
0900 - 2100

Wetterinformationen

Tel. 40 36 00

Busverbindungen

Palma - Cala Ratjada
Abfahrt:
Estación Ferrocarril
Tel. 25 22 24

Sonstige Hinweise

Schwell

Liegegebühren in PTS

m	Tag	Monat	Jahr
8	400		
10	500		

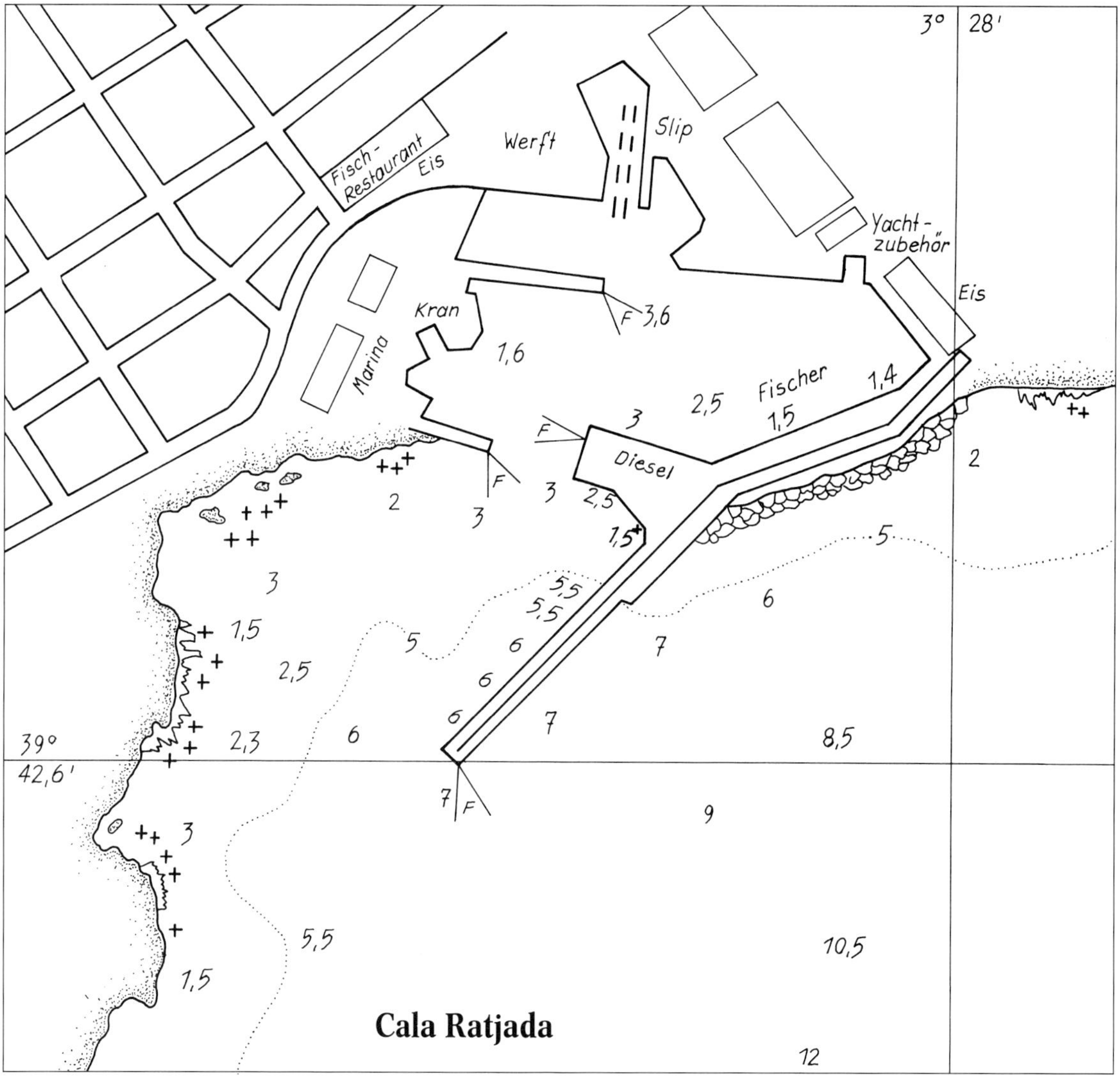

und es empfiehlt sich dann, das Schiff nicht unbeaufsichtigt zu lassen.

Ansteuerung

Die Ansteuerung ist bei Tag und Nacht sehr einfach. Bei Tag erkennt man schon von weitem den etwa 75 m hohen Leuchtturm mit Wärterhaus auf Cabo de Pera und später die ca. 200 m lange und 7 m hohe Betonmole. Die Ansteuerungstonne, ca. 70 m südlich vom Molenkopf, wie in spanischen Seekarten eingetragen, wurde im Januar 1989 eingeholt. Nachts brennt auf dem Molenkopf ein Feuer.

Von Juni bis September ist der Ort Cala Ratjada „fest in deutscher Hand". Einen ruhigen Ankerplatz mit klarem Wasser findet man 0,5 sm nordöstlich vom Hafen in der *Cala Gat.* Man ankert hier auf 3,5 - 10 m Tiefe.

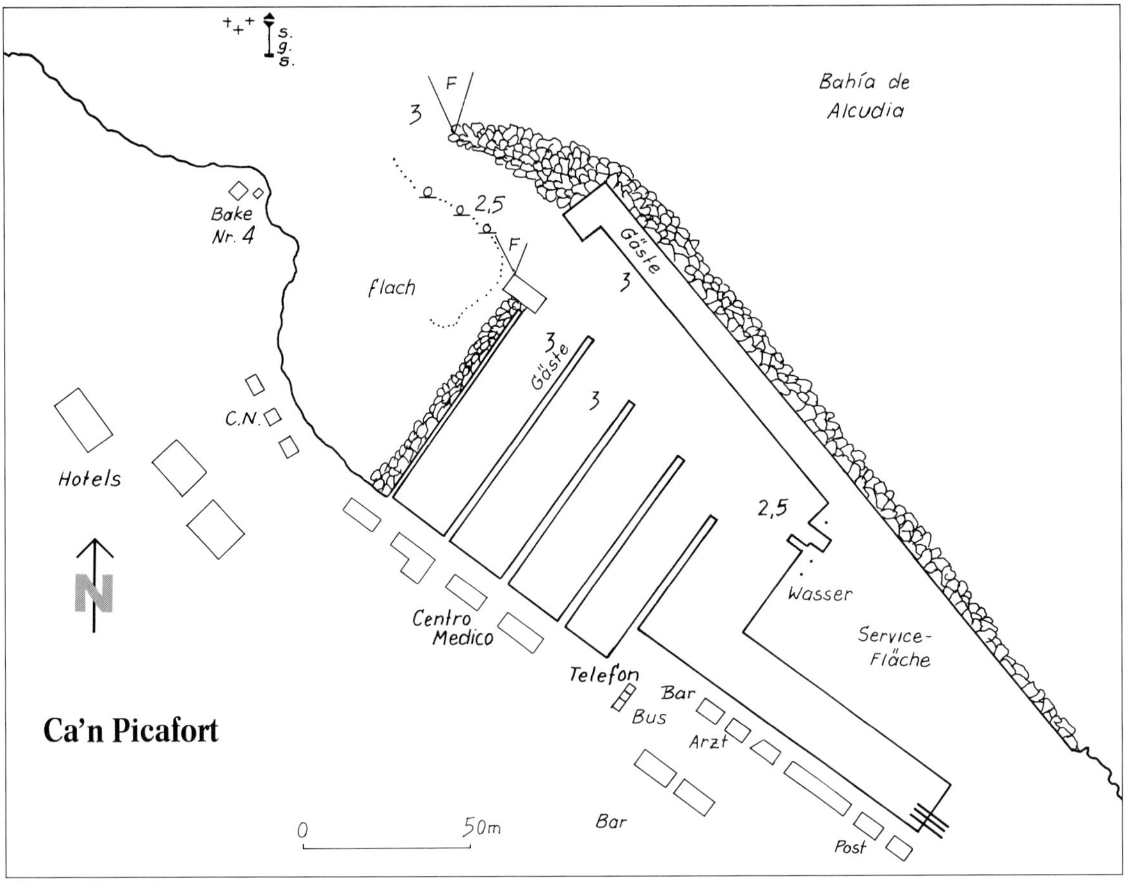

Ca'n Picafort

Der einst ruhige Fischerort Ca'n Picafort wurde in den siebziger Jahren zu einer modernen Ferienkolonie umfunktioniert, und 1984 wurde auch der kleine Hafen zu einer Marina mit 464 Liegeplätzen ausgebaut. Die Service-Einrichtungen ließen im Juli 88 noch sehr zu wünschen übrig oder fehlten gänzlich. Die Dienstleistung des Club Náutico beschränkte sich zu diesem Zeitpunkt nur auf das Bunkern von Trinkwasser.
Der C.N. plant, 1988/89 die erforderlichen Einrichtungen wie Duschen/WCs zu errichten und Stromanschlüsse zu installieren. Reparaturmöglichkeiten durch qualifiziertes Fremdpersonal sind stark eingeschränkt.

Ansteuerung bei Tag

Schon aus großer Entfernung sieht man den Touristenort mit seinen Hotelanlagen inmitten der Bahía de Alcudia. Bei der Nahansteuerung erkennt man die obeliskenförmige weiße Bake mit roter Spitze und roter Ziffer 4 neben der Hafeneinfahrt. Die überwaschene Klippe, Escuy de Ca'n Barret, ca. 150 m NW-lich der Einfahrt ist mit einer Spierentonne

Puerto Deportivo Ca'n Picafort

nach dem Kardinalsystem Ostquadrant markiert und bei bestimmten Wetterverhältnissen distanzmäßig schwer abzuschätzen.
Bei auflandigem Wind ist das Einlaufen in den Hafen aufgrund der vorgelagerten Gefahrenstelle und der starken Brandung äußerst gefährlich.

Ansteuerung bei Nacht

Die im Leuchtfeuerverzeichnis angegebene Tragweite der Molenkopffeuer von 5 sm ist anzuzweifeln. Bei der Nahansteuerung navigiert man nach dem Feuer Fkl. (2) r. 4s, das grüne Feuer Blz. (2) gn. 6,5s ist konstruktionsbedingt spät zu erkennen.

Hinweis

Yachten mit einem Tiefgang von mehr als 1,6 m sollten den Hafen nur bei absolut ruhigem Wetter anlaufen. In der Hafeneinfahrt hatten sich 1988 Sandbänke gebildet, nach dem Ausbaggern wurden noch flache Stellen mit Bojen markiert.
An der Hafeneinfahrt besteht für die Zukunft wieder Versandungsgefahr.

Hafen

Puerto Deportivo Ca'n Picafort

Ort

Ca'n Picafort

Wassertiefe in Metern

Einfahrt	Reede	Hafen	Gästemole
3 siehe Hinweis	-	2 - 3	3

Betriebsstoffe/Anlagen

Diesel	-
Benzin	-
Wasser	Nähe Travelliftbecken/200 Pts pro Tag
Strom	mit langem Kabel/200 Pts pro Tag
Telefon	3 Münzfernsprecher am Hafeneingang
Dusche	-
Sanitär	-

Reparaturdienste/Technische Anlagen

Motor	-
Segel	-
Rigg	-
GFK	-
Holz	-
Kran	8 t geplant
Lift	50 t geplant
Slip	siehe Plan!

Service/Catering

Schiffszubehör	-
Supermarkt	im Ort
Würfeleis	im Restaurant C.N.
Gas	-
Post	C/Isabel Garan Nr. 16/Postsparkasse
Bank	und Wechselstuben im Ort
Taxi	am Hafeneingang
Parkplätze	in Hafennähe

Position

39° 45,9' N 03° 10,0' E

Anrufkanal

Wichtige Telefonnummern

Hafenmeister
52 71 89

Guardia Civil
52 73 81

Club
52 71 89/85 00 10

Notarzt
52 74 11

Arzt Telefon

Arzt Anschrift
Internist: Dr. Lorenzo Barcelo gegenüber C.N.

Wetterinformationen

Tel. 40 36 00

Busverbindungen

- Pollensa
- Porto Cristo
- Manacor
- Palma

Busstation am Hafeneingang

Sonstige Hinweise

Versandungsgefahr in der Einfahrt und in Teilen des Hafens

Liegegebühren in PTS

m	Tag	Monat	Jahr
8	500	8000	108000
10	700	11600	140000
12	900	19200	192000

Puerto de Alcudia

Puerto de Alcudia

Im Nordwestteil der Bahía de Alcudia wurde mit großem Aufwand ein neuer Sportboothafen angelegt, der ab 1989 über eine Kapazität von 750 Liegeplätzen verfügen soll.
Der Hafen wurde nach Angaben der zuständigen Stellen auf 4 m ausgebaggert, was nach eigenen Lotungen nur für den südlichen Teil bestätigt werden kann. Die Felsbrocken nahe der Mole zwischen den Stegen 2/3 und 3/4 sind für Kielschiffe allerdings gefährlich!
Der Hafen ist gut geschützt, und wenn Murings verlegt worden sind, liegt man hier auch im Winter sicherer als in Puerto de Pollensa, sollte man den Nordteil der Insel für das Winterlager vorziehen.

Ansteuerung bei Tag

Gute Ansteuerungshilfen sind die beiden Schornsteine des GESA-Kraftwerkes neben dem Industriehafen. Wenn man den Wellenbrecher des Industriehafens querab hat, passiert man anschließend die Anlegemole (auf Pfählen) von Butano-Gas, danach steuert man direkt auf die gut sichtbare Einfahrt des Yachthafens zu.

Ansteuerung bei Nacht

Bei der Nachtansteuerung orientiert man sich an dem Feuer auf der Insel Aucanada

Hafen

Puerto de Alcudia

Ort

Puerto de Alcudia

Wassertiefe in Metern

Einfahrt	Reede	Hafen	Gästemole
3	**	1,5 - 3	3

Betriebsstoffe/Anlagen

Diesel	im Industriehafen, siehe Plan!
Benzin	von der Straßentankstelle
	Mo - Fr 0900 - 1300 und 1600 - 2000, Sa 0900 - 1300
Wasser	Schlauchanschlüsse / 200 Pts pro Tag
Strom	mit langem Kabel, am Steg / 300 Pts pro Tag
Telefon	Münzfernsprecher am Hafeneingang
Dusche	6 (neue Duschen geplant) 200 Pts pro Person
Sanitär	4

Reparaturdienste/Technische Anlagen

Motor	Argonautica, (Servicewagen) Tel. 54 67 45
Segel	Alcudiamar, über Hafenbüro Hibernon Tallers Tel. 54 77 71
Rigg	-
GFK	Alcudiamar
Holz	Domingo Astilleros, Paso Maritimo, Tel. 54 58 14
Kran	8 t
Lift	80 t
Slip	-

Service/Catering

Schiffszubehör	Totymar Nautica (auch BMW) Tel. 54 64 14
Supermarkt	im Ort
Würfeleis	in der Hafenbar / Marinero
Gas	im Ort (Ferreteria)
Post	in Alcudia Avenida Espana
Bank	im Ort
Taxi	am Hafeneingang
Parkplätze	im Hafen

Position

39° 50,4′ N 03° 8,0′ E

Anrufkanal

9/16*

Wichtige Telefonnummern

Hafenmeister
54 60 00

Guardia Civil
54 52 95

Club
54 60 00-04

Zoll
54 53 01

Arzt Telefon/Notdienst
54 55 24

Arzt Anschrift
Dr. Jaime Ferragut
Tel. 54 63 11

Wetterinformationen

Tel. 40 36 00
Clubbüro, auch über Kanal 9

Busverbindungen

Palma-Alcudia
Alcudia-Palma
Puerto de Alcudia - Pollensa

Sonstige Hinweise

* Rufzeichen: Alcudiamar

** Ankern im S-SE-Teil verboten, Großschiffahrt Höchstgeschwindigkeit 3 kn

Liegegebühren in PTS

m	Tag	Monat	Jahr
8	1250	23065	233000
10	1800	33400	335000
12	2350	45400	455000

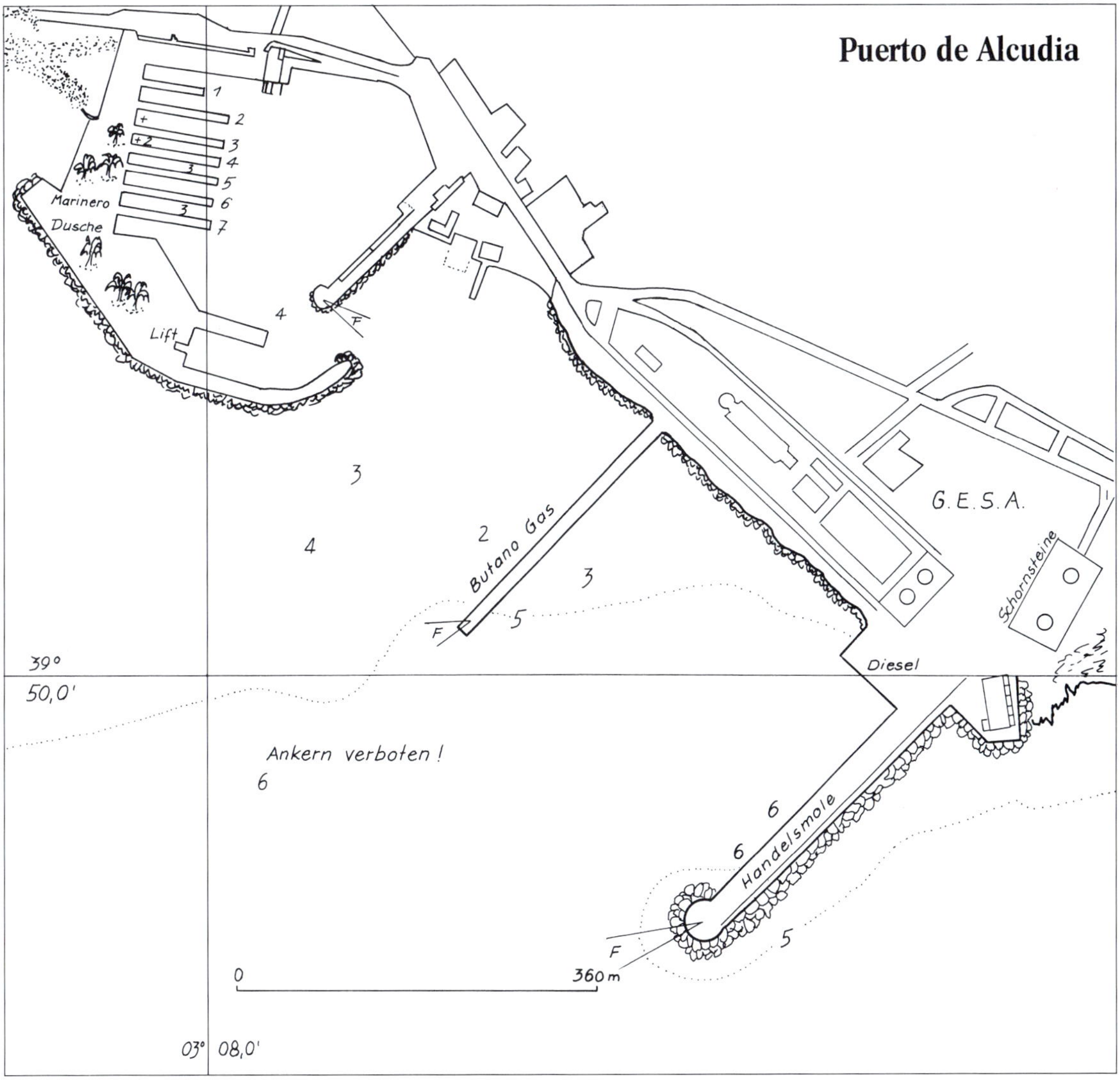

Alcudia und Leuchtturm Aucanada

Marina Bon Aire

und später an dem starken Feuer auf dem Wellenbrecherkopf des Industriehafens. Der Molenkopf von Butano-Gas und die Hafeneinfahrt sind befeuert.
Auch der Ort Puerto de Alcudia hat wenig Atmosphäre, und die Restaurants an der Hafenfront servieren ein miserables Essen. Ein Fischrestaurant mit ausgezeichneter Speisekarte und garantiert frischem Fisch ist die *Bar Lovento* in der Roca Garcia 41.

Tourismus

Falls der Zeitplan es zuläßt, sollte man die Liegezeit nutzen und einen Ausflug in die von den Römern gegründete einstige Hauptstadt Mallorcas, Alcudia (Pollentia), mit den großartigen Befestigungsanlagen machen. Auf dem kurzen Weg dorthin sollte man am guterhaltenen römischen Theater, das in seinem ursprünglichen Zustand an die 2000 Zuschauer faßte, anhalten. Von Feigenbäumen umgeben liegt dieser Ort der Ruhe abseits vom Touristenstrom malerisch in der Landschaft.

Bon Aire/Puerto Cocodrilo

Dieser kleine Sportboothafen liegt im Süden der Bucht von Pollensa zwischen Punta de la Guardia und Punta Manresa. In den spani-

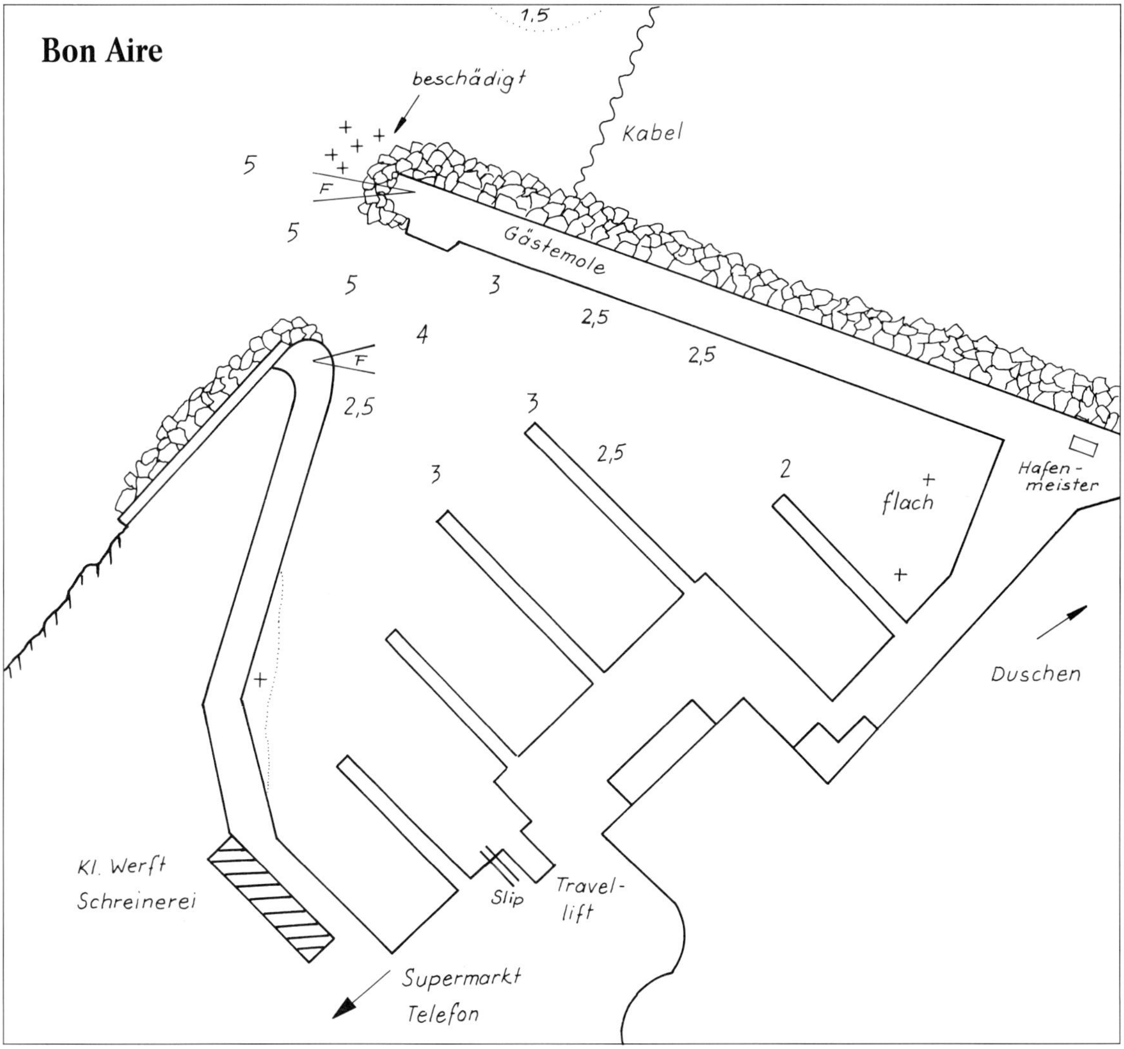

schen Seekarten und nautischen Unterlagen wird er als Puerto Cocodrilo bezeichnet.
Der Hafen ist im Privatbesitz der Urbanización Mal Pas und nicht dem Club Náutico angeschlossen.
Bei schweren Nordstürmen im Winter 1981 bildeten sich in der Bahía schwere Grundseen, die die Nordmole teilweise unterspülten und zum Einsturz brachten. Diese wurde repariert und erweitert .
Einige Jahre machte dann der Hafen einen verwahrlosten Eindruck, bis 1984 grundlegende Verbesserungen im Service und Standard erzielt wurden. Der Aufwärtstrend war nur von kurzer Dauer, denn 1988 bestimmte wieder das gewohnte romantische Durcheinander das Hafenbild.
Der Hafen ist nur in den Sommermonaten

Wassermühle bei Alcudia

relativ sicher, es wurden im Juni/Juli Wasserstandsänderungen von 0,7 m beobachtet, was bei Yachten mit größerem Tiefgang zu Problemen führen kann.

Ansteuerung bei Tag (siehe auch Ansteuerung Pollensa!)

Die Ansteuerung bei Tag ist einfach, gute Ansteuerungspunkte sind das alte Landhaus mit den grünen Fensterläden auf Punta Manresa und die lange Mole aus Natursteinen.

Ansteuerung bei Nacht

Bei der Nachtansteuerung - besonders bei NE-Windlage - ist höchste Vorsicht geboten, obwohl die Hafeneinfahrt jetzt befeuert ist. Außerdem gibt es einige Kabellängen weiter nach SW gefährliche Untiefen. Für den nicht revierkundigen Skipper bietet sich dann Puerto de Pollensa an.

In der Regel bekommt man nach dem Einlaufen einen Liegeplatz vom Hafenpersonal zugewiesen, ansonsten geht man an die Gästemole. Falls Platz verfügbar, macht man zweckmäßigerweise längsseits fest, weil der Anker auf dem felsigen Grund schlecht hält.

Die Reparaturmöglichkeiten im Hafen sind eingeschränkt. Bei betriebsnotwendigen Reparaturen sollte man zuerst den Hafenmeister einschalten, dieser kann telefonisch Fachkräfte von Pollensa bzw. Alcudia anfordern.

Tourismus

Wer einige Tage vom Segelalltag ausspannen will und Ruhe sucht, der „liegt" hier richtig. Der einst hübsch angelegte Hafen mit seinen Blumen, Tamarisken und Olivenbäumen paßt sich der Landschaft an. In 2 Minuten ist man am Bade- und Sonnenstrand La Caleta gleich hinter dem Hafen.

Wer durch den Pinienwald wandert und ein bißchen „Bergsteigen" in Kauf nimmt, wird belohnt durch eine frische Brise und einen herrlichen Ausblick auf die Bahía Pollensa und die Bahía Alcudia.

Ein Restaurant mit guter Küche und mäßigem Service liegt über dem Supermarkt. Wer allerdings Herzhafteres bevorzugt, der findet in der *Bodega del Sol* deftige Seemannskost, ein kühles Bier vom Faß und die neuesten Hafeninfos.

Es wurde beobachtet, daß der Hafen - besonders in den Nachtstunden - von der Guardia Civil regelmäßig besucht wird und daß Kontrollgänge durchgeführt werden.

Hafen

Bon Aire/Puerto Cocodrilo

Ort

Urbanización Mal Pas

Wassertiefe in Metern

Einfahrt	Reede	Hafen	Gästemole
5	-	2,5	2 - 2,5

Betriebsstoffe/Anlagen

Diesel	im Kanister von Alcudia
Benzin	im Kanister von Alcudia
Wasser	am Steg/Gästemole (System Gardena)
Strom	-
Telefon	Münzfernsprecher am Supermarkt
Dusche	keine
Sanitär	keine

Reparaturdienste/Technische Anlagen

Motor	Servicios Nauticos Tel. 54 69 55
Segel	-
Rigg	-
GFK	Servicios Nauticos
Holz	Schreinerei im Hafen
Kran	-
Lift	40 t
Slip	Schienenslip (schlechter Zustand)

Service/Catering

Schiffszubehör	Servicios Nauticos
Supermarkt	am Hafen, auf Yachtbedürfnisse eingestellt.
Würfeleis	Supermarkt/Hafenmeister/Servicios Nauticos
Gas	in Alcudia (Ferreteria)
Post	in Alcudia
Bank	in Alcudia
Taxi	wird vom Hafenmeister telefonisch angefordert
Parkplätze	im Hafen

Position

39° 51,9′ N 03° 08,7′ E

Anrufkanal

-

Wichtige Telefonnummern

Hafenmeister

54 69 55

Guardia Civil

Club

Arzt Telefon

Arzt Anschrift

Wetterinformationen

Tel. 40 36 00

Busverbindungen

Palma-Puerto de Alcudia
Abfahrt:
Estación Ferrocarril
Tel. 25 22 24

Sonstige Hinweise

keine Muring, oft „Ankersalat“

Liegegebühren in PTS*

m	Tag	Monat	Jahr
8	1100	17990	
9	1320	21830	
12	1980	34900	

* incl. Wasser, Strom und Steuer

Puerto de Pollensa

Puerto de Pollensa

Im NW-lichen Teil der weiträumigen und landschaftlich schönen Bahía Pollensa liegt der Fischer- und Yachthafen Puerto de Pollensa. Die umfangreiche Hafenerweiterung im Bereich des Club Nautico war im Januar 1989 fast abgeschlossen. Den Angaben des Clubmanagements zufolge sollen 375 Liegeplätze für Gastlieger mit ausreichender Wassertiefe und Murings ab Sommer 1989 zur Verfügung stehen.
Im März 89 waren die Baggerarbeiten in der Hafeneinfahrt und im Bereich der Nahansteuerung noch nicht abgeschlossen. Die Wassertiefe zu diesem Zeitpunkt betrug etwa 2 m vor und in der Einfahrt. Aufgrund der Lage des Hafens muß nach schweren Nordoststürmen, besonders im unmittelbaren Bereich der Einfahrt und an der Gästemole für Transityachten, die Versandungsgefahr einkalkuliert werden. Wie das Management des Club Nautico mitteilte, soll die Hafenbefeuerung im Juni 89 angezündet werden.
Der Ort Puerto Pollensa ist eingebettet in die wilde Gebirgslandschaft der Nordküste, und trotz des regen Touristenverkehrs sind die Grundzüge dieses mallorquinischen Fischerortes erhalten geblieben. In Hafennähe liegt der Stützpunkt von „sunny sailing", einer Segelschule unter deutscher Leitung.

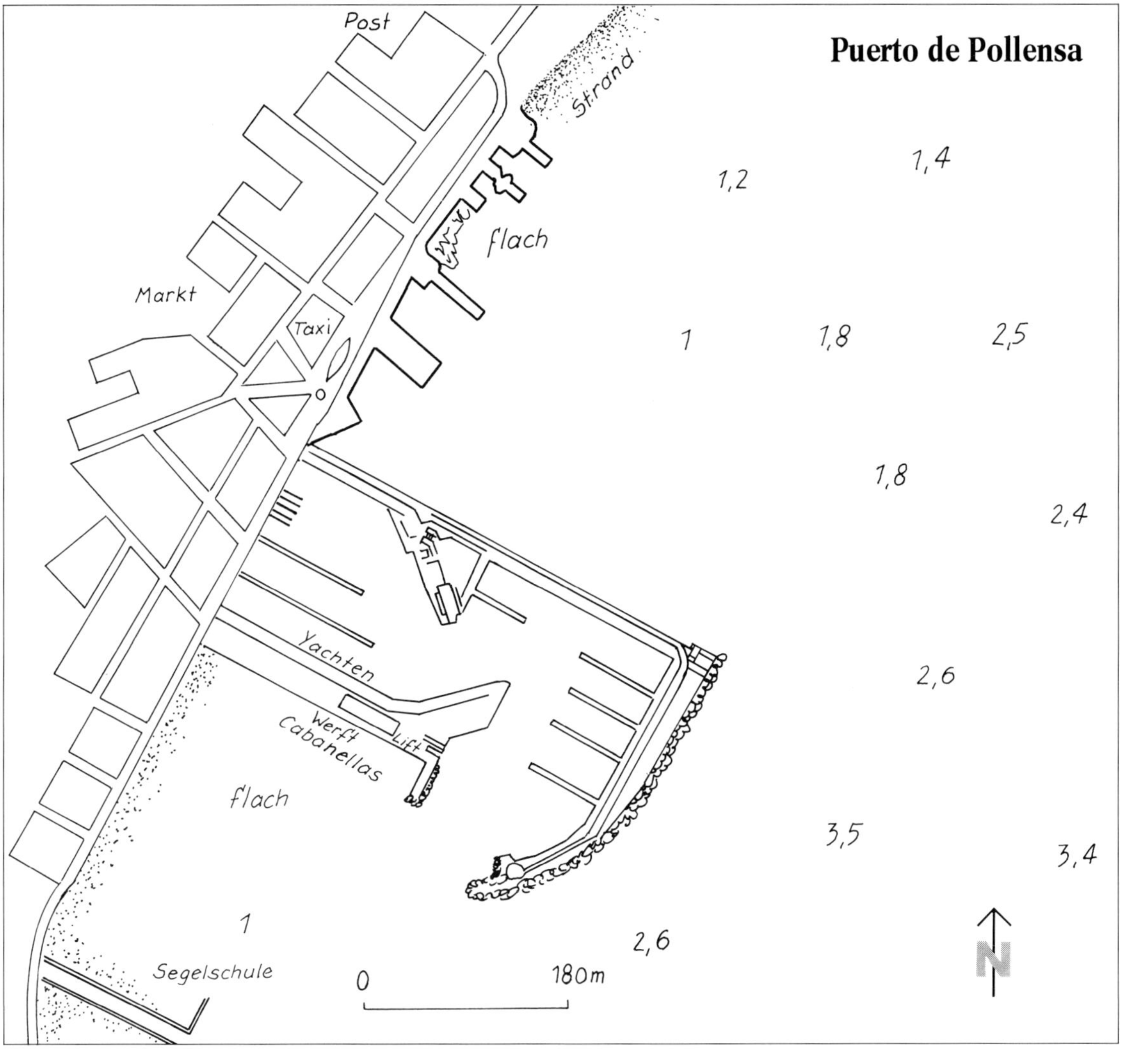

Ansteuerung bei Tag

Von N und E kommend, sind Cap Formentor und Cap del Pinar unverwechselbare Landmarken für die Einsteuerung in die Bahía de Pollensa. Schon von weitem erkennt man den weißen Leuchtturm auf Pta de la Avanzada und danach die Hafenanlagen.
Von SE kommend, erkennt man bei klarsichtigem Wetter ab Cabo Farrutx ca. 9 sm voraus die Bergkette mit dem 444 m hohen Atalaya de Alcudia auf der Halbinsel Victoria und das Cap Menorca, später im Hintergrund Cap Formentor.

Ansteuerung bei Nacht

Bei der Nachtansteuerung navigiert man

Hafen
Puerto de Pollensa

Ort
Puerto de Pollensa

Wassertiefe in Metern

Einfahrt	Reede	Hafen	Gästemole
3 (geplant)	2 - 4	s. Plan!	2 - 3

Betriebsstoffe/Anlagen

Diesel	geplant (Juni' 89)
Benzin	geplant (Juni'89)
Wasser	an den Liegeplätzen
Strom	an den Liegeplätzen
Telefon	Münzfernsprecher
Dusche	C.N.
Sanitär	C.N.

Reparaturdienste/Technische Anlagen

Werft	Cabanellas Tel. 53 14 44, Fax 53 33 37 (Volvo, Mercury, Tohatsu)
Bootsservice	Livingstons Yachtservice, Tel. 53 04 26
GFK/Farbe	Cabanellas
Holz	Cabanellas
Segelreparatur	Francisco Segura, Plaza Encina
Lift	Cabanellas
Slip	Schlepphelling (Werft)

Service/Catering

Schiffszubehör	Werft
Supermarkt	im Ort
Würfeleis	im C.N./Restaurant
Gas	Nautica Lanau/Ferreterias
Post	im Ort
Bank	und Wechselstuben im Ort
Taxi	in Hafennähe
Parkplätze	in Hafennähe

Position
39° 54,4′ N 03° 05,5′ E

Anrufkanal
9

Wichtige Telefonnummern

Hafenmeister
53 18 67

Guardia Civil

Club
53 16 48

Arzt Telefon
53 25 64

Arzt Anschrift
Med. Zentrum
Straße von Pollensa

Wetterinformationen

C.N. Aushang

Busverbindungen

nach und von Palma

Sonstige Hinweise

Versandungsgefahr in der Nähe der Einfahrt

Liegegebühren in PTS

m	Tag	Monat	Jahr
8	1800		
10	2000		
12	2500		

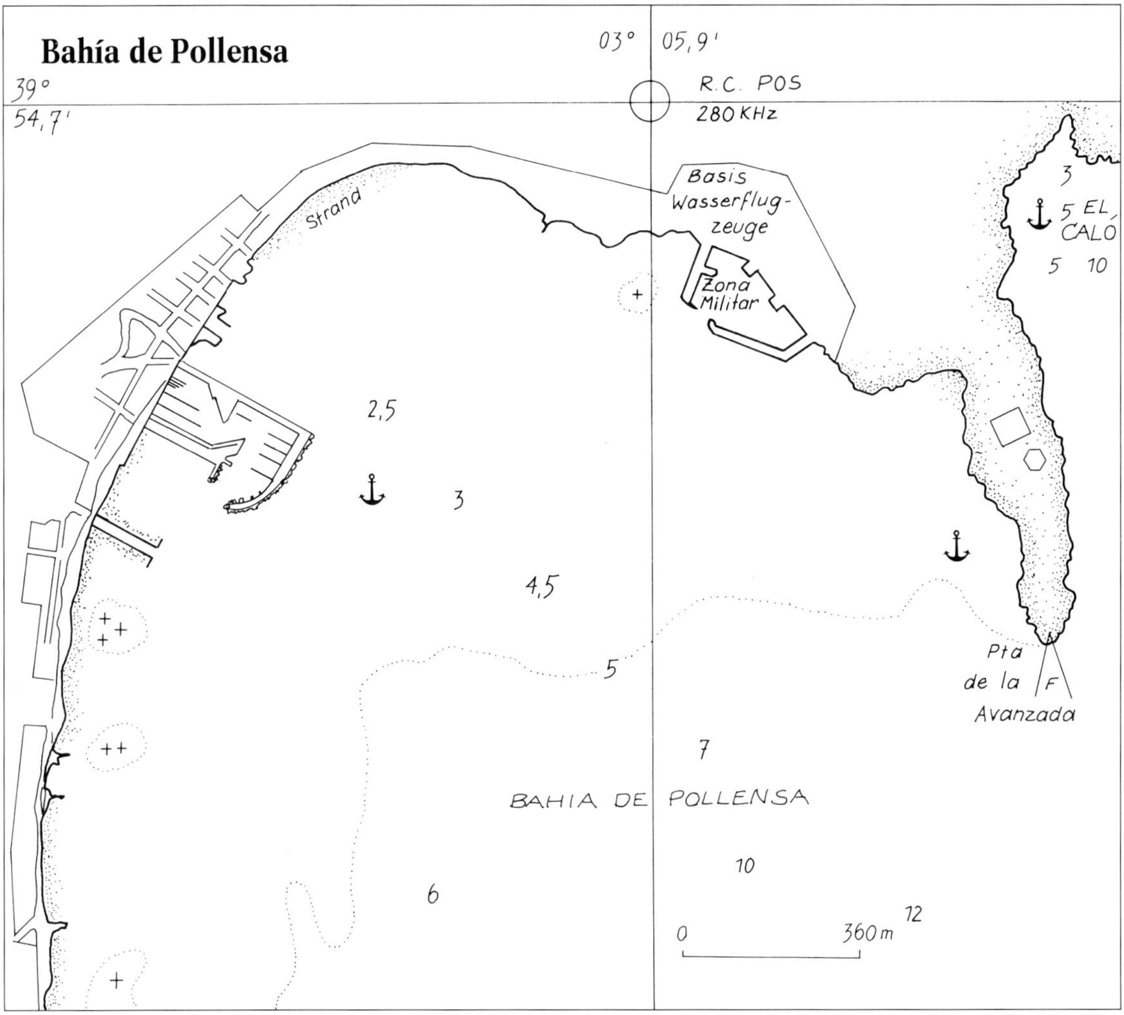

nach dem Feuer Cap de Formentor und dem Feuer auf Pta. de la Avanzada.

Hinweise

Besonders bei der Nachtansteuerung ist darauf zu achten, daß in der Nähe der Einfahrt die Wassertiefe nur noch 1 m beträgt.
Die alte Basis für Wasserflugzeuge ist militärisches Sperrgebiet.
Die Bahía Pollensa und Bahía Alcudia sind Übungsgebiete spanischer Unterseeboote.

Beim freien Ankern ist ausreichend Kette zu stecken, und man sollte die Zugfestigkeit des Ankers überprüfen. Die Fallwinde kommen unerwartet.

Versorgung

Die Versorgungsmöglichkeiten sind gut, Wasser und Strom sind an den Liegeplätzen vorhanden. Zwischenzeitlich dürfte auch die Dieselversorgung im C.N. gesichert sein.
Die Werft Cabanellas ist Vertragswerkstatt

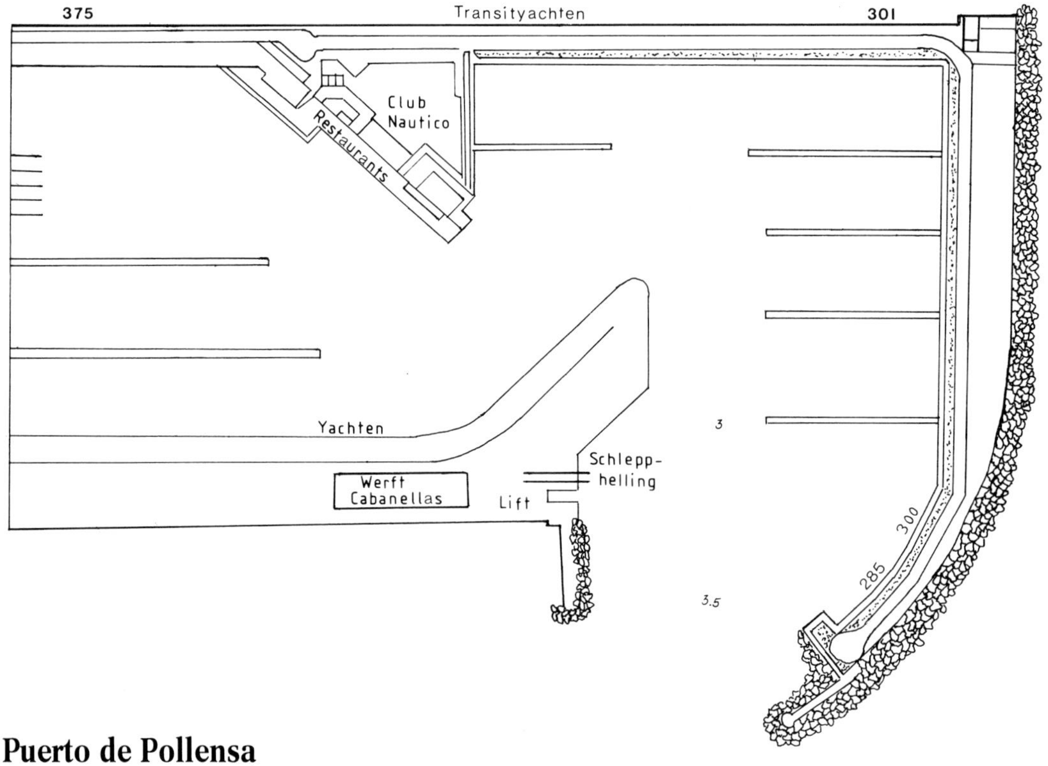

Puerto de Pollensa

von Volvo und Mercury. Fachkundig werden Reparaturen jeder Art am Schiff durchgeführt. Auch verfügt die Werft über ein großes Lager an Schiffszubehör und Ersatzteilen und eine Schlepphelling mit einer Kapazität von 70 t und 21 m Bootslänge.

Tourismus

Hier sollte man die Liegetage für Landausflüge mit der Kamera in die nähere Umgebung nutzen.
Kaum hat man den Sumpf- und Schilfgürtel von Puerto de Pollensa verlassen, fährt man durch ein fruchtbares Tal landeinwärts zu dem 760 Jahre alten Städtchen Pollensa, einer schönen und unverfälschten Landschaft mit einer Architektur „típico mallorquín“.
Der Ort ist vom Massentourismus weitgehend verschont geblieben, nur auf der breiten Freitreppe mit 365 Stufen hinauf zum 170 m hohen Kalvarienberg trifft man gelegentlich Touristen, die dem Rummel der Badestrände entflohen sind. Von hier oben hat man einen herrlichen Ausblick. Die Christusstatue in der alten Kapelle ist aus einem einzigen Steinblock gefertigt.

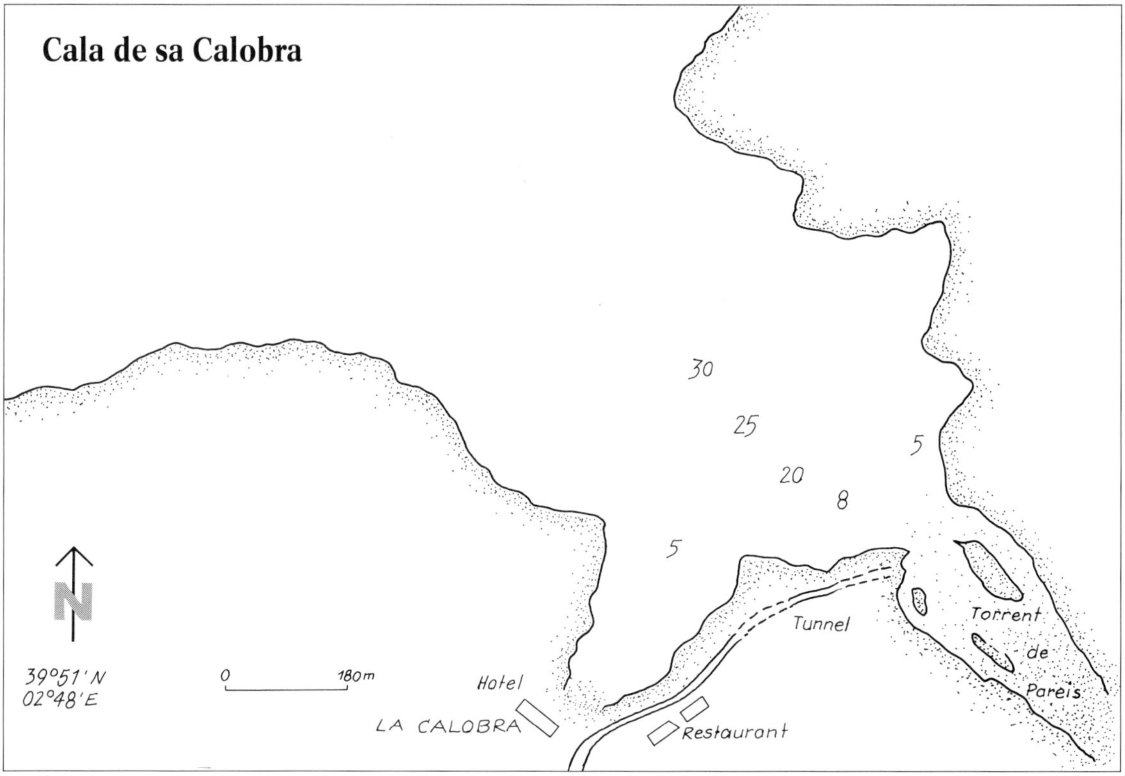

Cala de sa Calobra

Aus nördlichen Richtungen kommend, bietet die 0,5 sm nach SE einschneidende Cala de sa Calobra, umgeben von den hochragenden Felsen Morro de sa Vaca (Kuhmaul) und dem Morro de sas Ferlas, die erste Ankermöglichkeit.

Die Wasserläufe des Lluchtales vereinigen sich während der Regenzeit zu einem Wildbach, der als Torrente de Pareis auf einer Länge von ca. 4 km zwischen engen Schluchten und 400 m hohen Felswänden durchfließt und hier in der Cala de sa Calobra ins Meer mündet.

Der Ankergrund ist grober Sand und Kieselsteine. Wenn man eine Ankerwache an Bord zurücklassen kann, sollte man sich diese einzigartige Naturschönheit auf einem Fußmarsch ansehen und mit der Kamera die Eindrücke festhalten.

Nach La Calobra mit schönem Feinsandstrand gelangt man durch zwei Tunnel auf schmalem Fußweg.

Gute Ansteuerungshilfen sind der alte Wachtturm auf dem 461 m hohen Mola de Tuent, SW-lich der Cala, und beim Näherkommen die Häuser von La Calobra.

Puerto de Sóller

Puerto de Sóller

Dieser wunderschöne Naturhafen liegt eingebettet im Felsmassiv der mallorquinischen Westküste und ist der einzige sichere Hafen zwischen Kap Formentor und Puerto de Andraitx.
Im nördlichen Teil der Bucht befindet sich ein Stützpunkt der spanischen Kriegsmarine. Dieser Teil darf von Yachten nicht angelaufen werden. Im NE-lichen Teil sind die kommerziellen Hafenanlagen mit einer kleinen Werft. Drei Bojen markieren die 5-m-Linie in der Bucht.
Ein großer Teil des inneren Hafens ist reserviert für Ausflugs- und Fischerboote. Wenn man einen Platz an der Stirnseite der Muelle Comercial erwischt, wird römisch-katholisch festgemacht; sonst kann man in der Bucht frei ankern.

Ansteuerung bei Tag

Ganz gleich, ob man von NE oder SW kommt, die Westküste Mallorcas unterscheidet sich kaum in den einzelnen Abschnitten zwischen Cabo Formentor und Puerto de Andraitx. Die steil ins Meer abfallenden Felsen werden nur von wenigen, schlecht auszumachenden Calas (Cale de San Vicente/Sa Calobra) unterbrochen, die bei gutem Wetter nur als Tagesankerplätze geeignet sind. Die Gebirgszüge im Hintergrund mit dem Puig

Leuchtturm auf Punta de sa Creu

Mayor (1445 m) mit den riesigen Antennenanlagen, u.a. auch für die V.H.F.-Küstenfunkstelle *Palma Radio*, sind die besten Landmarken für Peilungen.

Die Einfahrt in den Hafen ist schon auf große Entfernung gut auszumachen. Gute Landmarken sind der alte, runde Wachtturm (Torre Picada) auf Punta de sa Gavina und der weiße Leuchtturm auf weißem Haus mit rotem Dach auf Cabo Gros. Wie Perlen an der Schnur sind eine Anzahl weißer Ferienhäuser aufgefädelt, oberhalb des schwarz/weiß quergestreiften Leuchtturms auf Punta de sa Creu.

Ansteuerung bei Nacht

Bei der Nachtansteuerung navigiert man nach den Feuern auf Cabo Gros und Punta de sa Creu. Für die Einsteuerung orientiert man sich an dem Richtfeuer rwK 123°. Die Molenköpfe der Militärbasis und die Muelle Comercial sind befeuert.

Tourismus/Versorgung

Puerto de Sóller war bis ins Mittelalter nur ein kleiner Stützpunkt der Fischer von Sóller. Erst als die Piratenüberfälle nachließen, wurde die Bucht besiedelt. Heute herrscht reger Touristikverkehr, Ausflugsboote fahren von hier aus zu den nahgelegenen Badestränden und in die romantische Cala Sa Calobra.

Die Versorgungsmöglichkeiten sind gut, Restaurants findet man in jeder Preislage ent-

Hafen

Puerto de Sóller

Ort

Puerto de Sóller

Wassertiefe in Metern

Einfahrt	Reede	Hafen	Gästemole
22	4 - 7	-	4

Betriebsstoffe/Anlagen

Diesel	Handelsmole
Benzin	Handelsmole
Wasser	Nähe Slipanlage / 3/4 Zoll Gewinde (600 Pts) s. Plan!
Strom	vom Hafenmeister
Telefon	Münzfernsprecher Nähe Wasserfront
Dusche	Calle Jaime Torrens 9, 0800 - 2130 (350 Pts)
Sanitär	-

Reparaturdienste/Technische Anlagen

Motor	Franzisco COLL, Juan Ramon 13 (Sole, MWM) (Sóller)
	Garage ARBONA (VOLVO) Tel. 63 07 37 (Sóller)
	Miguel Sebastian (VOLVO) Calle des Mar (Sóller)
	Antonio Pallon, Plaza Uruguay 1
Holz	Werft
Kran	1 t, Werft
Lift	-
Slip	neben der Handelsmole

Service/Catering

Schiffszubehör	Bernat, Calle Jaime Torrens (gut sortiert)
Supermarkt	El Puerto, Nähe Muelle Comercial
Würfeleis	gibt es in den Bars
Gas	Ferreteria in Sóller
Post	in Sóller
Bank	und Wechselstuben im Ort
Taxi	im Ort
Parkplätze	in Hafennähe

Position

39° 47,6′ N 02° 41,5′ E

Anrufkanal

-

Wichtige Telefonnummern

Hafenmeister
63 33 16

Guardia Civil
63 02 03

Club
-

Hafenamt
63 16 99

Arzt Telefon
63 18 61

Arzt Anschrift
Centro Medico Salus
Avenida Montis

Wetterinformationen

Tel. 40 36 00

Busverbindungen

Palma - Puerto de Sóller

Eisenbahn:
Palma - Puerto de Sóller
Fahrplan Tel. 25 20 28

Sonstige Hinweise

- im Sommer manchmal starke Fallwinde!
- Bürozeiten Hafenamt: 0800 - 1400
- Öffnungszeiten Tankstelle: Mo - Fr 0900 - 1300 u. 1600 - 2000

Liegegebühren in PTS (m^2)

m	Tag	Monat	Jahr

zum Beispiel
8 m x 3 m x 14 Pts

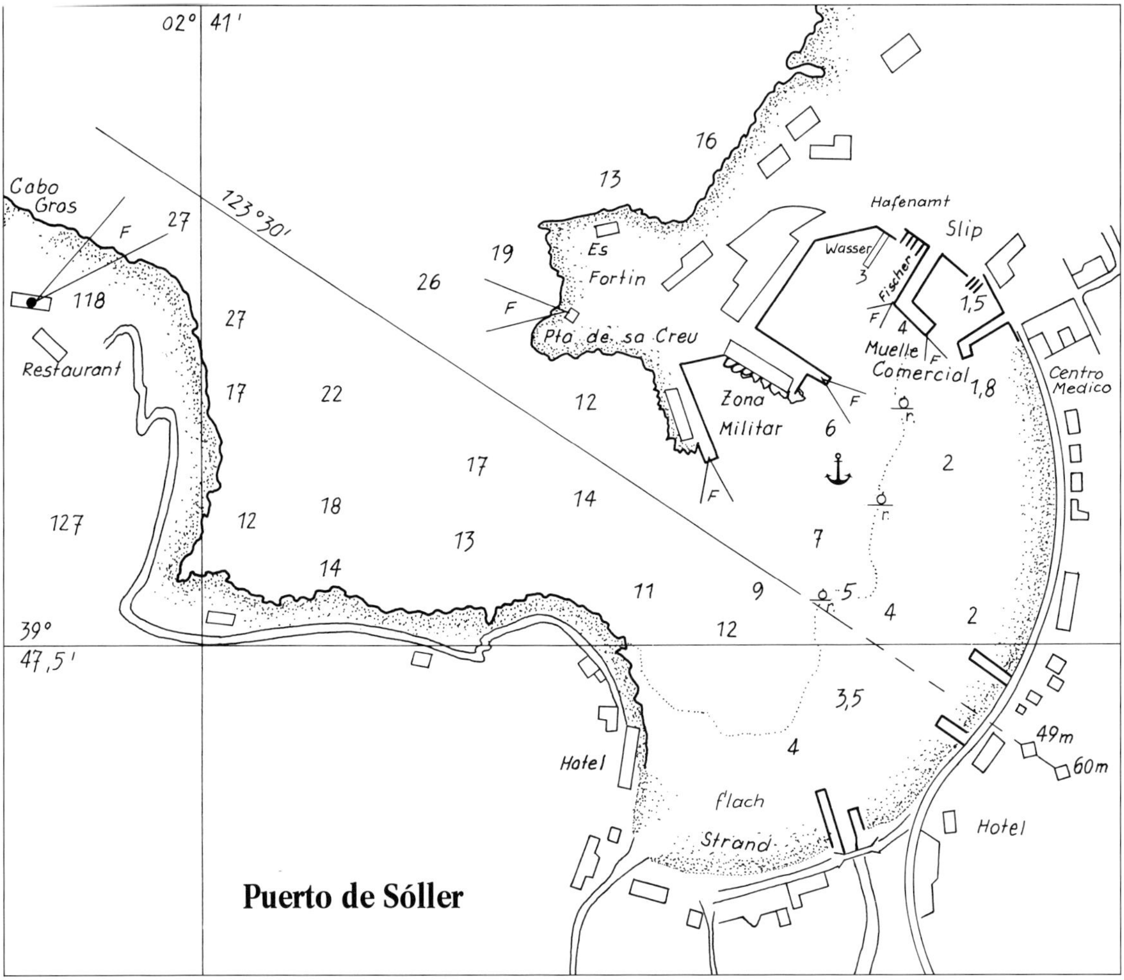
02° 41'
Cabo Gros
F
27
118
Restaurant
123°30'
27
17
22
12
127
18
14
13
17
39°
47,5'
16
13
19
Es
Fortin
26
F
Pta de sa Creu
12
14
Zona
Militar
6
F
Hafenamt
Slip
Wasser
3
Fischer
F
4
Muelle
F
Comercial
1,5
1,8
Centro
Medico
r.
2
r.
7
r.
5
11
9
4
2
12
3,5
4
49m
60m
Hotel
flach
Strand
Hotel
Puerto de Sóller

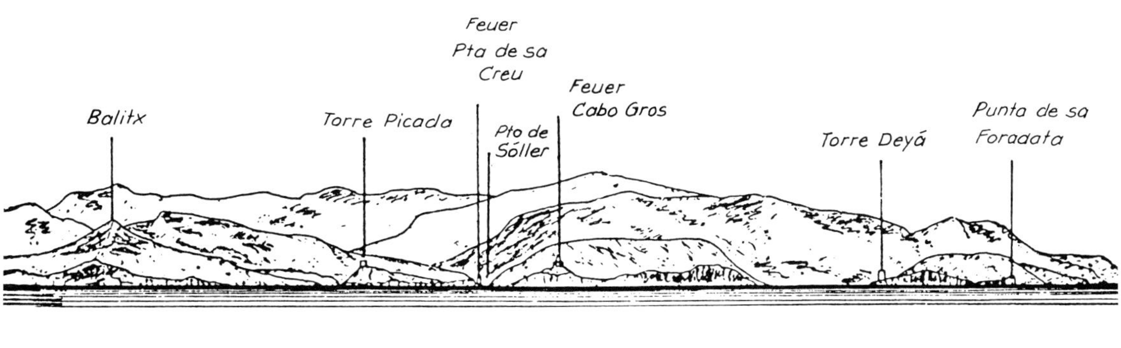
Feuer
Pta de sa
Creu
Feuer
Cabo Gros
Balitx
Torre Picada
Pto de
Sóller
Torre Deyá
Punta de sa
Foradata

lang der Wasserfront; empfohlen wird das Restaurant *Es Canyis* mit guter Küche.
Eine Straßenbahn fährt halbstündlich nach Sóller, der Name wird aus dem arabischen „Sulliar" abgeleitet und bedeutet „Goldenes Tal". Dieses Städtchen präsentiert sich noch ganz unverfälscht mit malerischen Winkeln und herrschaftlichen Häusern inmitten einer Gartenlandschaft von Zitrusgewächsen. Die alte Siemens Schmalspurbahn „Roter Pfeil" stellt die Verkehrsverbindung mit Palma her.

Isla de Dragonera

Dem Westzipfel von Mallorca ist die Insel Dragonera vorgelagert, sie erstreckt sich von 39°34'N/02°18'E bis 39°36'N/02°20'E in NE-SW Richtung, ist ca. 2,5 sm lang und 0,5 sm breit. Die Durchfahrt zwischen Cabo Tramuntana im Norden und Punta Galera beträgt 0,5 sm.
Cabo Tramuntana, die NE-Huk der Insel, mit dem Feuer ist 67 m hoch, Cabo Llebeitx, die SW-Huk, mit dem Feuer ist 127 m hoch, in der Mitte steigt die Insel mit dem Puig de Sa Popi – auf dem ein markanter Turm steht – auf 360 m an.
Der NW-liche Teil ist niedriger und hat mehrere kleine Buchten. Dem NE-Teil der Insel sind kleine Inselchen und überwaschene Klippen vorgelagert.

Badebucht San Telmo

Spanischen Geschichtsschreibern zufolge gingen hier in der Bucht von San Telmo die Piraten an Land, um auf Schleichwegen ungesehen Andraitx überfallen zu können. Um sich vor den permanenten Angriffen zu schützen, wurde auf der Anhöhe ein Castillo gebaut; die finanziellen Mittel stammten übrigens aus der Ladung eines Handelsseglers, der bei Schwerwetter hier in der Bucht strandete. Damals rief der Turmwächter: „Piraten in Sicht!", während heute Hotelgäste vom Balkon aus den friedlichen Anblick der ankernden Boote in der Bucht genießen.
Der Ankergrund ist gut haltender Sand und Seegras.
Die Durchfahrt östlich der Insel Pantaleu ist für tiefgehende Yachten nicht zu empfehlen.

Puerto de Andraitx

Der Naturhafen Puerto de Andraitx dringt fast 1sm nordostwärts ins Land ein, die malerische Hafenbucht wird von den mächtigen Bergmassiven im Norden und Süden bestens geschützt.
Die Kai-Anlagen des Clubs de Vela wurden 1984 erheblich erweitert, so daß hier seit Sommer 1985 ca. 560 Stegliegeplätze zur Verfügung stehen. Das Hafenbecken wurde auf ca. 3 m ausgebaggert. Besonders im hinteren Teil des Beckens besteht hohe Versandungsgefahr, und man wird hier von Jahr zu Jahr stark unterschiedliche Wassertiefen loten.
Im Hafenbecken wurde das Ankern erheblich eingeschränkt unter Hinweis auf das Wegerecht der Fischer- und Ausflugsboote. Auf Reede geht man am besten im Vorhafen, auf ca. 4 – 5 m Ankergrund.
Die Südmole im alten Teil des Hafens ist – besonders in den Sommermonaten – von Dauerliegern hoffnungslos überbelegt, und man hat hier selten eine Möglichkeit festzu-

Puerto de Andraitx

machen. Die amtliche Hafengebühr betrug '88 pro Tag 200 Pts.
Der Club de Vela bietet Komfort und alle Servicemöglichkeiten. An den Stegen befinden sich Wasser- und Stromanschluß, die Duschen sind in der Nähe des Clubhauses (siehe Detailplan!).
Es wird immer noch an den meisten Stegplätzen mit Buganker und Heckleinen festgemacht, mit den bekannten Auswirkungen, besonders bei Starkwind.
Allgemein wird der Hafen als sicher beschrieben. Dies trifft zu für die Muringliegeplätze und Auswirkungen bezüglich Wasserstandsänderungen. Aber selbst in den Sommer- und Herbstmonaten tritt bei Westwindlage durch die hohen Berge ein Düseneffekt ein, mit 8 – 9 Bft im Vorhafen. Die Vergangenheit hat gezeigt, daß in den Herbst- und Wintermonaten hier – ähnlich wie in Puerto de Pollensa – starke Fallwinde auftreten und Yachten von Dauerliegern erheblich beschädigt wurden.
Puerto de Andraitx liegt ca. 55 sm von Ibiza entfernt und eignet sich aufgrund der Versorgungsmöglichkeiten, der vorherrschenden Winde und der kürzesten Strecke als idealer Absprunghafen dorthin.

Ansteuerung bei Tag

Gute Ansteuerungshilfe bei Tag ist der steil ins Meer abfallende 110 m hohe Felsen von Punta de la Mola mit dem Leuchtturm. Auf dem nördlichen Einfahrtshuk sind die Häuser der Urbanisation gute Markierungspunkte.

Hafen

Club de Vela/Puerto de Andraitx

Ort

Puerto de Andraitx

Wassertiefe in Metern

Einfahrt	Reede	Hafen	Gästemole
10	4 - 6	s. Plan	3

Betriebsstoffe/Anlagen

Diesel	Club de Vela, siehe Detailplan! Sonntag geschlossen
Benzin	Club de Vela, siehe Detailplan! Sonntag geschlossen
Wasser	an den Liegeplätzen (450,- Pts) / Tankstelle
Strom	an den Liegeplätzen
Telefon	Telefonzelle am Clubhaus/Clubtelefon
Dusche	4 zeitweise schmutzig (200 Pts)
Sanitär	4 zeitweise schmutzig

Reparaturdienste/Technische Anlagen

Motor	Elektronautica im Hafen, Tel. 67 28 12/67 28 01
Segel	Mar, Tel. 67 34 94
Werkstatt	Albatros Nautica Calle G. Murato, Tel. 67 22 12 (Volvo, BMW, Mercury, Solé, Yamaha, Johnson, Perkins)
Holz	Club de Vela
Kran	2 x 3 t
Lift	Travellift 60 t
Slip	Schienenslip für Yachten aller Größen

Service/Catering

Schiffszubehör	im Ort, das Notwendigste im Hafen
Supermarkt	kleine Bodegas in Hafennähe/im Ort
Würfeleis	in der Clubhausbar und in der Cantina
Gas	im Ort, alle Größen nicht immer vorhanden
Post	in Andraitx
Bank	im Ort
Taxi	im Ort
Parkplätze	im Hafen

Position

39° 32,8′ N 02° 23,0′ E

Anrufkanal

9*

Wichtige Telefonnummern

Hafenmeister

67 23 37

Guardia Civil

Büro im Hafen, 67 16 88

Club

67 17 21

Arzt Telefon

67 12 52

Arzt Anschrift

Dr. Jesus Viego

Dr. Dominguez

Wetterinformationen

Zeitweise Aushang im Clubhaus, zeitweise nur Luftdruckaufzeichnung, weitere Informationen über MET-Palma
Tel. 40 36 00

Busverbindungen

Palma - Andraitx
Abfahrt:
Via Roma 5
Tel. 21 03 86

Sonstige Hinweise

An den Stegen teilweise keine Muring.
Buganker/Heckleinen
* Rufzeichen: Andraitx Vela

Liegegebühren in PTS

m	Tag	Monat	Jahr
8-10	1000	plus Neben-	
-12	1200	kosten	

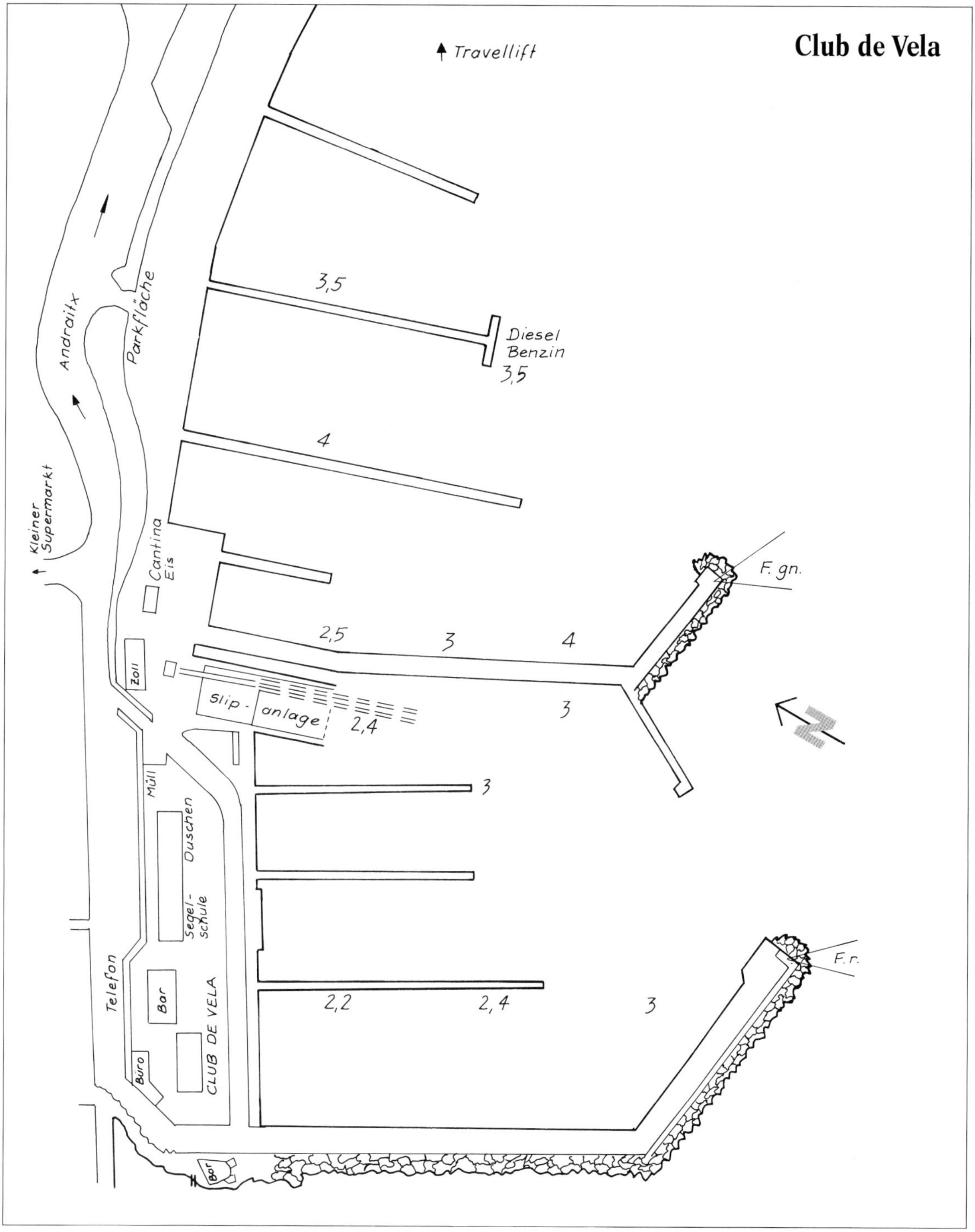
Club de Vela
Travellift
3,5
Diesel
Benzin
3,5
4
Andraitx
Parkfläche
Kleiner Supermarkt
Cantina
Eis
Zoll
2,5
3
4
F. gn.
Slip-
anlage
2,4
3
3
Müll
Duschen
Segel-
schule
Telefon
Bar
Büro
CLUB DE VELA
2,2
2,4
3
F. r.
Bar

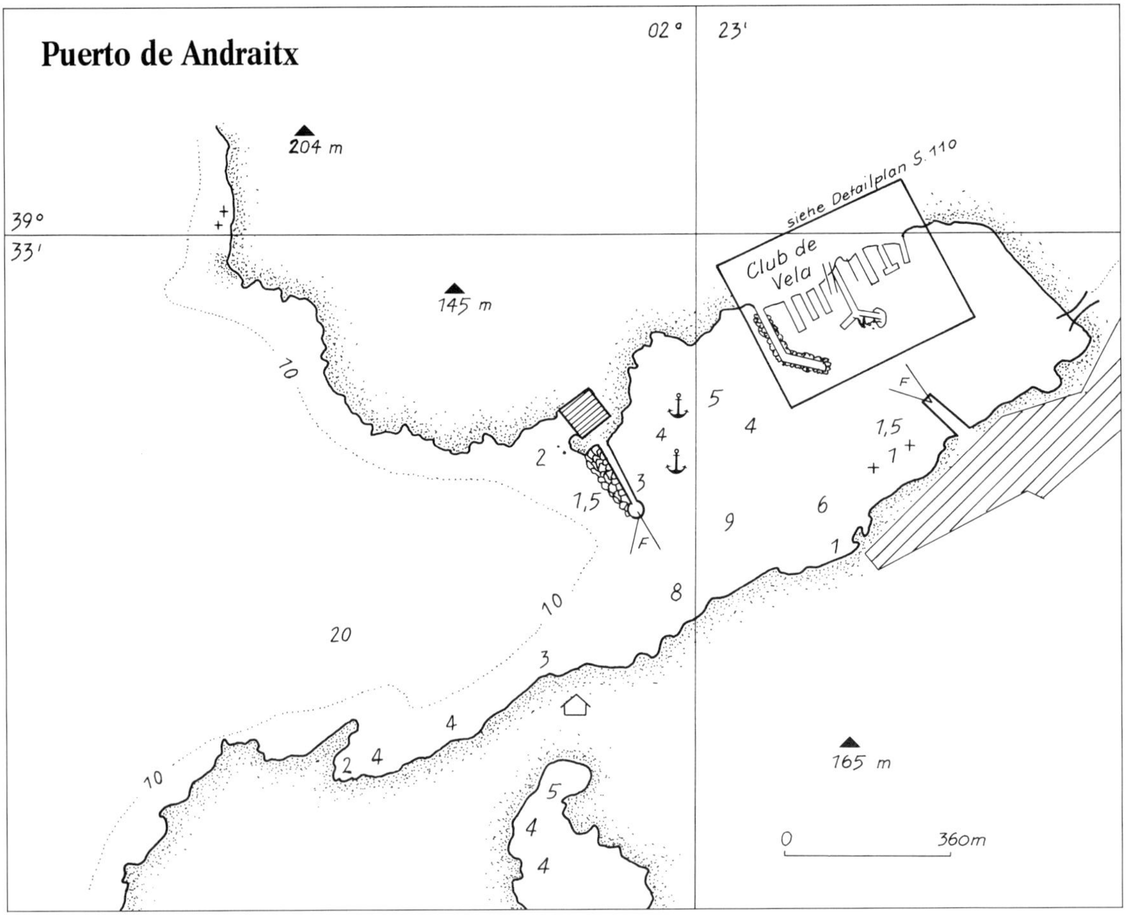

Ansteuerung bei Nacht

Nachts brennen auf Punta de la Mola und Isla Dragonera starke Feuer. Die beiden Molenköpfe im Hafen sind befeuert.

Hinweis

Der nicht revierkundige Skipper sollte, von Norden kommend, bei Nacht und unsichtigem Wetter die Passage zwischen Dragonera und Pta. Galera meiden; das Fahrwasser zwischen den Untiefen ist relativ eng, und Fischer haben zeitweise hier Netze ausgelegt. In den Sommermonaten befinden sich im Vorhafen dicht unter der Wasseroberfläche verankerte Hummerkörbe, teilweise mit Fendern/Bojen markiert.

Die in einigen Handbüchern beschriebene Betonnung war Anfang 1989 eingeholt.

Versorgung

Reparaturdienste für Schiff, Motor und Segel sind im Hafen und im Ort vorhanden bzw. können über den Hafenmeister oder die Fa. Albatros Nautica angefordert werden.

Die Versorgungsmöglichkeiten im Ort sind sehr gut, aber auch in Clubnähe gibt es kleine

Santa Ponsa

Supermärkte für das Notwendigste. Das Essen im Club ist verhältnismäßig teuer und nicht besonders zu empfehlen, gute Restaurants gibt es im Ort. Das *El Patio* (ehemals Foc y Fum), ein gutes Restaurant mit ausgezeichneter Speisekarte (Fisch/Spanferkel), liegt ca. 2 km außerhalb Richtung Andraitx und ist in 20 Gehminuten zu erreichen.

Club Nautico Santa Ponsa

Im Südosten der Ensenada de Sta. Ponsa, östlich von Punta de la Caleta liegt der gegen alle Winde bestens geschützte Yachthafen Santa Ponsa. Die moderne Marina bietet Platz für 500 Schiffe bis zu einer Länge von 20 m.

Yachten machen in der Regel längsseits am Wartekai im nördlichen Hafenteil fest oder auf Anweisung des Marineros an Pantalan A. Schiffe mit Seefunkstellen rufen zweckmäßigerweise über Kanal 9 unter Angabe der Schiffslänge das Clubbüro für die Platzanweisung. Die 1985 und 86 aufgetretenen Schwachstellen in der Hafenanlage wurden vom Clubmanagement erkannt, und unter der Leitung des neuen Hafendirektors wurde Zug um Zug der Hafen modernisiert, die Tankstelle verlegt, die Serviceleistungen und der Zustand der Duschen verbessert.
Die Bar *La Catina* bietet preiswerte mallorquinische Gerichte an, auch kann man hier den Ärger über die hohen Liegegebühren bei einem guten Glas Wein runterspülen.

Hafen
Club Nautico Santa Ponsa

Ort
Santa Ponsa

Wassertiefe in Metern

Einfahrt	Reede	Hafen	Gästemole
11	5 - 10	Plan	2,7

Betriebsstoffe/Anlagen

Diesel	siehe Plan!
Benzin	siehe Plan!
Wasser	am Steg (Spezialanschluß vom C.N.)
Strom	am Steg
Telefon	C.N./Münzfernsprecher
Dusche	siehe Plan!
Sanitär	siehe Plan!

Reparaturdienste/Technische Anlagen

Motor	Comercal Nauticos (Volvo, Perkins, Solé)
Segel	–
Rigg	–
GFK	Nautica Santa Ponsa, auch Antifouling
Holz	–
Kran	3 t
Lift	30 t
Slip	siehe Plan!

Service/Catering

Schiffszubehör	Efectos Navales (im Clubgebäude)
Supermarkt	neben Clubbüro oder im Ort
Würfeleis	in der Bar La Cantina
Gas	–
Post	Briefkasten neben Clubbüro
Bank	in Santa Ponsa
Taxi	wird vom C.N. telefonisch bestellt
Parkplätze	siehe Plan!

Position
39° 31,0′ N 02° 29,0′ E

Anrufkanal
9

Wichtige Telefonnummern

Hafenmeister
69 04 01/69 04 03

Guardia Civil
68 69 46

Club
69 03 11

Arzt Telefon
69 00 47/68 15 18

Arzt Anschrift
Ramon de Moncader
Edificio Sunbeach

Wetterinformationen

24 h Aushang
im Clubbüro

Busverbindungen

Palma/El Toro

Sonstige Hinweise

Winterlagerung:
27 Pts qm/Tag

Lift: 8 m 4800 Pts
12 m 11500 Pts

Liegegebühren in PTS*

m	Tag	Monat	Jahr
7	2200	31050	
9	3200	43400	
11	3700	47060	

* incl. Wasser und Strom (Sommer)

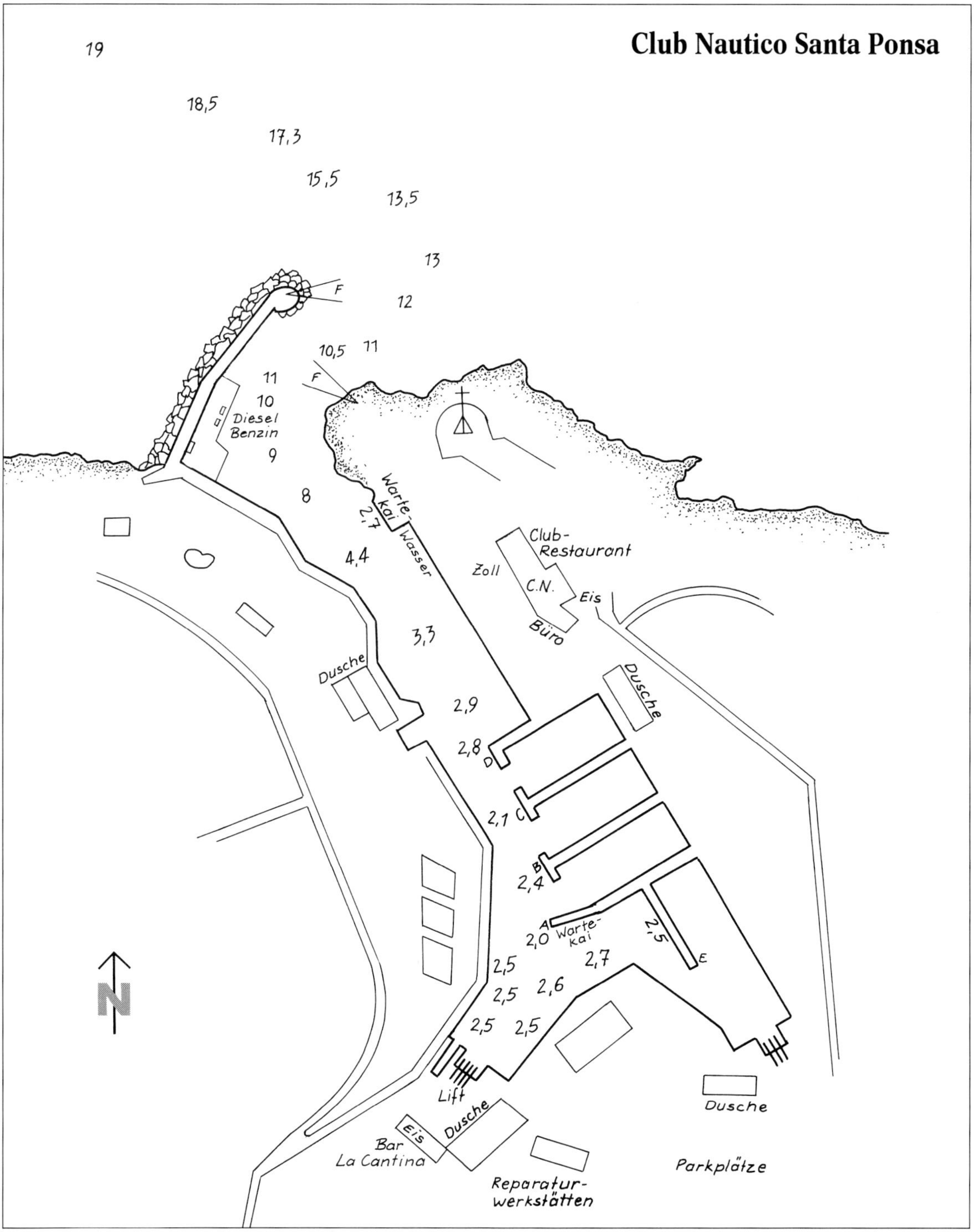
Club Nautico Santa Ponsa
19
18,5
17,3
15,5
13,5
13
12
F
10,5
11
11
F
10
Diesel
Benzin
9
8
Warte-
kai
2,7
Wasser
4,4
3,3
Club-
Restaurant
Zoll
C.N.
Eis
Büro
Dusche
Dusche
2,9
2,8
D
2,1
C
B
2,4
A
2,0
Warte-
kai
2,5
E
2,7
2,5
2,5
2,6
2,5
2,5
Lift
Dusche
Eis
Bar
La Cantina
Dusche
Reparatur-
werkstätten
Parkplätze
N

Der Marinero Juanito spricht ein bißchen englisch.
Im hinteren Teil des Hafens befinden sich die Servicewerkstätten, u. a. ein guter Reparaturbetrieb für Schiffsmotoren aller Art.

Ansteuerung bei Tag

Ansteuerung aus SE: Von Punta de Cala Figuera verläuft die hohe und felsige Küste bis Cabo Malgrats, die Südhuk der Ensenada Santa Ponsa. Dazwischen liegen die Insel El Toro und die von Menschenhand geschaffene rotbraune Steilküste von El Toro (siehe El Toro!) mit dem unverwechselbaren Hotelmonster aus grauem Sichtbeton.
Wenn man die 60 m hohe Insel Malgrats passiert hat, erkennt man im Scheitel der Bucht die Hotelanlagen von Santa Ponsa und Paguera und in der Nahansteuerung ein markantes Kreuz an der Hafeneinfahrt.
Von NW kommend, steuert man nach dem Passieren des 221 m hohen Cabo del Llamp ostwärts in die Ensenada Santa Ponsa.
Aus SW-Richtung (Ibiza) kommend, sind die Inseln El Toro und Malgrats relativ spät auszumachen.

Ansteuerung bei Nacht

Die Nachtansteuerung ist aufgrund der ausgezeichneten Befeuerung dieses Küstenabschnittes bei entsprechenden Peilungen problemlos. Die Hafeneinfahrt ist befeuert.

Hinweis

Im Hafen Santa Ponsa können unter bestimmten metereologischen Bedingungen gravierende Wasserstandsänderungen (Rissagues) auftreten.

Geschichte

Hier in der Bucht von Santa Ponsa fielen am 1. September 1229 die Anker der spanischen Invasionsflotte unter dem Oberbefehl Jaime I. Das Heer mit Roß und Wagen, Steinschleudern auf Lafetten – die damaligen Haubitzen – und der Troß wurden an Land gebracht. Ein schlichtes Kreuz an der Hafeneinfahrt erinnert heute an diese „historische Wende“.
Dem spanischen Königshaus und der christlichen Kaufmannschaft in Barcelona waren die maurischen Piraten ein Dorn im Auge, auch die Bischöfe wollten dem unedlen Treiben der Ungläubigen ein Ende bereiten und strickten Angriffspläne. Es galt also diesmal, die Moros vernichtend zu schlagen. Der Zweck heiligte die Mittel, und so zelebrierte der Bischof Bereguer de Palou aus Barcelona, der das königliche Heer begleitet hatte, zuerst eine Heilige Messe vor der ersten Schlacht. Der Stein des damaligen Notaltars wird heute in der kleinen Capella de Sa Petra Sagrada aufbewahrt, die etwas abseits an der Carretera Andraitx steht.
Und dann war es soweit: Am Coll de Sa Batalla, westlich von Palma Nova, kam es zur entscheidenden Schlacht. Schon bald war die Überlegenheit der christlichen Truppen deutlich erkennbar, doch die Verluste auf beiden Seiten waren groß. Die beiden besten Offiziere des Königs, die Brüder Ramon und Guillermo Montcada fielen noch kurz vor der Entscheidung durch maurische Lanzenreiter. Man schrieb den 12. September 1229.
Die Christianisierung der Insel konnte beginnen. Aber noch regierte in der „Medina Mayurca“ der maurische Wali, dennoch sah der König den Titel „Conquistador“ schon greifbar nahe.
Die mit 160 Türmen und Bollwerken umgebene Stadt hielt stand bis zum Sylvestertag 1229, dann ritt der siegreiche König durch das arabische Tor Bab el Kofer. Jetzt konnte das Gelübde eingelöst werden, die Hauptmoschee zu vernichten und an der gleichen Stelle eine Kathedrale zu errichten.

El Toro

El Toro

Im östlichen Teil der Bucht Peñas Rojas entsteht dieser Yachthafen mit einer Kapazität von ca. 470 Liegeplätzen.
Die Baustufe 1 (Plan) wurde 1984 fertiggestellt. Tiefe Eingriffe in die Natur waren erforderlich, die Urbanización El Toro mit den riesigen Hotelanlagen und dem Yachthafen zu errichten.
Das Landschaftsbild hat sich durch das „Begradigen“ der Berge rund um die Bucht in eine rote Steilküste verwandelt mit nur noch dem einzigen Vorteil, daß man eine Ansteuerungshilfe mehr hat.
Das Gesamtbild und der Zustand der Anlage hat sich seit 1987 so verschlechtert, daß mit Stand Februar 1989 davon abgeraten wird, diesen Hafen anzulaufen. Im Bereich der Gästemole und im östlichen Teil des Hafens auf den Liegeplätzen 320/21/23 und 24 liegen Steinquader unter Wasser, die eine genaue Tiefenangabe unmöglich machen; teilweise reduziert sich die Wassertiefe auf 1,2 m.
Festgemacht wird an Murings; wie festgestellt, fehlten im Februar 1989 allerdings an einigen Plätzen die Muringleinen.
Reparaturen am Schiff durch Fremdpersonal aus dem Nahbereich sind nicht möglich.

Hafen
Puerto Deportivo El Toro

Ort
El Toro

Wassertiefe in Metern

Einfahrt	Reede	Hafen	Gästemole
9 - 10	-	2	6*

Betriebsstoffe/Anlagen

Diesel	-
Benzin	-
Wasser	am Steg/Gästemole (Kupplung vom Club)
Strom	am Steg/Gästemole System Schuco
Telefon	-
Dusche	geplant
Sanitär	2, schlechter Zustand

Reparaturdienste/Technische Anlagen

Motor	Reparaturdienste über Hafenmeister
Segel	Segelmachter unter Clubvertrag
Rigg	-
GFK	kleine Werkstatt im Hafen
Holz	-
Kran	geplant (siehe Information)
Lift	-
Slip	kleine Anlage mit Traktor

Service/Catering

Schiffszubehör	-
Supermarkt	oberhalb des Hafens (Anlieferung)
Würfeleis	Bar oberhalb des Hafens
Gas	-
Post	in Paguera
Bank	-
Taxi	über Hafenbüro
Parkplätze	vor dem Hafenbüro

Position
39° 29,6′ N 02° 28,5′ E

Anrufkanal
-

Wichtige Telefonnummern

Hafenmeister
-

Guardia Civil
-

Club
-

Arzt Telefon

Arzt Anschrift
Dr. Franzisco Vega
Calle Gran Via 9
(neben Supermarkt)

Wetterinformationen
-

Busverbindungen
-

Sonstige Hinweise
* an einigen Plätzen
und an der Gästemole
liegen Steine!!

Liegegebühren in PTS

m	Tag	Monat	Jahr

pro laufendem Meter
150 Pts/Tag, ab 3. Tag
./. 30 % (Wasser incl.)

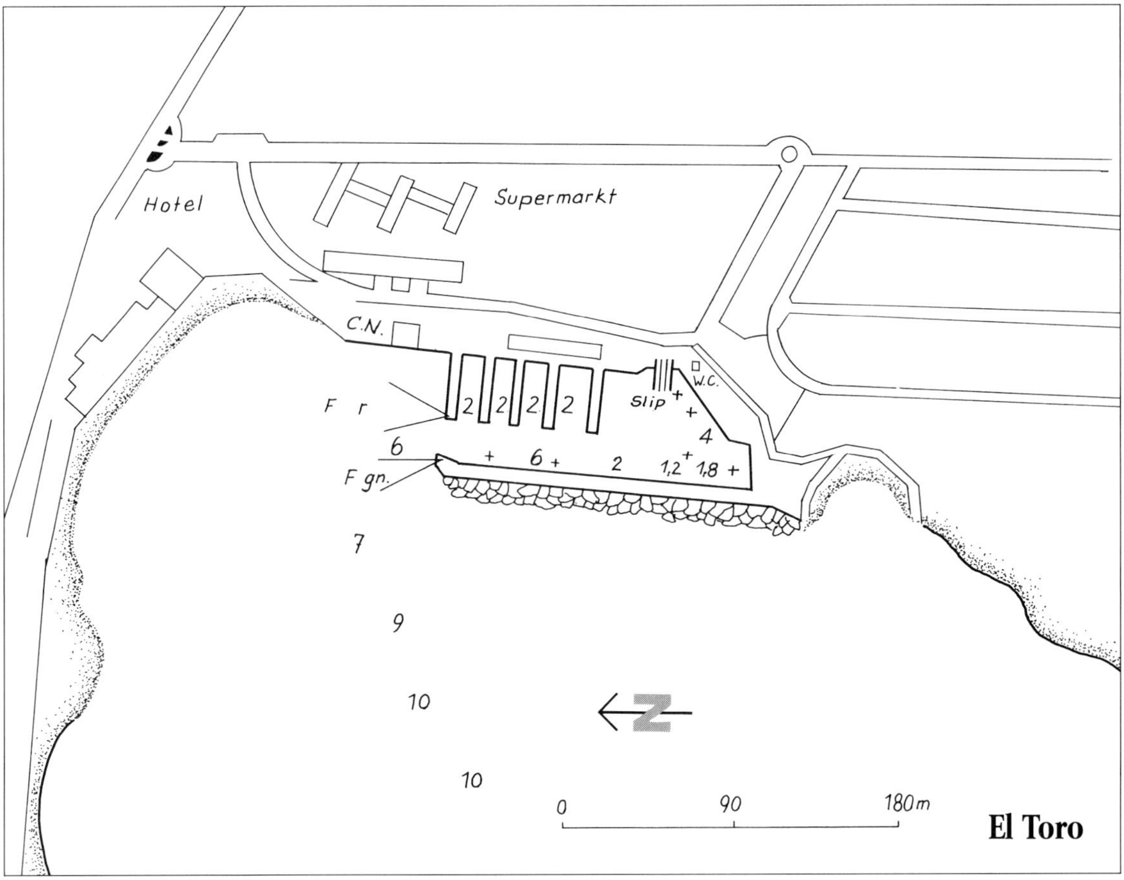

Ansteuerung bei Tag
Wenn man aus NW und SE Richtungen den Hafen ansteuert, orientiert man sich zuerst an der Insel Toro mit dem weißen Leuchtturm, die schon von weitem erkennbar ist. Auf NE-Kursen (z. B. von Ibiza kommend) hebt sich die Insel kaum vom Hintergrund ab und ist sehr schwer auszumachen. Ca. 1,8 sm NNE-lich der Insel befindet sich der Hafen. Bei der Einsteuerung in die Bahía Peñas

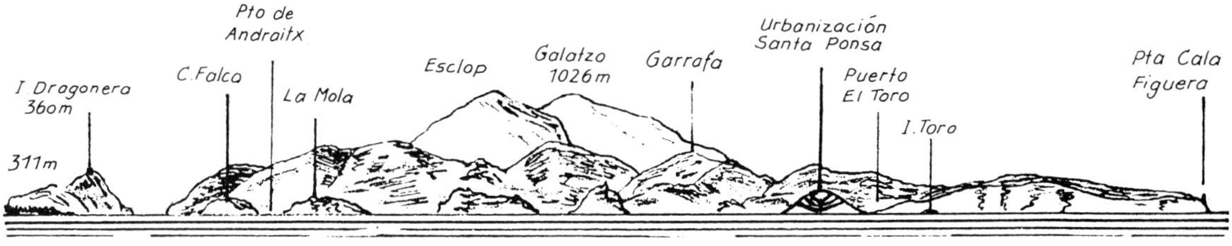

Sicht aus ca. 10sm nach NNE

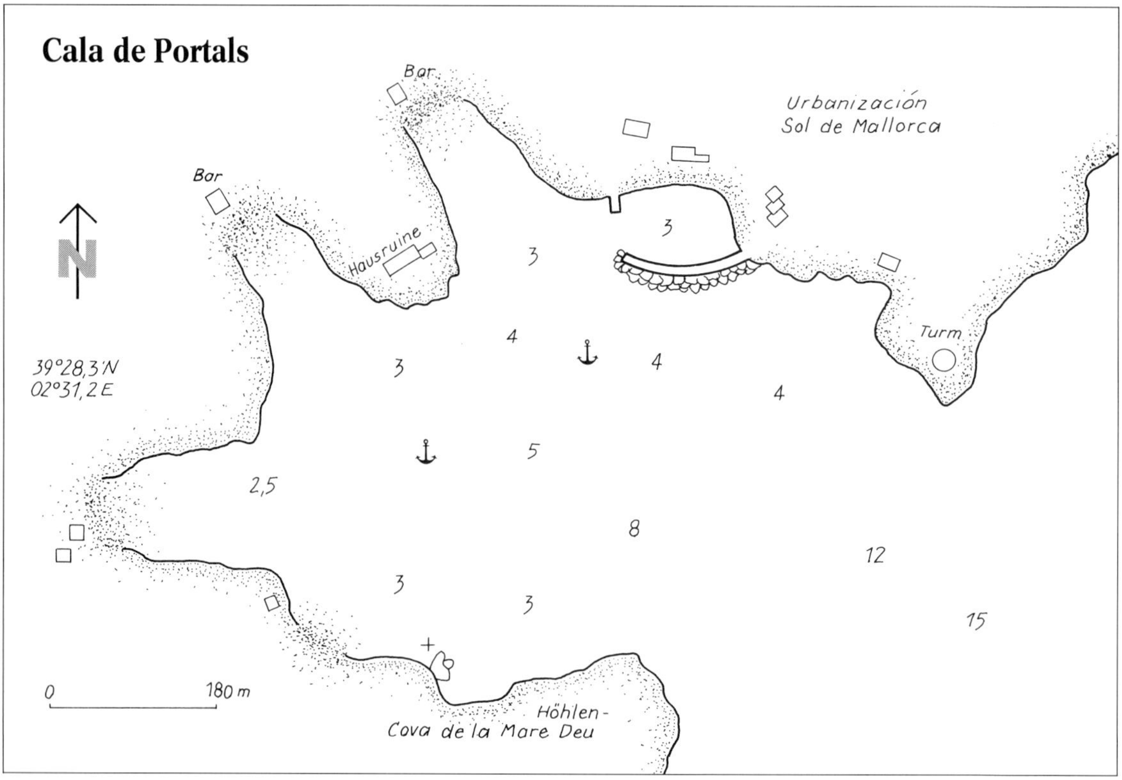

Rojas orientiert man sich am besten an der roten Steilküste und dem Hotelkomplex, später erkennt man die aufgeschüttete Hafenmole.

Ansteuerung bei Nacht

Von einer Nachtansteuerung - besonders bei Westwindlage - wird abgeraten, die Hafenmole und die Einfahrt heben sich vom Hintergrund schlecht ab, die Hafeneinfahrt ist durch provisorische F.r. F.gn. befeuert.

Versorgung

Der Lebensmitteleinkauf ist mit langen Wegen verbunden. Die Hafenbar bietet im Sommer kleine Küche zu zivilen Preisen.

Ca. 2 km landeinwärts findet man die alte Finca „Sa Foganya" Son Ferrer mit typisch mallorquinischer Küche: Fisch, Spanferkel, Schnecken usw. Der Besitzer ist Sportfischer und im Hafen bestens bekannt. Der kurze Weg lohnt sich.
Direkt neben dem Hafen ist eine kleine Bucht mit Sandstrand, die noch zum hafeneigenen Gelände gehört.

Hinweis

Bei Westwindlage bilden sich je nach Stärke und Dauer vor der Hafeneinfahrt starke Grundseen, im Juli 85 wurden im Hafen Wasserstandsänderungen von 0,6 m gemessen.

Puerto Deportivo Portal Vells

Puerto Deportivo Portal Vells

Dieser Privathafen liegt im SW-lichen Teil der Bahía de Palma, ca. 1 sm nördlich von Cabo Figuera, im Norden der romantischen Cala de Portals. Ein Schild an der Hafeneinfahrt weist darauf hin, daß das Einlaufen in den Hafen strikt untersagt ist; nach meinen Ermittlungen sind die 67 Liegeplätze in Privatbesitz, Platz für Yachten im Transit wird nicht vorgehalten. Das Molenkopffeuer war im Juni 1985 nicht in Betrieb.

Trotzdem lohnt es sich bei gutem Wetter, die Cala de Portals anzulaufen; das Wasser hier ist glasklar, man ankert in der weiträumigen Bucht auf 3 – 5 m. Der Ankergrund besteht aus Sand und Seegras. In den Bars gibt es schmackhafte Kleingerichte zu zivilen Preisen.

Ein guter Ansteuerungspunkt bei Tag ist der alte Wachtturm auf dem Nordhuk der Einfahrt in die Cala.

Hinweis

Die unbefeuerte, flache Insel del Sech ca. 1 sm NE-lich der Cala ist bei Nacht schlecht auszumachen.

Geschichte

In der Höhle am Südhuk der Cala wurde im 15. Jahrhundert von den Genuesern nach

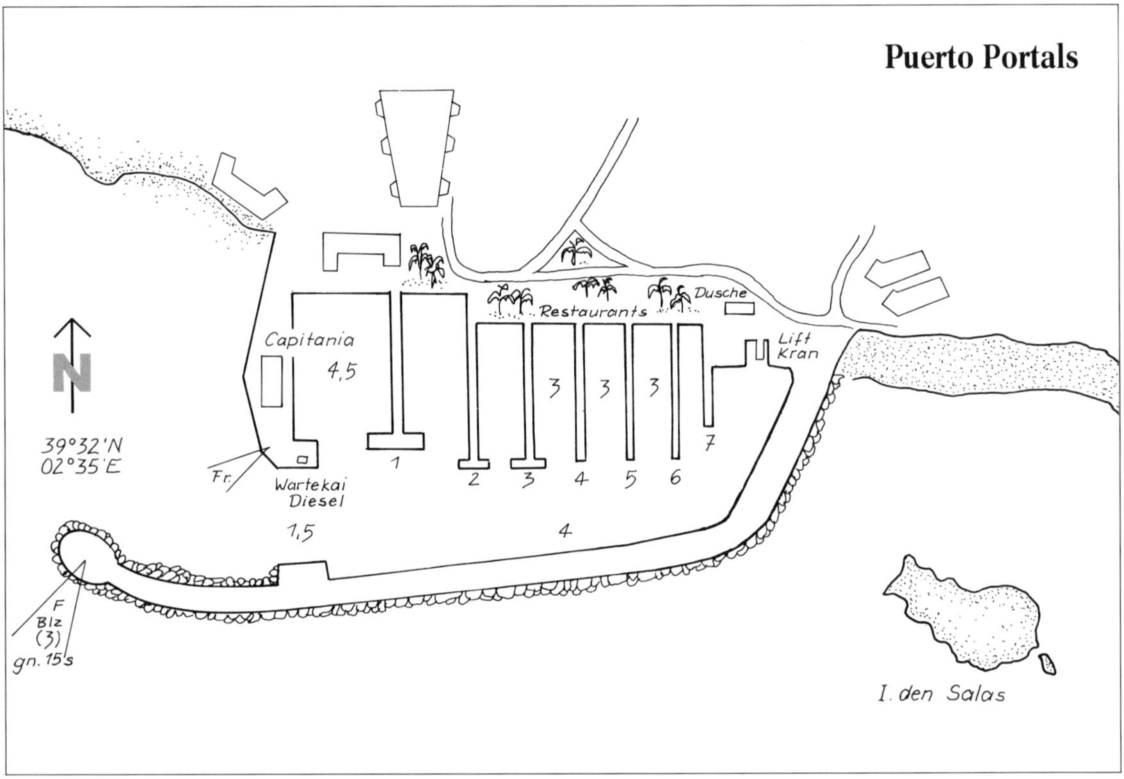

einem schweren Sturm aus Dankbarkeit eine Madonnenfigur aufgestellt. In der darauffolgenden Zeit wurde diese Stätte von den Frauen der mallorquinischen Seefahrer zum Gebet aufgesucht, wenn die Männer bei Schwerwetter auf See waren. Um die Madonna vor Dieben zu sichern, wurde sie 1860 letztendlich in die Pfarrkirche von Portals Nous gebracht.

Puerto Portals

Nur etwa 4 sm südwestlich von Palma entfernt entstand die exclusivste Marina Mallorcas mit einer Liegeplatzkapazität für 644 Yachten von 8 - 38 m Länge und zwei Plätze für Yachten bis zu 60 m.

Zur modernen und gut geführten Hafenanlage mit angenehmem Ambiente gehören saubere Serviceeinrichtungen; jeder Anlegeplatz verfügt über Wasser, Strom, Telefon und Fernsehanschluß.

Palma Maritime S.A., eine junge, aber gut geführte Charterfirma unter deutscher Leitung, hat seit 1987 hier ihren Stützpunkt.

Mit der Gestaltung der Gesamtanlage ist dem Architekten Meisterliches gelungen. Man hat aus den Sünden der Vergangenheit gelernt; El Toro war ein warnendes Beispiel. Unter den Arkaden im Hafen reihen sich dicht an dicht 80 Läden, Restaurants, Cafés,

Puerto Portals

Bars, ein Supermarkt, eine Bank, ein Reisebüro und an exponierter Stelle das Gourmetrestaurant *Tristan*.

Im Kontrollturm auf der Hafenmole befindet sich die Capitania, das Büro des Hafenkapitäns mit der Telexzentrale, angeschlossen das Schreibbüro.

Die Bunkerstation für Diesel und Benzin liegt am Molenkopf.

Einlaufende Yachten können sich zur Aufnahme von Wasser und Treibstoff oder für die Platzzuweisung über Kanal 9 anmelden oder am Wartekai neben der Tankstelle festmachen.

Der Hafen wird bestens geschützt durch die 960 m lange Außenmole, die weit über die 307 m lange Innenmole hinausragt.

Die Liegegebühren waren mit Stand 1989 aus meiner Sicht angemessen. Die Raten für eine 12 x 4-m-Yacht im Wasser betrugen 1800,-Pts/Tag, 36.000 Pts/Monat, 98.000 Pts/3 Monate und 190.000 Pts/6 Monate.

Hafen

Puerto Portals

Ort

Portals Nous

Wassertiefe in Metern

Einfahrt	Reede	Hafen	Wartekai
	-	3 - 7,5 m	6

Betriebsstoffe/Anlagen

Diesel	am Wartekai (Pier 1)
Benzin	am Wartekai (Pier 1)
Wasser	am Steg (125 Pts pro m^3)
Strom	am Steg (27 Pts pro kW/h)
Telefon	am Steg oder Capitania
Dusche	siehe Plan
Sanitär	siehe Plan

Reparaturdienste/Technische Anlagen siehe auch Palma, Real Club Nautico

Motor	über Capitania (Werft)
Elektrik	über Capitania (Werft)
Segel	-
Rigg	Servimast S.A.
GFK	-
Holz	-
Kran	8 t
Lift	80 t
Slip	

Service/Catering

Schiffszubehör	siehe C.N. Palma
Supermarkt	im Hafen
Würfeleis	Capitania/Supermarkt
Gas	im Zubehörladen gegenüber Steg 3
Post	im Ort
Bank	im Hafen
Taxi	im Ort
Parkplätze	im Hafengelände

Position

39° 32′ N 02° 35′ E

Anrufkanal

9

Wichtige Telefonnummern

Hafenmeister

68 25 00

Guardia Civil

72 11 00

Club

68 25 01 - 50

Arzt Telefon

über Capitania

Arzt Anschrift

Wetterinformationen

Capitania, aktuelles Fernsehbild und Aushang.

Busverbindungen

Sonstige Hinweise

- der Hafen ist 24 h bewacht.
- Stützpunkt
  Palma Maritime S.A. UHF-K69
  Tel. 20 05 85 und 67 60 26

Liegegebühren in PTS

m	Tag Sommer	Monat Sommer	Tag Winter
8	2650	30000	1400
10	3300	43000	1650
12	3520	51600	1800

Puerto Portals

Ansteuerung

Die Ansteuerung bei Tag ist problemlos. Von weitem erkennt man die riesige Außenmole, das Inselchen den Salas und den sechsstöckigen Kontrollturm der Capitania.
Bei der Nachtansteuerung ist der beleuchtete Turm der Capitania eine gute Orientierungshilfe. Das Feuer auf der Außenmole hat die Kennung Blz (3) gn. 15s, das rote Feuer auf der Innenmole ist erst kurz vor der Einsteuerung zu erkennen.

Puerto de Cala Nova

Dieser neue Yachthafen liegt nur ca. 2 sm westlich vom Puerto de Palma entfernt in der Bahía de Cala Mayor und verfügt über eine Kapazität von 225 Liegeplätzen von 7 bis 20 m.
Wer „Nullbock" auf den Trubel, Lärm und Schmutz am Paseo Marítimo hat bzw. die gesalzenen Liegegebühren der beiden Nobelclubs von Palma seiner Bordkasse nicht zumuten will, der findet in diesem Privathafen Ruhe und ausgezeichnete Liegemöglichkeiten, ohne auf den Stadtbummel in Palma verzichten zu müssen.

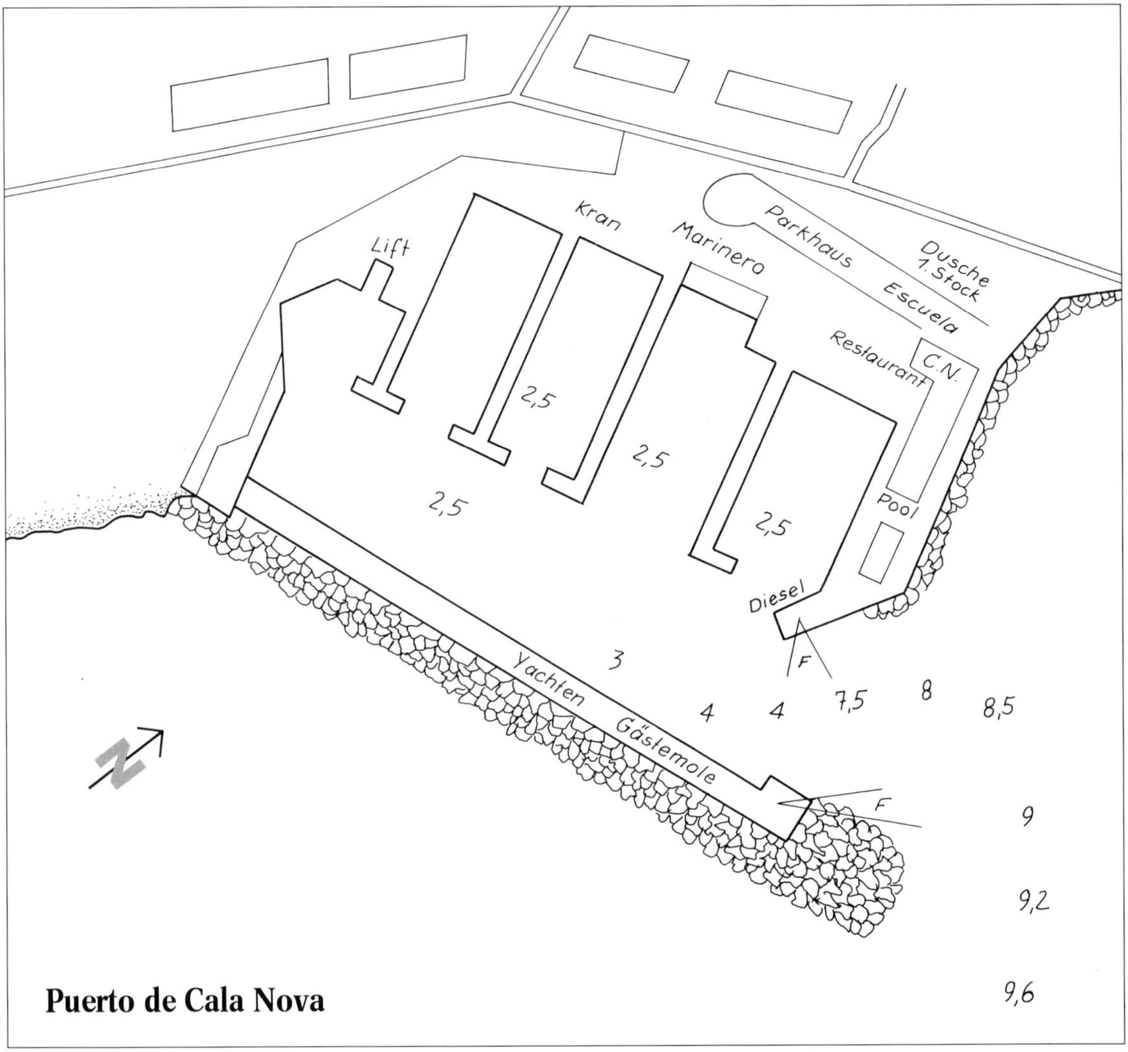

Puerto de Cala Nova

Der Hafen verfügt über alle Service-Einrichtungen incl. Bar, Restaurant, Swimming Pool, Batterieladestation und Luftkompressor. Die Reparaturmöglichkeiten reichen vom Reinigen des Unterwasserschiffs bis hin zu komplizierten Reparaturen an Rumpf und Maschine. Die Arbeitsabläufe sind zügig und gut durchorganisiert.
Die Liegeplätze werden vom Hafenpersonal zugewiesen und sind mit Murings, Wasser- und Stromanschlüssen versehen. Auf die Wasserhähne kann man das 1/2-Zoll-Kupplungsteil vom Gardenasystem aufschrauben.
Der Hafen ist sehr gut bewacht und ideal fürs Überwintern, besonders wenn man Reparatur- oder Überholungsarbeiten geplant hat. Hier ist auch die Basis der bekannten Segelschule „Escuela Nal de Vela“ – angeschlossen

Puerto de Cala Nova

der Federatión Española –, die Kurse sowohl für die Jugend als auch für Hochseeregatta-Aspiranten durchführt.

Ansteuerung bei Tag

Die Skyline der Bahía de Palma hat US-amerikanische Dimensionen angenommen, trotzdem stehen gute Landmarken zur Verfügung, die vorerst keine Änderungen zu befürchten haben.

Von S kommend, erkennt man schon von weitem die kleine Inselgruppe Las Isletas dicht unter Land, ca. 0,75 sm westlich davon liegt die Isla d'en Salas.

Auf dem Osthuk der südlichsten und größten der drei Inseln Las Isletas steht ein alter Turm. Steuerbord sieht man den Wellenbrecher von Puerto de Palma mit dem Knie und auf dem felsigen Huk das alte Fort San Carlos.

Der Wellenbrecher von Puerto Cala Nova ist relativ spät auszumachen, weil er parallel zur Küste verläuft, und das Braun der Natursteinquader sich schlecht vom Hintergrund abhebt.

Die Einsteuerung ist einfach, die Bucht Cala Mayor ist 20 m tief und rein und nimmt zum Scheitel allmählich ab.

Ansteuerung bei Nacht

Die beiden Festfeuer der Hafeneinfahrt sind aufgrund der vielen Lichter im Hintergrund schlecht auszumachen.

Hinweis

Das Ankern in der Cala Mayor ist verboten.

Hafen
Puerto de Cala Nova

Ort
Cala Nova

Wassertiefe in Metern

Einfahrt	Reede	Hafen	Gästemole
4	-	2,5	3 - 4

Betriebsstoffe/Anlagen

Diesel	am Kai
Benzin	-
Wasser	am Steg/Mole, 1/2 Zollgewinde
Strom	am Steg/Mole
Telefon	Münzfernsprecher
Dusche	im Clubhaus 1. Stock, großzügige Anlage
Sanitär	im Clubhaus 1. Stock

Reparaturdienste/Technische Anlagen

Motor	Clubmechaniker
Segel	Club
Rigg	Servimast S.A., Tel. 58 17 42
GFK	Club
Holz	-
Kran	5 t
Lift	50 t
Slip	-

Service/Catering

Schiffszubehör	Nautica Calanova
Supermarkt	im Ort
Würfeleis	vom Marinero oder Clubbar
Gas	Palma
Post	Cala Mayor
Bank	Wechselstuben im Ort
Taxi	im Ort
Parkplätze	oberhalb des Hafens

Position

39° 33,0′ N 02° 36,0′ E

Anrufkanal

9

Wichtige Telefonnummern

Hafenmeister

Guardia Civil
68 06 45

Club
68 10 55

Rotes Kreuz
68 11 22

Arzt Telefon

Arzt Anschrift
Medico Urgencia Cala Mayor,
Tel. 40 19 01
Unfallstation Illetas Tel. 22 22 22

Wetterinformationen

Clubhaus

Busverbindungen

Gute Busverbindung nach Palma, Haltestelle direkt am Ausgang des Clubs

Sonstige Hinweise

- Schwimmbecken
- Segelschule

Liegegebühren in PTS

m	Tag	Monat	Jahr
8	950	-	-
10	1100	-	-
12	1400	-	-

MENORCA

Menorca ist voller Tradition und Geschichte; im Verlauf der Jahrhunderte haben sich hier die verschiedensten Zivilisationen angesiedelt. Schon vor unserer Zeitrechnung gab es auf der Insel eine nach unseren Begriffen primitive Kultur. Möglicherweise hat die auf den Balearen lebende Urbevölkerung mit den kulturell höherstehenden seefahrenden Völkers die „Talayots" und „Taulas" gebaut, denn ähnliche Bauten findet man auch in Tiryns, Mykene und auf Kreta.

Wissenschaftler können bis dato den Zweck und Sinn dieser prähistorischen Bauwerke nicht exakt enträtseln und in die Geschichte einordnen, möglicherweise waren diese Bauwerke Kultstätten, Grabmäler oder Befestigungen.

Auf Menorca stehen noch in der Nähe der „Talayots" eigenartige und nicht enträtselbare Steinbauten, bestehend aus zwei präzise gearbeiteten Steinplatten, die größere vertikal zum Boden und der oberen Platte, die sogenannten Taulas. Sinn und Zweck dieser faszinierenden Steinkonstruktionen sind wissenschaftlich noch nicht erforscht und möglicherweise noch schwieriger zu deuten als die Bedeutung der Talayots.

Trotz des sanften Landschaftsbildes mit den blendend weißen Häusern und grünen Fensterläden, den schroffen Felsen und verträumten Buchten ist Menorca in sich verschlossen und intim.

Die Insel hat eine Ausdehnung von 701 km^2 und ist die zweitgrößte des Archipels.

Die 216 km lange Küste ist im Norden stark zerklüftet, fällt steil zum Meer ab und hat bizarre Buchten. Die Südküste dagegen ist ziemlich geschlossen und flach. Im Vergleich zu den anderen Inseln hat Menorca ein besonders charakteristisches Landschaftsbild. Der Monte Toro ist mit 358 m die höchste Erhebung der Insel.

Landschaftlich und klimatisch ist die Insel in zwei Hälften geteilt: Tramontana im Norden und Mig-Jorn im Süden. Die Trennungslinie verläuft von Corlasega im Hafen von Mahón bis Ciudadela.

Die Tramontana ist ein sanftes Hügelland mit offenen Tälern, und aufgrund des rauhen Klimas gedeihen hier weder Oliven noch Zitrusfrüchte. Hohe Schutzmauern umgeben die Äcker, die das Wegschwemmen des Mutterbodens verhindern sollen. Die Vegetation ist niedrig und die kalten Nordwinde lassen nur Ackerbau und Viehzucht zu.

Mig-Jorn ist eine etwa 50 m hohe Ebene, in deren geschützten Tälern die klimatischen Bedingungen ähnlich sind wie die der mallorquinischen Schwesterinsel. Dieser Teil war immer schon stärker besiedelt und das ist möglicherweise auch der Grund dafür, daß hier die Talayots und Taulas zu finden sind.

Schon die Phönizier und Karthager haben die geschützten und strategisch günstigen Häfen Mahón und Ciudadela zu schätzen gewußt und hier Stützpunkte ausgebaut. Die frühere Bezeichnung von Mahón wird abgeleitet von Portus Magonis, nach dem Karthager Mago, der seinen Bruder Hannibal 218 v. Chr. von hier aus auf dem Feldzug über Spanien nach Italien begleitet haben soll.

Im weiteren Geschichtsverlauf wurden die Inselbewohner stark gebeutelt, Piraterie gegen den Seehandel war an der Tagesordnung.

Nach der Besetzung durch die Mauren ver-

lagerte sich das politische Zentrum nach Ciudadela, wo es auch nach der aragonesischen Zurückeroberung blieb. Im Vertrag von Utrecht wurde Menorca von Spanien getrennt und England zugesprochen, unter dessen Herrschaft es fast 100 Jahre war.
Der englische Gouverneur Sir Richard Kane verlagerte 1722 die politische Macht wieder nach Mahón und baute die Stadt zur Festung aus. Im Friedensvertrag von Amiens im Jahre 1802 wurde Menorca erneut Spanien zugegliedert.
Heute ist die Insel von ca. 55 000 Menorquinern bewohnt, und auch hier ist der Massentourismus nicht ausgeblieben. Die moderne Entwicklung vollzieht sich vor allem in den Ferienorten im Süden der Insel, aber noch immer findet der Yachtie in den Buchten und Ankerplätzen Schönheit und Ruhe, die unvergleichlich sind.
Es empfiehlt sich, aufgrund der vorherrschenden Winde die Insel im Uhrzeigersinn zu umrunden und Wasser, Diesel und Proviantvorräte in die Törnplanung entsprechend einzubeziehen.
Man kann davon ausgehen, daß Wasserbunkern nur in Mahón und Ciudadela möglich ist. Problemlose Treibstoffaufnahme am Pier ist nur in Ciudadela möglich. Selbst in Fornells ist die Proviantaufnahme oft schwierig, weil die Mole nur für 6 Yachten Platz bietet und man hier üblicherweise auf Reede vor Anker liegt.
In den nautischen Unterlagen - auch spanischen - findet man nur wenig Hinweise über die inselnahen Strömungen. Häufig festgestellt wurde im Kanal zwischen Mallorca und Menorca besonders in den Sommermonaten bei südlichen Winden ein Strom, der mit ca. 1,5 kn in Richtung NW setzt. Bei Cabo Mola auf der Ostseite der Insel setzt die Strömung mit ca. 1 kn fast ständig nach S.

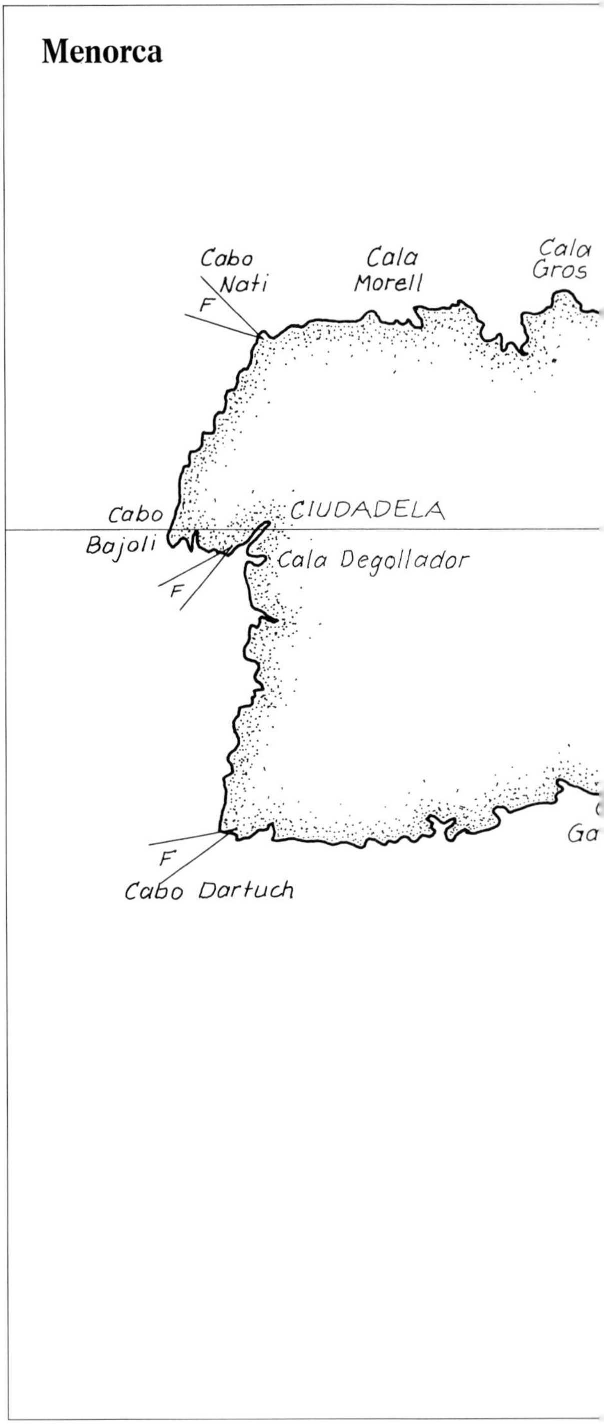

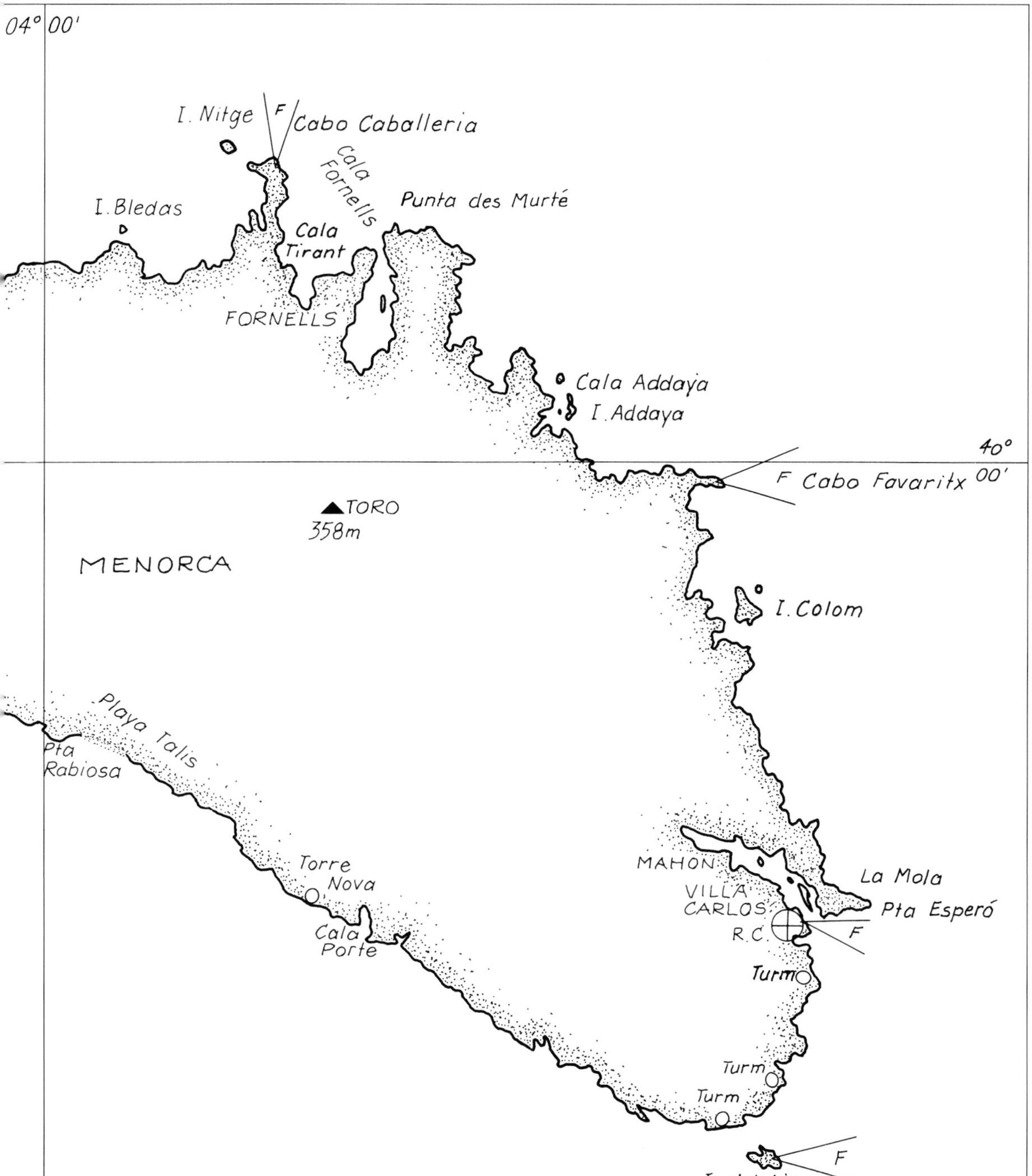
04° 00'
I. Nitge
F
Cabo Caballeria
Cala Fornells
Punta des Murté
I. Bledas
Cala Tirant
FORNELLS
Cala Addaya
I. Addaya
40° 00'
F Cabo Favaritx
TORO 358m
MENORCA
I. Colom
Playa Talis
Pta Rabiosa
Torre Nova
Cala Porte
MAHON
VILLA CARLOS
R.C.
La Mola
Pta Esperó
F
Turm
Turm
Turm
F
I. del Aire

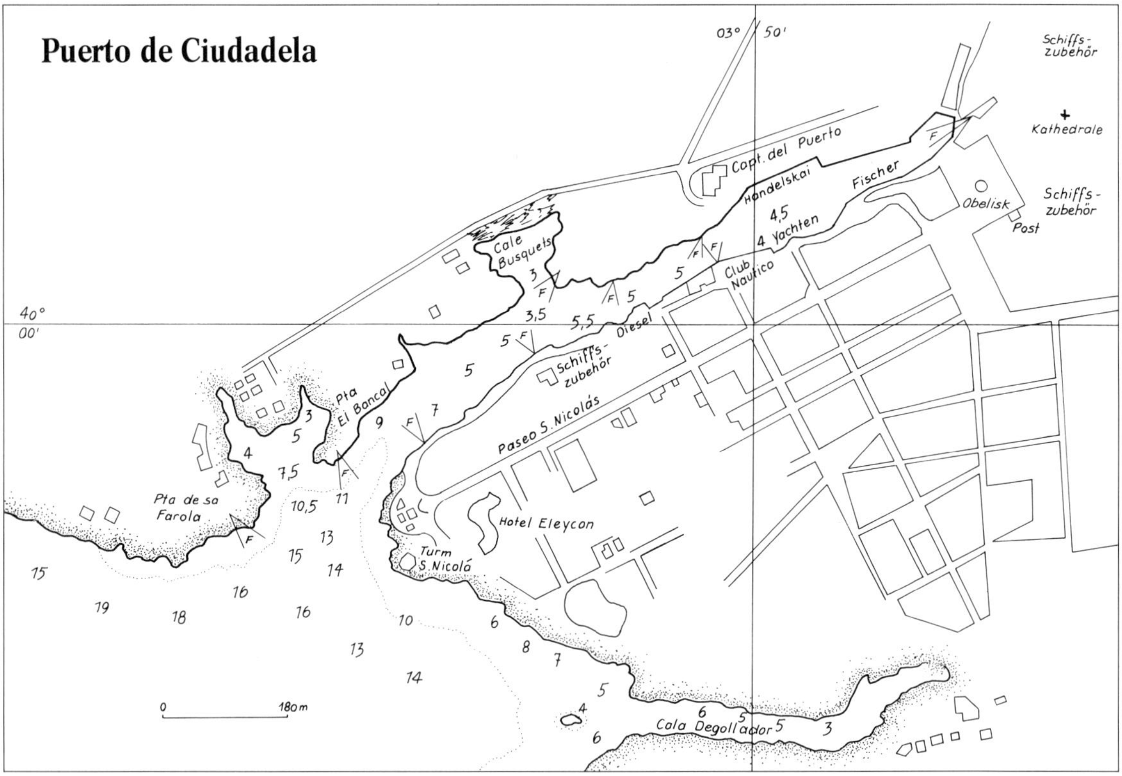

Puerto de Ciudadela

Dieser Hafen wird von vielen Yachties von Mallorca kommend, als erster Ansteuerungshafen auf Menorca gewählt.

Ansteuerung bei Tag

Schon aus großer Entfernung ist bei Tag der auffällige schwarz-weiß waagerecht gestreifte Leuchtturm auf Cabo Dartuch, dem SW-Ende der Insel, zu erkennen. Der flache Küstenvelauf setzt sich 4 ½ sm nach Norden fort bis zur Einfahrt Puerto de Ciudadela.

Die 20-m-Tiefenlinie verläuft fast parallel zur Küstenlinie im Abstand von ca. 200 m. Bei klarsichtigem Wetter sieht man von weitem die gelb-braune Kathedrale, die Hotels und Häuser der Stadt. Vor der Hafeneinfahrt zwischen Punta de sa Farola und Punta San Nicolas lotet man noch 14 m Wassertiefe.

Die Einfahrt ist bei Tag gut auszumachen zwischen dem schwarz-weiß waagerecht gestreiften Leuchtturm mit Wärterhaus auf dem Westhuk Pta Farola und dem nicht mehr vollständigen alten Wachtturm San Nicolas auf dem Osthuk.

Die Wassertiefe in der Einfahrt beträgt 11 m und über 5 m in der Mitte des Hafenschlau-

Puerto de Ciudadela

ches bis zum Gebäude des Club Náutico. Sie nimmt ab auf ca. 4 m bis zur Gästemole.

Ansteuerung bei Nacht

Bei der Nachtansteuerung orientiert man sich zuerst an den starken Feuern auf Cabo Dartuch und Pta de sa Farola (Caló d'es Frares) und möglicherweise an dem beleuchteten Hotelkomplex Eleycon auf Pta San Nicolas. Das Feuer auf Pta el Bancal ist schwach und durch die vielen Lichterscheinungen relativ spät auszumachen.

Ab Punta Farola orientiert man sich für die Einsteuerung zuerst an dem Leitfeuer auf Pta Busquets und dann an dem weißen Sektor (62°) des Leitfeuers am Ende der Bucht Ubr(2)w/r/gn 9,5s 8m.

Der Hafen ist durch Kai-Anlagen befestigt, der nördliche Teil ist für Fährschiffe und größere Fischerboote reserviert. In den Sommermonaten ist der Hafen ständig überbelegt, und ab 16.00 Uhr werden die Päckchen immer umfangreicher.

Festgemacht wird römisch-katholisch an der Steuerbordseite des Hafens ca. 200 m hinter dem Club Náutico in Höhe der Straßenrestaurants.

Hinweis

Bei starken S-/SW-lichen Winden steht vor und in der Einfahrt eine gefährliche See, selbst für den ortskundigen Skipper ist das Einlaufen in den Hafen dann nicht ungefährlich. Es empfiehlt sich, dann die Cala Morell

Hafen
Puerto de Ciudadela

Ort
Ciudadela

Wassertiefe in Metern

Einfahrt	Reede	Hafen	Gästemole
11	*	4 – 5	4

Betriebsstoffe/Anlagen

Diesel	am Kai des Club Náutico
Benzin	kleine Mengen von der Straßentankstelle
Wasser	Clubschlauch
Strom	nur am Club Náutico
Telefon	Münzfernsprecher am Hafen
Dusche	Club Náutico
Sanitär	Club Náutico

Reparaturdienste/Technische Anlagen

Motor	Club Náutico, Fachwerkstätten und
Segel	Segelreparaturdienst in Hafennähe
Rigg	–
GFK	Club Náutico
Holz	nicht bekannt
Kran	5 t/1,5 t Club Náutico
Lift	–
Slip	am Handelskai

Service/Catering

Schiffszubehör	oberhalb des Hafens, weitere siehe Plan
Supermarkt	in Hafennähe, Aufgang zur Stadt
Würfeleis	im Hafen
Gas	Ferreterias im Ort
Post	im Ort, siehe Plan!
Bank	im Ort
Taxi	im Ort
Parkplätze	oberhalb des Hafens

Position
40° 00,0′ N 03°49,8′ E

Anrufkanal
73/16

Wichtige Telefonnummern

Hafenmeister
38 39 18

Guardia Civil
38 02 99

Club
38 11 46

Militar de Marina
38 01 93

Arzt Telefon

Arzt Anschrift
Notarzt über Militar de Marina,
Fachärzte in der Stadt

Wetterinformationen

telefonisch
Flughafen Mahón
Tel. 36 01 50

Busverbindungen

Mahón/Fornells

Sonstige Hinweise

* Cala Degollador

Liegegebühren in PTS

m	Tag	Monat	Jahr
	360		
	bis		
	1400		

im Norden der Insel oder Fornells als Fluchthafen anzulaufen.
In der Längsrichtung des Hafens liegt in der Mitte eine schwere Muringkette, und man sollte vorsichtshalber eine Trippleine an den Anker stecken.
Puerto de Ciudadela ist Basis für ein Seenotrettungsboot.

Wasserstand

Unter bestimmten meteorologischen Bedingungen in den Sommermonaten besteht in diesem Hafen absolute Gefahr, zumindest für das Schiff. Über Jahre hinweg wurden hier gravierende Wasserstandsänderungen festgestellt, die erhebliche Schäden an Yachten und Fischerbooten verursachten. So z. B. fiel der hintere Teil des Hafens bis zum Club Náutico in der Nacht vom 20. zum 21. 06. 84 gegen 03.50 Uhr trocken. Kurze Zeit später kam die Flutwelle, und 78 Fischerboote und Yachten wurden stark beschädigt bzw. lagen unter Wasser (siehe hierzu: „Klima und Windverhältnisse“).

Geschichte

Dieser malerische Hafen im Westen von Menorca mit der Stadt Ciudadela war eine Region starker vorgeschichtlicher Besiedelung, wie durch zahlreiche Funde dokumentiert wird.
Bis zur Besetzung der Mauren im 10. Jahrhundert, als Ciudadela Inselhauptstadt wurde, sind jedoch kaum geschichtliche Daten vorhanden. Im Gegensatz zu Mahón findet man hier ein typisch spanisches Stadtbild mit arabischen, aber auch gotischen Details.
Ihre Blütezeit erlebte die Stadt im Mittelalter als Hauptstadt der Insel, Zentrum der menorquinischen Aristokratie und Sitz der kirchlichen Verwaltung. Durch einen Brief des Bischofs Severo wird belegt, daß der Bischofssitz im 4. Jahrhundert hier eingerichtet wurde.
Bei der Eroberung durch Alfons III. von Aragon 1278 wurde die maurische Stadt dem Erdboden gleichgemacht und danach wieder aufgebaut, diesmal mit einer Stadtmauer umgeben. Durch den türkischen Admiral Piali wurde 1558 die Stadt abermals zerstört, und über 3000 ihrer Einwohner wurden verschleppt.
Der Wiederaufbau nahm über 100 Jahre in Anspruch, und die Stadtmauer erhielt jetzt 7 Bollwerke, von denen lediglich der San-Nicolas-Turm noch erhalten ist, als Wächter der Hafeneinfahrt.
Nach der Besetzung der Insel durch die Engländer 1708, bestätigt durch den Vertrag von Utrecht, wurde 1722 die Inselhauptstadt wieder nach Mahón verlegt.

Tourismus

Wer hier einen Landgang einrichten kann, wird reich belohnt. Der erste Ansteuerungspunkt sollte die Kathedrale sein. Beim Bummel durch die Stadt zur Plaza Vieja gelangt man durch Kolonnaden mit Spitzbögen und engen Gassen und kann hinter dem Rathaus – einst Alkazar der Araber – vom Paseo Borne ein herrliches Foto vom Hafen schießen.
Wer Zeit und Muße hat, kann wenige Kilometer von Ciudadela entfernt die Naveta d'es Tudons besichtigen, ein prähistorisches Bauwerk in Form eines kielobenliegenden Schiffes, 1960/61 restauriert, aus Kalksandsteinblöcken ohne Mörtel, über 14 m lang, 5,5 m breit und 4,5 m hoch. Die Bedeutung bzw. Verwendung ist unbekannt.
Zu erwähnen ist noch das Fest des Heiligen Johannes am 23. Juni, wenn eine Gruppe der „Caixers“ angeführt wird durch einen in Felle gekleideten Mann mit einem lebenden

Cala Morell

Lamm auf den Schultern, begleitet von Reitern hoch zu Roß, Blaskapellen und Tausenden von Einwohnern und Touristen. Unter gewaltigem Geschrei und Lärm bewegt sich der Pilgerzug dreimal um die Plaza del Borne und weiter zur Einsiedelei San Joan de Missa. An diesem Tag werden der Hafen und der schöne Ort in eine einzige Müllkippe aus Plastikbechern und Flaschen verwandelt.
Einen Tagesankerplatz findet man ca. 0,5 sm S-lich des Hafens in der *Cala Degollador*. Die Wassertiefe beträgt 2,3 bis 5 m.

Cala Morell

Diese malerische, schöne und gut geschützte Bucht liegt nur 2,5 sm östlich von Cabo Nati versteckt hinter rotbraunen und grauen Felsen an der Nordküste von Menorca.
Gute Landmarken bei der Ansteuerung sind die weißen Ferienhäuser auf dem Hügel um die Bucht und die scharf verlaufenden Linien der Einfahrtshuken.
Im Westen der Bucht ist gut haltender Sanduntergrund, im östlichen Teil dagegen Fels und teilweise Steine. Beim Einlaufen in die Bucht und später auch beim Schwojradius ist auf die beiden Unterwasserfelsen zu achten.
In den Sommermonaten kann man in dem kleinen Supermarkt in der Siedlung die notwendigsten Lebensmittel und Getränke besorgen. Das Terrassenrestaurant verfügt über ein Schwimmbad, und an heißen Tagen empfindet man die Brise auf der Terrasse recht angenehm. Das Essen ist gut und preiswert.

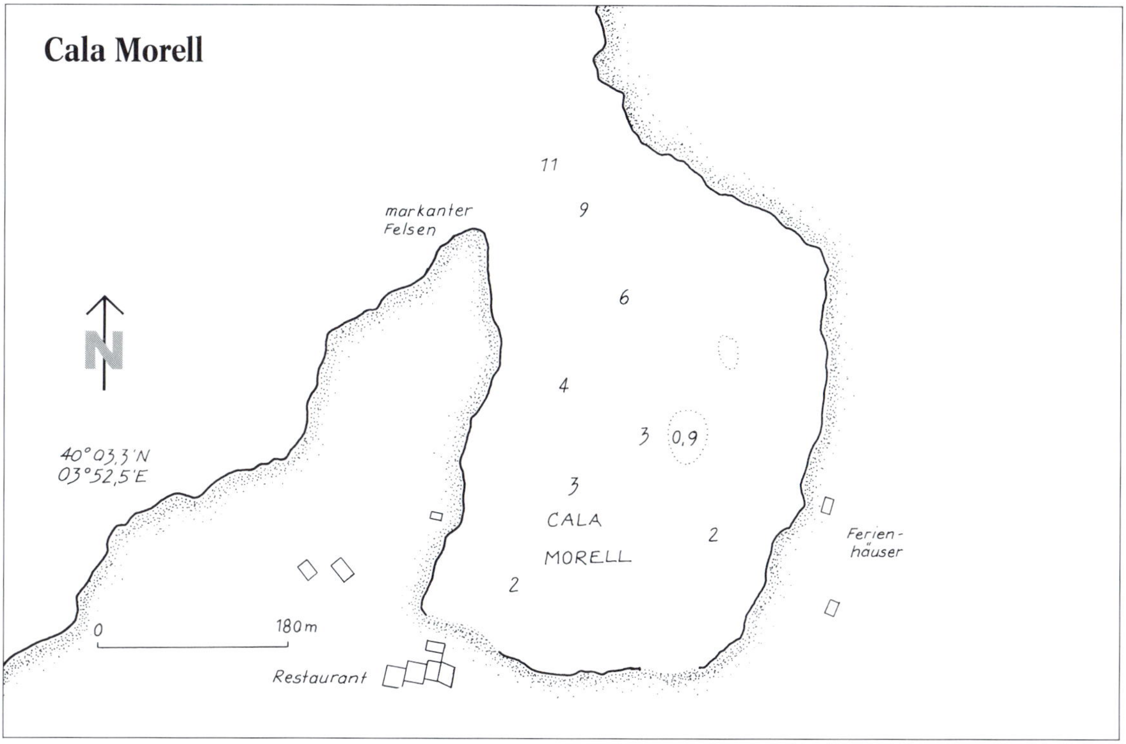
Cala Morell
markanter Felsen
11
9
6
4
3
0,9
3
CALA MORELL
2
2
40°03,3'N
03°52,5'E
N
0
180m
Restaurant
Ferien-häuser

Cala Morell

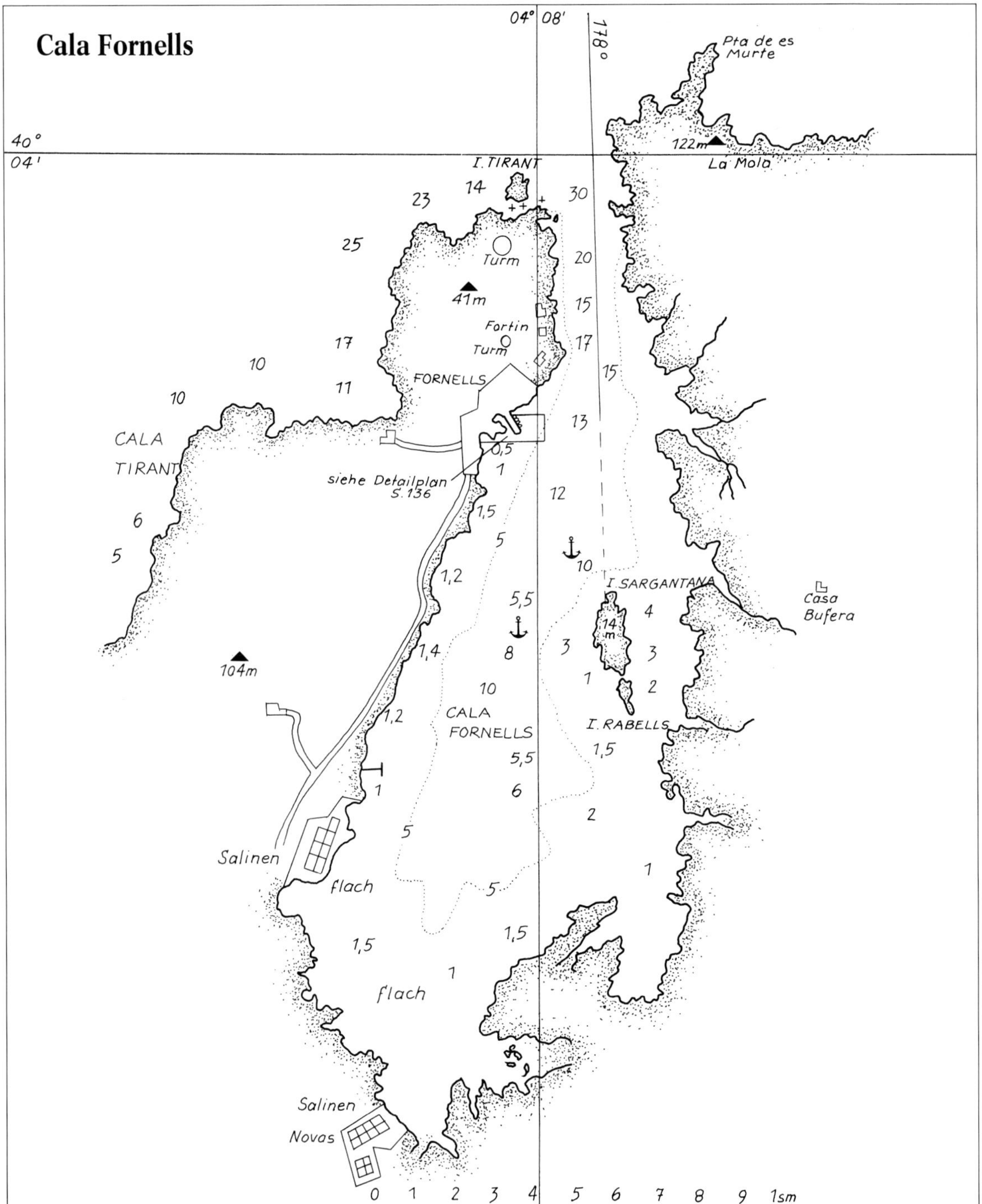

Cala Fornells
04° 08'
178°
Pta de es Murte
40° 04'
122m
La Mola
I. TIRANT
14
23
30
25
Turm
20
41m
15
Fortin
Turm
17
17
10
15
11
FORNELLS
10
13
CALA TIRANT
0,5
1
siehe Detailplan S. 136
12
1,5
6
5
5
10
1,2
I. SARGANTANA
Casa Bufera
5,5
4
14 m
1,4
8
3
3
104m
1
2
10
CALA FORNELLS
1,2
I. RABELLS
1,5
5,5
6
1
2
5
Salinen
1
flach
5
1,5
1,5
1
flach
Salinen
Novas
0 1 2 3 4 5 6 7 8 9 1sm

Cala Fornells

Cala Fornells/ Puerto de Fornells

Die Cala Fornells ist eine geräumige Bucht und schneidet ca. 2,5 sm nach Süden ins Land ein. Bei starken Nordwinden findet man hier guten Schutz in dem kleinen Hafen des alten Fischerdorfes Fornells. Selbst kleinere Frachtschiffe finden westlich der Insel Sargantana einen sicheren Ankerplatz.

An der Gästemole können max. 6 Yachten festmachen; Markierungspfeil beachten! Hier befindet sich ca. 0,5 m unterhalb der Wasserlinie ein Betonsockel, der beim römisch-katholischen Festmachen eine Gefahr für das Ruder darstellt; es wird also empfohlen, mit Heckanker und Bugleinen festzumachen.

Ansteuerung bei Tag

Auf dem Osthuk Pta de es Murté steigt das Vorgebirge mit dem La Mola auf 122 m an. Dem Westhuk (41 m) ist die kleine Insel Tirant vorgelagert.

Von W kommend, passiert man das unverwechselbare Cabo Caballeria mit dem Leuchtturm und durchquert die tiefe Bahía de Tirant.

Von E kommend, ist die Einfahrt erst auszumachen, wenn man Punta de es Murté passiert hat.

Von N kommend, erkennt man den Monte

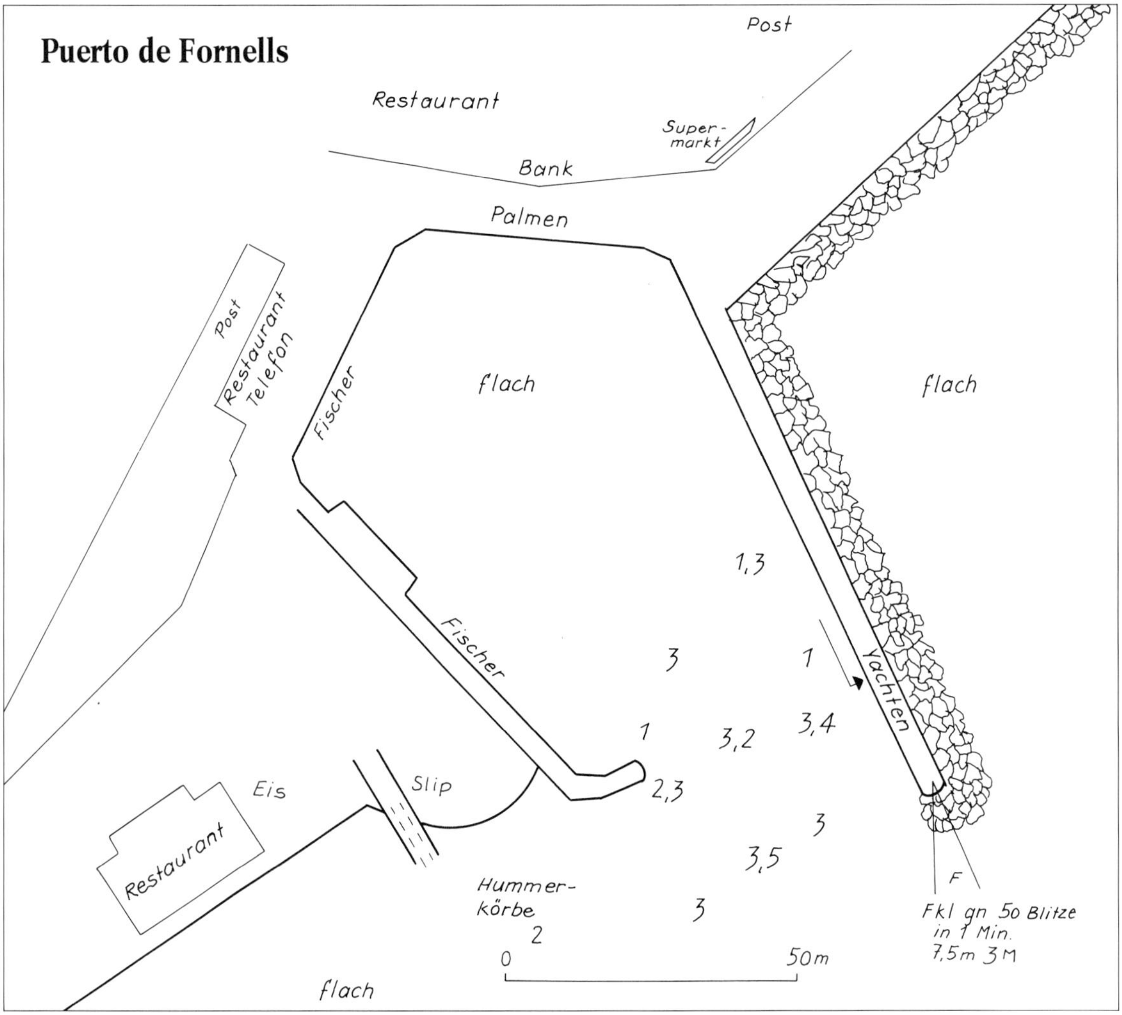

Toro 358 m zwischen Cabo Caballeria und Punta de Murté. Beim Näherkommen kann man deutlich den alten braunen Wachtturm auf dem Westhuk der Einfahrt und die Casa Bufera auf dem Hügel ausmachen.
Bei der Einsteuerung erkennt man als gute Landmarken die beiden weißen Türme des Richtfeuers auf der Insel Sargantana.

Ansteuerung bei Nacht

Bei der Nachtansteuerung navigiert man nach den Feuern von Cabo Nati/Cabo Favaritx und Cabo Caballeria. Die Einsteuerung ist auch bei schwerem Wetter problemlos mit dem Richtfeuer in 178°. Der Kopf des Wellenbrechers ist befeuert (s. Plan).

Hinweis

Zeitweise starke Fallwinde in der Einfahrt der Cala. SW-lich der Hafeneinfahrt nimmt das Wasser an unterschiedlichen Stellen auf ca. 1 m ab. Manchmal sind hier Hummerkörbe

Puerto de Fornells

verankert, die selbst bei Tag schlecht zu erkennen sind.

Tourismus

Die natürliche Schönheit dieser Bucht und des Hafens wird unterstrichen durch die nüchterne Architektur der weißen Häuser mit grünen Fensterläden und der herrlichen Ruhe. Maler sitzen in den Sommermonaten auf der Mole und versuchen, dieses Bild auf der Leinwand festzuhalten.

In den Feinschmeckerkreisen wird Fornells wegen seiner stets frischen Langusten und berühmten Caldereta sowie der hohen Preise als „heißer Tip" gehandelt. Ein ausgezeichnetes Fischrestaurant ist das *Es-Cranc* nahe der Kirche, in dem die frischen Bogavantes aus der Hummerzucht des Dorfpfarrers köstlich zubereitet werden.

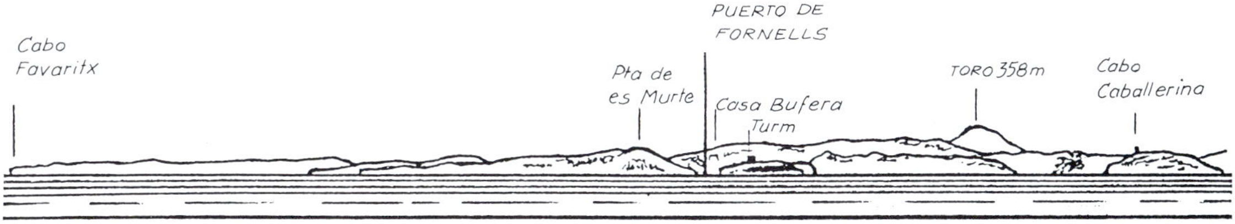

Hafen

Puerto de Fornells

Ort

Fornells

Wassertiefe in Metern

Einfahrt	Reede	Hafen	Gästemole
30	10 - 12	3	3

Betriebsstoffe/Anlagen

Diesel	kleine Mengen von Privat
Benzin	-
Wasser	per Kanister vom Restaurant
Strom	-
Telefon	Münzfernsprecher im Hafen
Dusche	-
Sanitär	-

Reparaturdienste/Technische Anlagen

Motor	-
Segel	-
Rigg	-
GFK	-
Holz	-
Kran	-
Lift	-
Slip	nur für kleine Fischerboote

Service/Catering

Schiffszubehör	-
Supermarkt	kleine Läden im Ort
Würfeleis	Restaurant
Gas	-
Post	Mo - Fr 1100 - 1300 / Sa 1000 - 1200
Bank	im Hafen, Mo - Fr 1800 - 2000
Taxi	im Ort
Parkplätze	im Hafen

Position

40°03,3′ N 04°07,9′ E

Anrufkanal

-

Wichtige Telefonnummern

Hafenmeister
37 51 03

Guardia Civil

Club
37 51 93

Militar de Marina
37 51 10

Arzt Telefon

Arzt Anschrift

Wetterinformationen

telefonisch
Flughafen Mahon
Tel. 36 01 50

Busverbindungen

Mahón Ciudadela

Sonstige Hinweise

Betonsockel 0,5 m
unter dem Wasserspiegel
an der Gästemole

Liegegebühren in PTS

m	Tag	Monat	Jahr
	200 bis 400		

Cala de Addaya

Cala de Addaya/Puerto de Addadya

In dieser landschaftlich schönen, tief ins Land einschneidenden Cala liegt man bei jedem Wetter absolut sicher. Die besten Ankerplätze sind in der Nähe der Festmachertonne südlich der kleinen Insel auf 4–6 m Ankergrund aus Schlick und Seegras, oder man macht an der Tonne fest.

Dieser Naturhafen ist sicher einer der malerischsten Plätze auf Menorca und verbindet in seiner Landschaft See, Wald und Fels zu einer vollendeten Harmonie.

Westlich der Insel wurde 1984 ein kleiner Hafen angelegt (Puerto Addaya) mit Duschen und sanitären Anlagen. Nach Fertigstellung sollen hier 61 Liegeplätze zur Verfügung stehen; die Versorgung ist allerdings begrenzt.

Der Hafen wird von Sr. Pons geleitet, der mit viel persönlichem Engagement dazu beiträgt, diesen kleinen Privathafen zum angenehmen Aufenthaltsort für Yachties zu gestalten.

Ansteuerung bei Tag

Gute Ansteuerungshilfen bei Tag sind die beiden Inseln Addaya dicht nebeneinander, nördlich vom Osthuk der Cala de Addaya und der braune Wachtturm auf der Landzunge zwischen Cala Moli und Cala de Addaya.

Die Ansteuerung bei Tag und gutem Wetter verlangt Sorgfalt, die Einsteuerung in die Cala de Addaya höchste Konzentration des Steuermanns bei niedrigster Motorendreh-

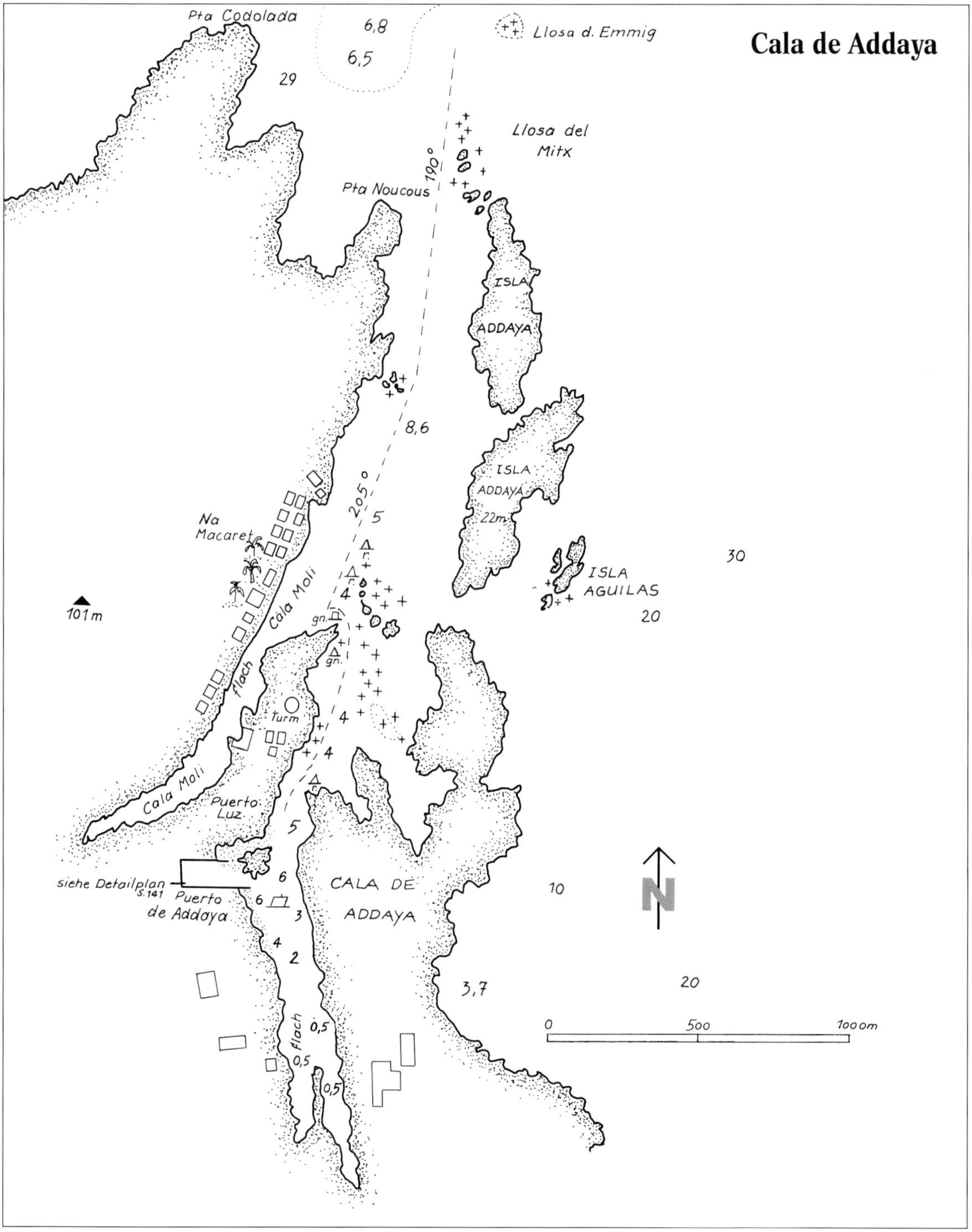
Cala de Addaya
Pta Codolada
6,8
6,5
29
Llosa d. Emmig
Llosa del
Mitx
190°
Pta Noucous
ISLA
ADDAYA
8,6
ISLA
ADDAYA
22m
205°
5
Na
Macaret
Cala Moli
ISLA
AGUILAS
30
20
101m
4
gn.
r.
flach
turm
4
4
Cala Moli
Puerto
Luz
5
siehe Detailplan
S.141
Puerto
de Addaya
6
6
3
4
2
CALA DE
ADDAYA
10
N
3,7
20
0
500
1000m
flach
0,5
0,5
0,5

Cala Moli

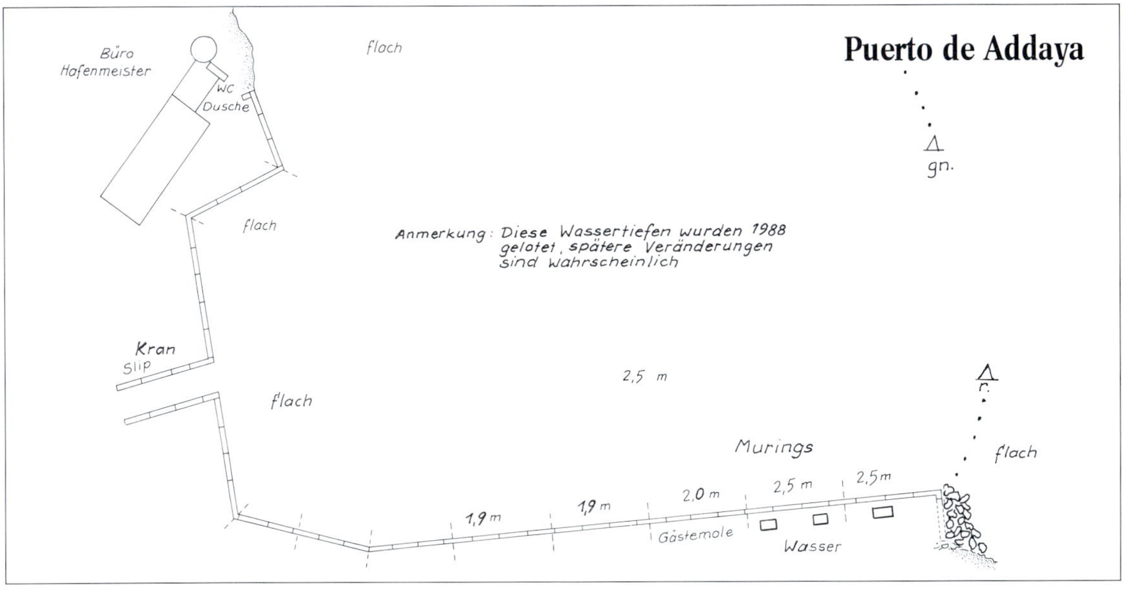
Puerto de Addaya
Büro
Hafenmeister
WC
Dusche
flach
gn.
flach
Anmerkung: Diese Wassertiefen wurden 1988
gelotet, spätere Veränderungen
sind wahrscheinlich
Kran
Slip
2,5 m
flach
r.
Murings
flach
2,5 m
2,5 m
2,0 m
1,9 m
1,9 m
Gästemole
Wasser

Hafen

Cala de Addaya/Puerto de Addaya

Ort

Puerto Luz/Cala de Addaya

Wassertiefe in Metern

Einfahrt	Reede	Hafen	Gästemole
4 - 6	4 - 6	2,5	1,9 - 2,5

Betriebsstoffe/Anlagen

Diesel	–
Benzin	–
Wasser	an der Gästemole (600 Pts)
Strom	mit langem Kabel
Telefon	–
Dusche	2 Außenduschen neben Büro (200 Pts für Ankerlieger)
Sanitär	neben Büro

Reparaturdienste/Technische Anlagen

Motor	Addaya Motor (Sóle/Yamaha), Tel. 37 22 87
Segel	–
Rigg	–
GFK	–
Holz	–
Kran	1 t
Lift	–
Slip	für flachgehende Boote

Service/Catering

Schiffszubehör	–
Supermarkt	oberhalb des Hafens
Würfeleis	im Hafen
Gas	Mahón
Post	–
Bank	–
Taxi	via Marinero oder Restaurant
Parkplätze	im Hafen

Position

40° 08,0′ N 04° 12,2′ E

Anrufkanal

Wichtige Telefonnummern

Hafenmeister

–

Guardia Civil

–

Club

–

Arzt Telefon

Arzt Anschrift

nächster Arzt ist in Mahón!

Wetterinformationen

telefonisch nur via
Seefunkstelle oder Mahón

Busverbindungen

–

Sonstige Hinweise

siehe Hinweis
Restaurant Cala ’n Pit!

Liegegebühren in PTS (Sommer)

m	Tag	Monat	Jahr
6-8	975	19455	-
8-10	1350	27000	-
10-12	1740	34000	-

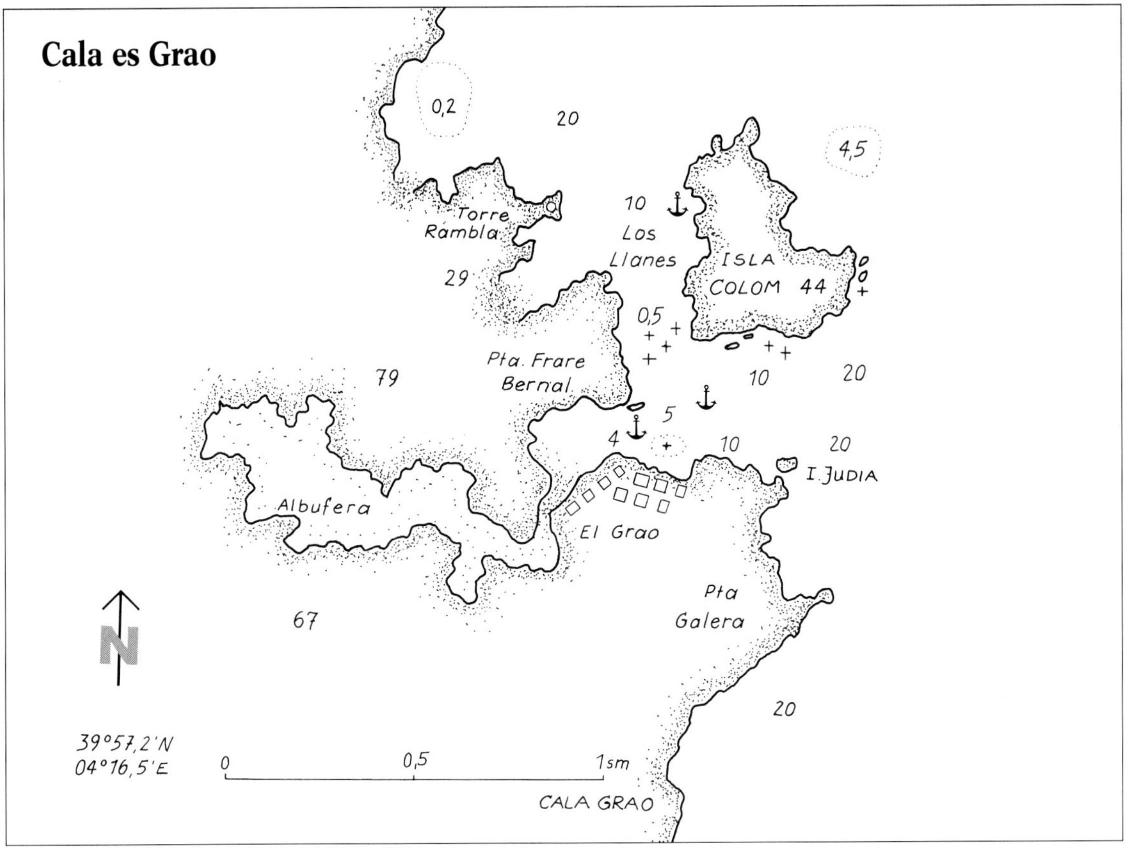

zahl. Auf ca. 1600 m Strecke müssen Klippen und Riffe auf geringer Wassertiefe umgangen werden. 1988 wurden privat auf Teilstrecken rote und grüne Tonnen ausgelegt.

Ansteuerung bei Nacht

Die Einfahrt bei Nacht und Schwerwetter aus NE ist nur durch einen absolut revierkundigen Skipper möglich. Die Einfahrt ist nicht befeuert, und je nach Wetterlage können in der Nähe der Einfahrt Grundseen auftreten. Gute spanische Küche bietet das Restaurant *Cala n. Pit.* Der Barkeeper betreibt eine VHF-Station, die auf Kanal 4 anrufbereit ist.

Cala es Grao

Die hier beschriebene Cala es Grao liegt zwischen der I. Colom und Pta Judia (Pta Cudia), und schneidet 0,6 sm nach Westen ein. Im Süden der Cala liegt das romantische Fischerdorf El Grao, im SW schließt sich die Lagune Albufera an, die durch einen breiten Sandstrand von der Bucht getrennt ist.
In der spanischen Seekarte 6A ist die Bucht namentlich nicht erwähnt und nicht zu verwechseln mit der 1,3 sm S-lich gelegenen Cala Grao.

Man ankert sicher in 4 - 6 m Wassertiefe, der Ankergrund ist Sand.
In der weiträumigen Bucht findet man die Ruhe und Abgeschiedenheit, die viele auf Menorca suchen, nur manchmal unterbrochen vom Ruf der Nachtigall.
Die Versorgungsmöglichkeiten sind stark eingeschränkt; Lebensmittel gibt es nur in den kleinen Bodegas im Ort. Kleine, aber schmackhafte Gerichte bietet das Restaurant am Wasser an.

Ansteuerung bei Tag

Die 44 m hohe I. Colom liegt E-lich von Torre Rambla dicht vor der Küste. Dem Osthuk und im Süden der Insel sind einige gefährliche Inseln und Klippen vorgelagert.
Die 300 m breite Durchfahrt zwischen der Insel und Pta Frare Bernal ist unrein und nur mit dem Dingi zu durchfahren.
Von der Ansteuerung bei Nacht wird abgeraten.
Bei aufkommenden Winden aus E kann man zu dem sicheren Ankerplatz *Los Llanes*, auf der Westseite der Insel Colom verholen.
Naturliebhaber finden um Albufera ein Vogelparadies, in dem Bussard, Graureiher, Seidenreiher, Turmfalke, Roter Milan, Kiebitz, Kormoran, Zwergohreule, Wiedehopf, Nachtigall und viele Singvögel heimisch sind. Auch bietet die Lagune einen sicheren „Transithafen“ für Zugvögel von N nach S und umgekehrt.

Puerto de Mahón

Der Hafen Mahón ist der östlichste von Spanien, nach Pearl Harbour (Hawaii) der zweitgrößte Naturhafen der Welt und der sicherste Naturhafen der Balearen.
Der Handelshafen im NW-lichen Teil des 3 sm langen Hafenschlauches wird von Kümos und Handelsschiffen jeder Art angelaufen. Von hier aus bestehen Fährverbindungen nach Spanien, Palma de Mallorca und Ibiza.
Von den Sportschiffern wird er als Absprunghafen nach Korsika und Sardinien bevorzugt. 1982 haben 1377 Transityachten einklariert, 1984 waren es bereits 1860.
Sowohl der Handelsschiffahrt als auch der Sportschiffahrt dient Mahón besonders im Winter als Flucht- und Schutzhafen vor den schweren Nordstürmen.

Ansteuerung bei Tag

Von S kommend, sieht man schon auf große Entfernung den Monte Toro, der sich mit seinen 358 m als höchster Punkt über der Insel erhebt. Näherkommend sieht man als deutliche Landmarken den Leuchtturm auf der Isla del Aire.
Die dunkle, 70 m steil ins Meer abfallende Küste der Halbinsel La Mola mit dem alten Turm und den Funkmastanlagen ist nach Umrunden der Isla del Aire gut zu erkennen.
Von N kommend, passiert man Cabo Favaritx, welches an dem schwarz-weiß diagonal gestreiften Leuchtturm mit dem weißen Wärterhaus gut auszumachen ist. Je nach Kurs ist die Insel Colom erst spät als Insel zu identifizieren.
Besonders bei Mistrallage und danach muß man mit entsprechendem Sicherheitsabstand zur Küste navigieren. Der Strom setzt dann hier ca. 1,5 kn nach S, und die kleinen vorgelagerten Inseln sind - besonders bei Nacht - schlecht zu erkennen.
Wenn man La Mola bzw. Punta del Esperó, den

Puerto de Mahón

östlichsten Punkt Spaniens umrundet hat, sieht man sehr bald die Leuchttonnen, die die Einfahrt in den Hafenschlauch markieren.

Ansteuerung bei Nacht

Bei der Nachtansteuerung navigiert man je nach Kurs nach dem Feuer auf Isla del Aire und Cabo Favaritx und für die Einsteuerung nach dem Feuer Punta de S. Carlos. Der Hafenschlauch ist von den Tonnen an bis zum Scheitel befeuert.

Das Einlaufen ist zu jeder Zeit und bei jeder Wetterlage möglich.

Nach Passieren der Inseln Plana und del Rey macht man am besten im Club Marítimo unterhalb Punta de Cala Figuera oder über Buganker am Kai fest. Hier muß man den Anker weit ausbringen und genügend Kette stecken, da die Wassertiefe schnell zunimmt, in ca. 30 m Entfernung von der Mole eine Muringkette auf dem Grund liegt und das Tauchen zum Ankerfreimachen in dieser Brühe keinen Spaß macht.

Ein- bzw. auslaufende Handelsschiffe verursachen oft einen nicht unerheblichen Schwell, der sich bis in die Cala Figuera fortsetzt. Es empfiehlt sich, beim Festmachen am Kai darauf zu achten, daß der Mast zum Nachbarboot versetzt ist, um ein Zusammenschlagen der Salings zu vermeiden.

Wem es an der Kaimauer zu staubig ist oder wer sich vom Lärm belästigt fühlt, geht an einer der numerierten Festmachetonnen auf Reede oder tiefer in der Cala Figuera vor

Hafen
Puerto de Mahón

Ort
Mahón

Wassertiefe in Metern

Einfahrt	Reede	Hafen	Gästemole
14	9 - 13	2,5 - 3	2,5 - 3

Betriebsstoffe/Anlagen

Diesel	CAMPSA im Süden der Bucht Figuera
	Mo - Fr 0900 - 1300 / 1430 - 1730, Sa 0800 - 1200
Benzin	per Kanister von der Tankstelle (300 m)
Wasser	am Kai per Schlauch (200 Pts) / Zapfstelle (200 Pts)
Strom	-
Telefon	Telefonzellen am Kai/Bar Club Maritimo
Dusche	Club Maritimo, je 2
Sanitär	Club Maritimo, je 2

Reparaturdienste/Technische Anlagen

Motor/Segel	Nautica Mahón am Kai (spricht englisch)
Motor	Nautic Center (Volvo/Tohatsu/Honda), Tel. 36 32 73
Motor	Vinent Taillers (Perkins/Sole) Tel. 36 22 96
Motor	Motor A/B Baixamar (OMC) Tel. 36 43 16
Holz	-
Kran	6 t am Clubhaus/großer Kran via Nautica Mahón
Lift	-
Slip	Cala Figuera

Service/Catering

Schiffszubehör	Nautica Mahón/mehrere kleine Läden im Ort
Supermarkt	The Port (direkt am Kai/sehr gut/nur im Sommer), andere im Ort
Würfeleis	in der Bar im Clubhaus
Gas	im Ort
Post	Buenaire 15 (0900 - 1300, 1600 - 1700)
Bank	im Ort
Taxi	im Ort/per Telefon vom Club-Radio Taxi: 36 75 66
Parkplätze	am Kai

Position

39° 53,4′ N 04° 16,7′ E

Anrufkanal

-

Wichtige Telefonnummern

Hafenmeister
36 50 22

Guardia Civil
36 32 97

Club
36 50 22

Arzt Telefon (24 h)
36 40 48

Arzt Anschrift
Centro Médico (24 h)
Miguel de Veri 3, Tel. 36 66 63

Wetterinformationen

Aushang im Club Maritimo
MET-Büro Flughafen
(Wetterkarte)

Busverbindungen

Plaza de la Explanada
nach Ciudadela über
Fornells (1100, 1300, 1900)
Cala Galdana über Fererías

Sonstige Hinweise

- Muringkette ca. 30 m Abstand parallel zum Kai
- Waschmaschine (400 Pts)
- Dusche (200 Pts)

Liegegebühren in PTS

m	Club	Boje	Anker
7	1075	600	250
8	1525	850	350
11	1800	1000	400

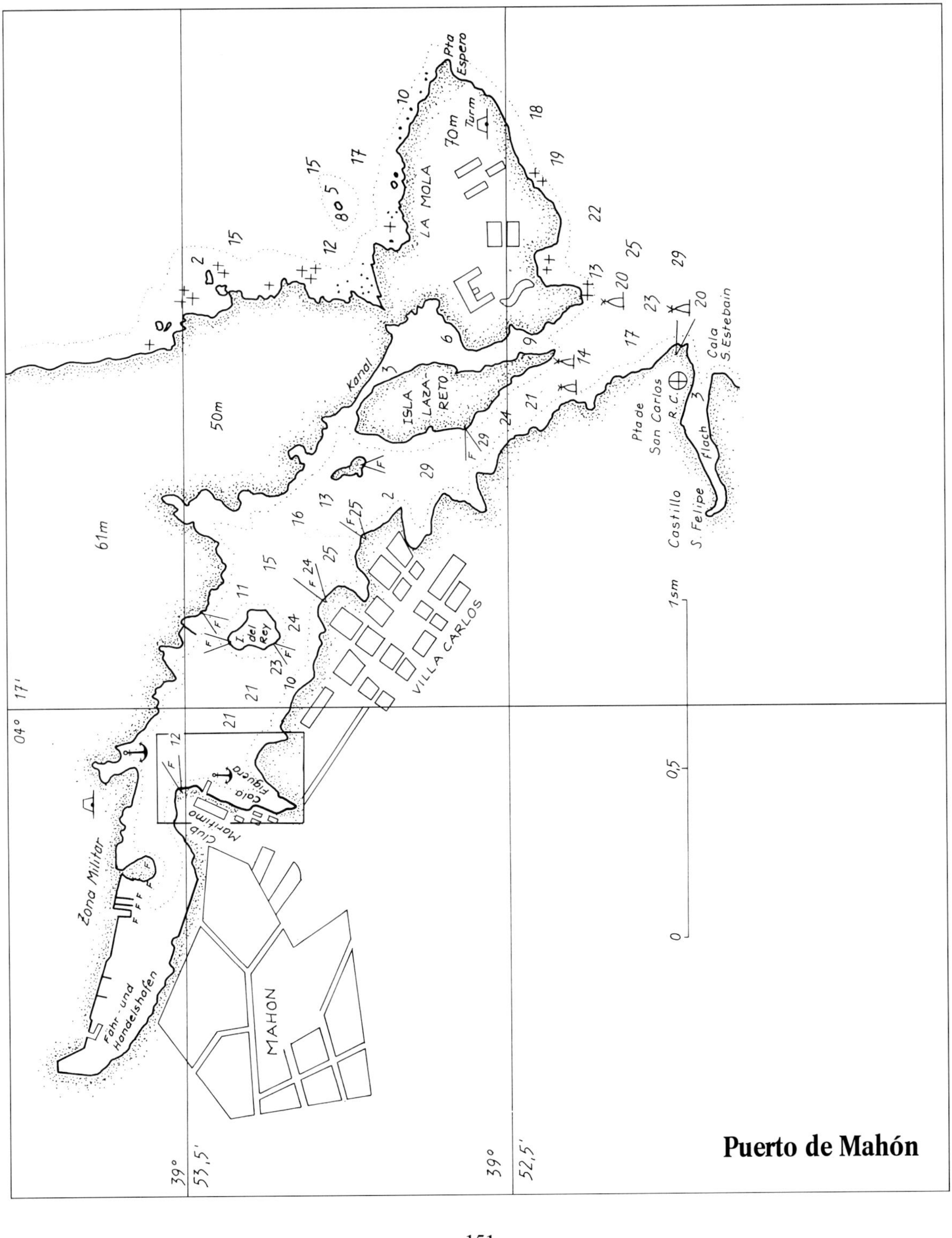

Puerto de Mahón

Anker; hier liegt man in jeder Beziehung ruhiger auf sicherem Ankergrund. Eine weitere Möglichkeit zum Festmachen besteht am öffentlichen Kai vor dem Fährhafen unmittelbar neben dem Dienstgebäude der Guardia Civil. Dieser Platz ist von Langzeitliegern oft überbelegt, darüber hinaus muß man auf Service wie z. B. Wasser und Strom verzichten, auch die Umgebung ist nicht nach jedermanns Geschmack.

Versorgung

Die Versorgungsmöglichkeiten an der Wasserfront sind sehr gut; der neu eröffnete Supermarkt *The Port Grocers* ist bestens - auf deutsche Bedürfnisse abgestimmt - sortiert und liefert die Ware ans Schiff.
Der Club Marítimo verfügt über ein gutes Restaurant, eine Wetterstation (täglicher Bericht im Aushang) und mehr oder weniger saubere Duschen.
Restaurants gibt es in reichlicher Auswahl und jeder Kategorie entlang der Wasserfront, in Mahón und Villa Carlos.
Für das Übersegeln besteht die Möglichkeit, präzise Wetterinformationen mit Wetterkarte für die Großwetterlage und Vorhersagen auf der MET-Station vom Flughafen Mahón einzuholen.

Geschichte/Tourismus

Aufgrund seiner geografischen Lage hatte dieser Naturhafen schon im Altertum strategische Bedeutung und wurde von den Phöniziern im 4. Jahrhundert v. Chr. mit ihren Handelsseglern angelaufen. Von dem karthagischen General Magon wurde Mahón 205 v. Chr. gegründet, zuerst als militärischer Stützpunkt, dem sich später eine Siedlung und Handelsniederlassung anschloß.
Die Römer bauten Mahón zur Festung aus und umgaben das Zentrum mit einer Stadtmauer. Die Ortsbezeichnung wurde in „Magontanum“ geändert. Mahón war jetzt Teil des römischen Weltreiches mit Funktion als Inselhauptstadt.
Die Bedeutung des Hafens war in dieser Zeit nicht in Frage gestellt, und so wurden der Hafen und die Landbefestigungen ausgebaut und Verteidigungsstürme errichtet. 1535 wurde die Stadt durch den Korsaren Rotbart belagert und geplündert.
Die Mittelmeerpolitik des österreichischen Königshauses führte zu einer Aufwertung des Hafens Mahón, und 1545 begann man mit dem Bau der Festung San Felipe Rui auf Punta de San Carlos, die später von den Engländern erweitert wurde, bis sie die bestbewaffnete Verteidigungsanlage ihrer Zeit darstellte.
Unter Gouverneur Sir Richard Kane wurde Mahón 1722 wieder Hauptstadt von Menorca.
Das 18. Jahrhundert - das Jahrhundert der englischen Besatzung - prägte Mahón. Die Kathedrale der Stadt wurde 1750 - 1762 mit stuckverzierten Seitenkapellen umgebaut, und der Schweizer Orgelbauer Hans Kiburz stellte 1810 über dem Hauptportal eine der besten Orgeln Europas fertig.
Das spanisch-maurische Stadtbild änderte sein Gesicht und erhielt stark ausgeprägte angelsächsische Züge, die bis heute zu erkennen sind.
Nur wenige Kilometer von der Stadt entfernt gelangt man zu den bedeutendsten prähistorischen Bauwerken, dem Talayot und Taula von Trebuco und den archäologischen Stätten Taliti, Rafael Rubi und Torralba d'en Salort.
Die Besichtigung dieser vorgeschichtlichen Steindenkmäler und Zeugen baumeisterlicher Kunst der Ureinwohner Menorcas (1200 - 1000 v. Chr.) ist eine angenehme Abwechslung vom Segelalltag.

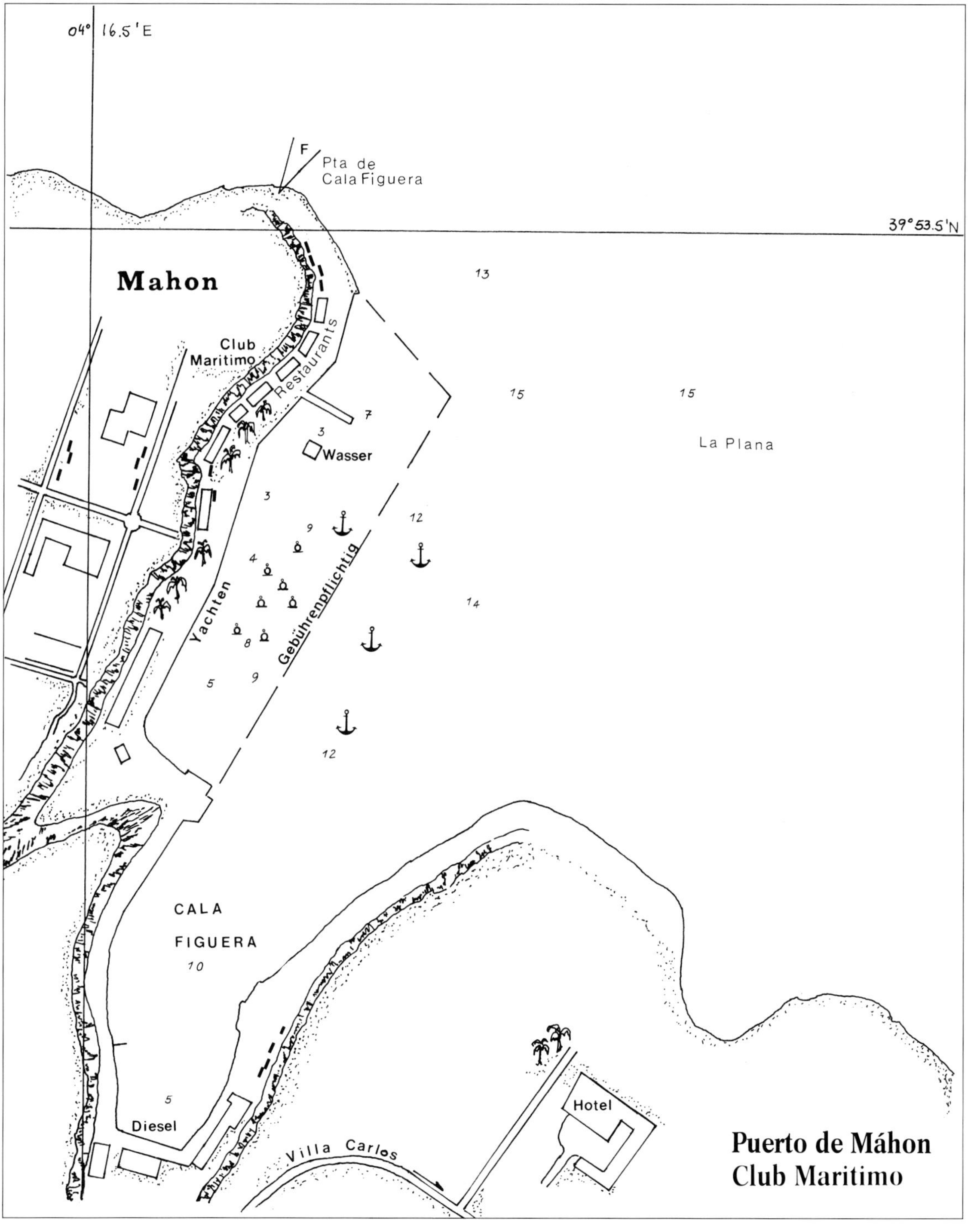

Puerto de Máhon
Club Maritimo

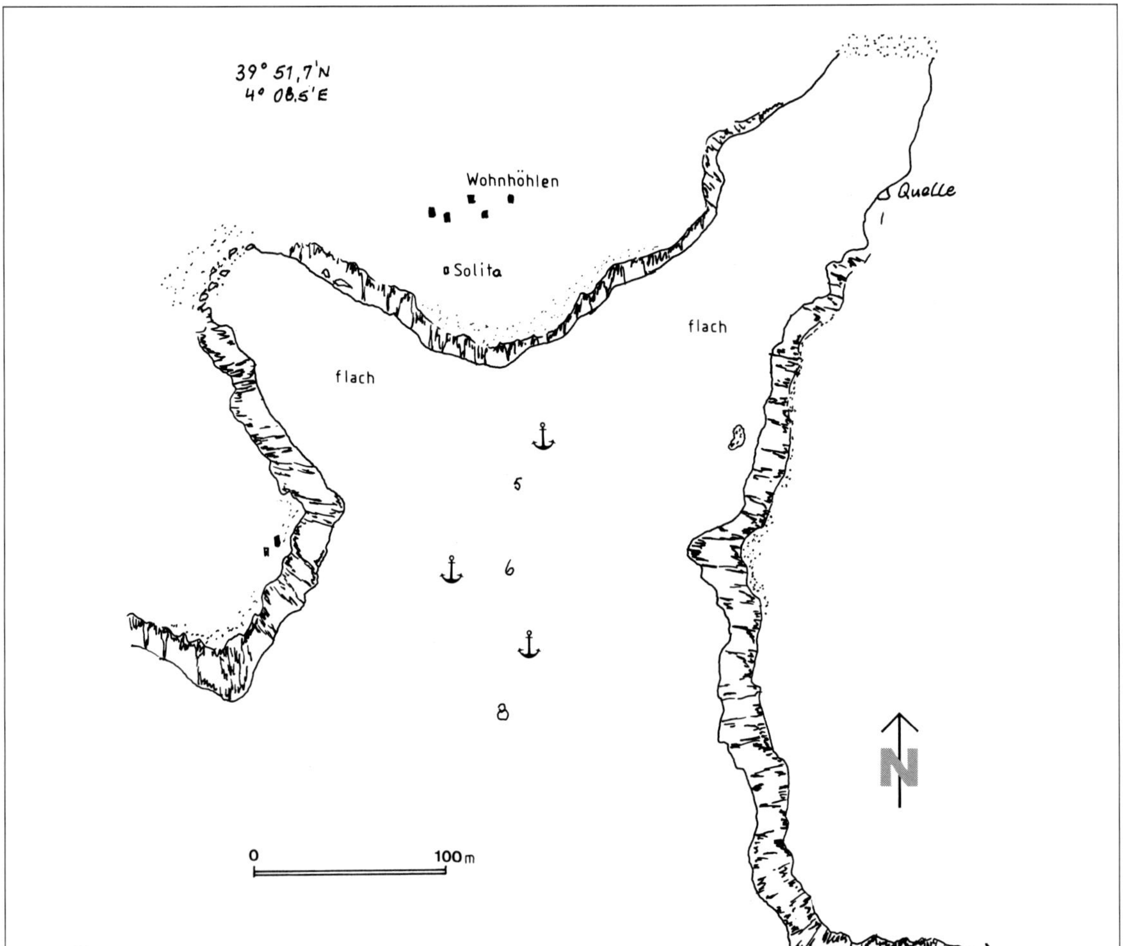

Cala Covas

Cala Covas

Über diese, von Land kaum zugängliche Cala kann man nur berichten, daß es außer Trinkwasser aus einer Quelle, Meerwasser wie Kristall, Abgeschiedenheit und Höhlenbewohnern nichts gibt.

Die Aussteiger, oder wie immer man die jungen Leute bezeichnen mag, die in den Höhlen aus der Bronzezeit ihr Dasein fristen, leben in friedlicher Koexistenz mit den Bewohnern der schwimmenden Wochenendhäuser der Neuzeit zusammen. Für viele Segler ist dies eine Traumcala, da die Zeit stehengeblieben zu sein scheint.

Cala Covas

Cala Porté

Die Cala Porté mit ihrer Hotel- und Ferienhaussiedlung schneidet zwischen 70 m hohen und steilen Felsen tief ins Land ein und läuft im Norden in einen Sandstrand aus.
Die Wassertiefe beträgt 4 - 8 m, der Untergrund ist gut haltender Sand.
Zu den Restaurants und dem Supermarkt (Hotel Playa Azul) gelangt man über die Steintreppe - über 100 Stufen - am Felshang entlang.

An den Steilhängen der Bucht gibt es eine Vielzahl von Menschenhand geschaffener Höhlen, die als vorgeschichtliche Wohnhöhlen gelten. Einige davon sind - wie Inschriften beweisen - aus römischer Zeit. Eine der bedeutendsten, die Cova d'en Xoroi ist abermals bewohnt, seit man hier eine Disco eingerichtet hat. Nur der schöne Blick aufs Meer ist erhalten geblieben. Der Turm Torre Nova 0,7 sm westlich der Einfahrt ist eine gute Ansteuerungshilfe.

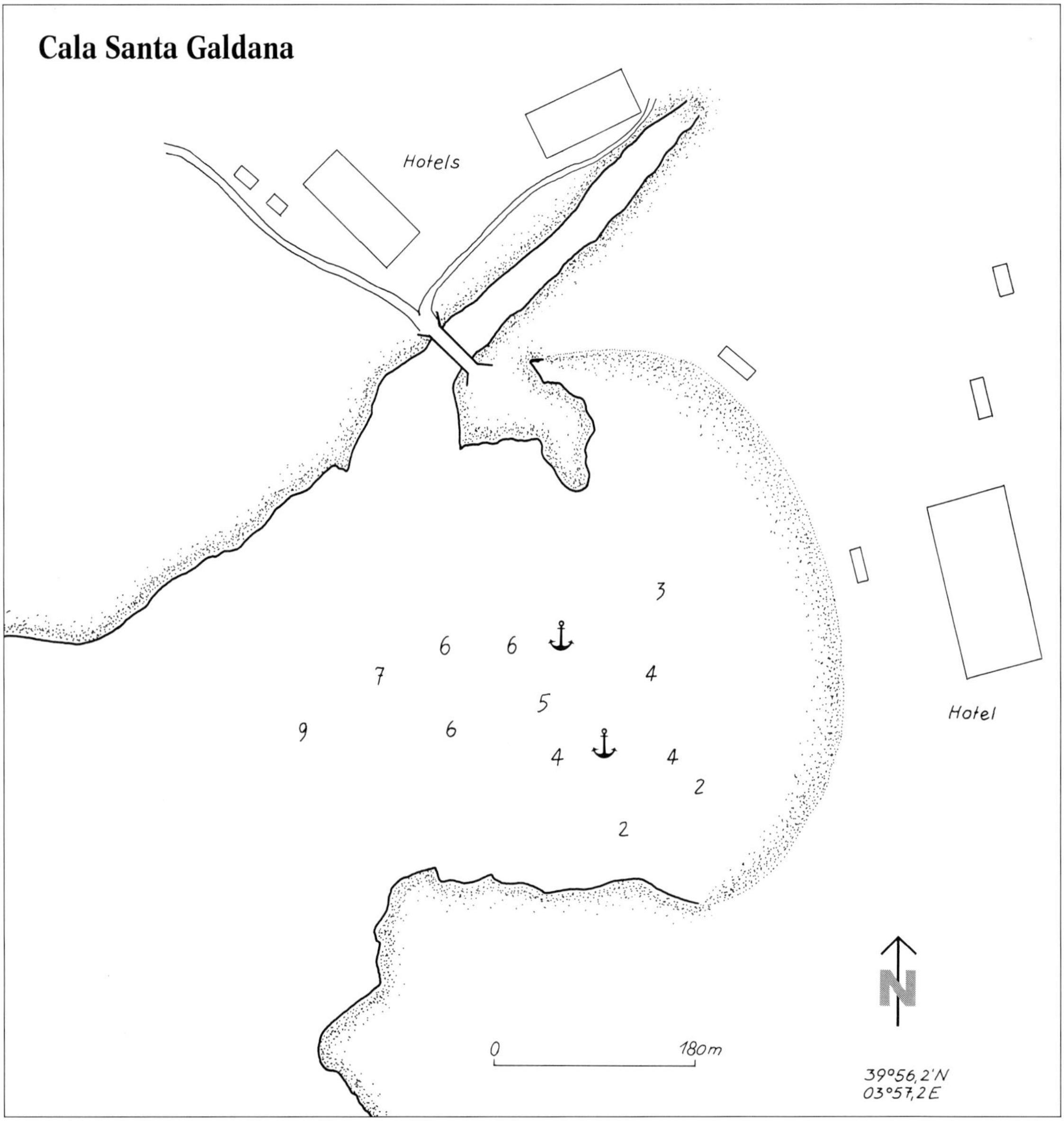

Cala Santa Galdana

Die Cala Santa Galdana ist eine von Felsen umrahmte ca. 300 m breite Bucht an der Südküste von Menorca und befindet sich in der Mündung der Schlucht Algudar. Die Farben des türkisgrünen Wassers, vermischt mit dem satten Grün der Pinien und dem weißen Sandstrand im Scheitel der Bucht ergeben einen herrlichen Anblick.

Cala Santa Galdana

Am besten ankert man im östlichen Teil der Bucht auf 5 - 6 m Wassertiefe. Der Ankergrund ist Sand. Hier liegt man bei ablandigen Winden sehr geschützt, allerdings steht bei länger anhaltenden SW-Winden der Seegang voll in die Cala hinein, und dann wird es hier äußerst ungemütlich.

Ansteuerung bei Tag

Von W kommend, erkennt man auf große Entfernung den 45 m hohen schwarz-weiß waagerecht gestreiften Leuchtturm auf Cabo Dartuch und näherkommend den riesigen Hotelkomplex innerhalb der Bucht.

Von E kommend, erstreckt sich die Küste von Isla del Aire bis Cala Santa Galdana ca. 19 sm in NW-licher Richtung. Die Küste ist niedrig und teilweise steil abfallend. Eine gute Landmarke ist der auffällige Torre Nova in 70 m Höhe, 1000 m NW-lich von Cala Porté. Es folgen zwei unbedeutende Buchten bis Playa de Son Bou. Hier sind einige Klippen (Escull de la Galera) vorgelagert. Das Punta Rabiosa ist niedrig, und ab hier wird die ca. 3 sm lange und abermals niedrige und steile Küste von drei kleinen Calas mit Sandstrand eingeschnitten. Bei Fahrt dicht unter Land ist die Einfahrt in die Cala Santa Galdana erst spät auszumachen.

Ansteuerung bei Nacht

Bei der Nachtansteuerung navigiert man nach den Feuern auf Cabo Dartuch und Isla del Aire; bei der Einsteuerung ist in den Sommermonaten der beleuchtete Hotelkomplex gut zu erkennen.

Tourismus/Versorgung

Auch diese schöne Bucht ist vom Tourismus nicht verschont geblieben, in den Sommermonaten ertönen die Discoklänge bis weit in die Nacht, und am Tag wird der Lärm durch die starken Bootsmotoren der Wasserskiläufer fortgesetzt.

Das Notwendigste kann man in den kleinen Lädchen in Aljandar besorgen; Naturliebhaber kommen bei einer Wanderung durch die Schlucht Algudar voll auf ihre Kosten.

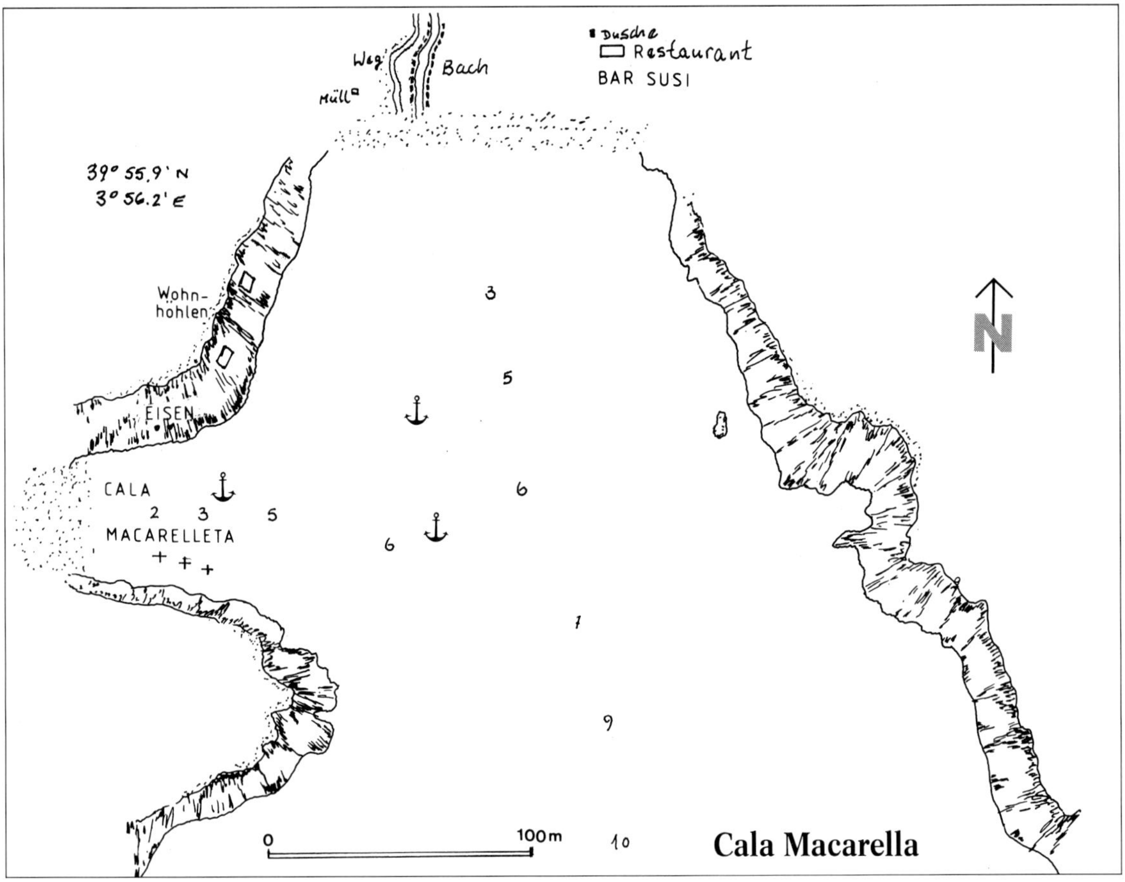

Cala Macarella

Cala Macarella

Etwa eine Seemeile westlich von Cala Galdana liegt die Cala Macarella, eine der schönsten Calas von Menorca. Die nach Norden ins Land einschneidende Bucht bietet guten Schutz gegen die dominierenden Winde. Im westlichen Arm liegt man sicher bei Dünung und Winden aus West und Südwest.
Geht man hier vor Anker, ist es zweckmäßig, die Heckleine an dem Eisenstab im Felsen festzumachen (s.Plan). Die Felsküste entlang der Bucht ist mit Pinien bewachsen, die Felshöhlen sind in den Sommermonaten von jungen Leuten bewohnt, die der Zivilisation entflohen sind.
Beide Buchten laufen in herrliche Sandstrände aus, die Reinheit des Wassers ist nur noch vergleichbar mit den sauberen Gewässern um Cabrera.
In der kleinen Bar *Susi* gibt es außer den kühlen Getränken schmackhafte Fleisch- und Fischgerichte zu akzeptablen Preisen. Die Dusche nebenan kann von Yachties benutzt werden.
Der Ankergrund in der Bucht ist feiner Sand, in dem der Anker gut hält. Die Bucht ist von

Cala Macarella

Land aus schlecht zugänglich und deshalb von Badegästen wenig besucht; abends jedenfalls kehrt absolute Ruhe ein.

Bei der Ansteuerung ist ein alter Wachtturm, der auf der Westseite der Einfahrt steht, eine gute Peilmarke.

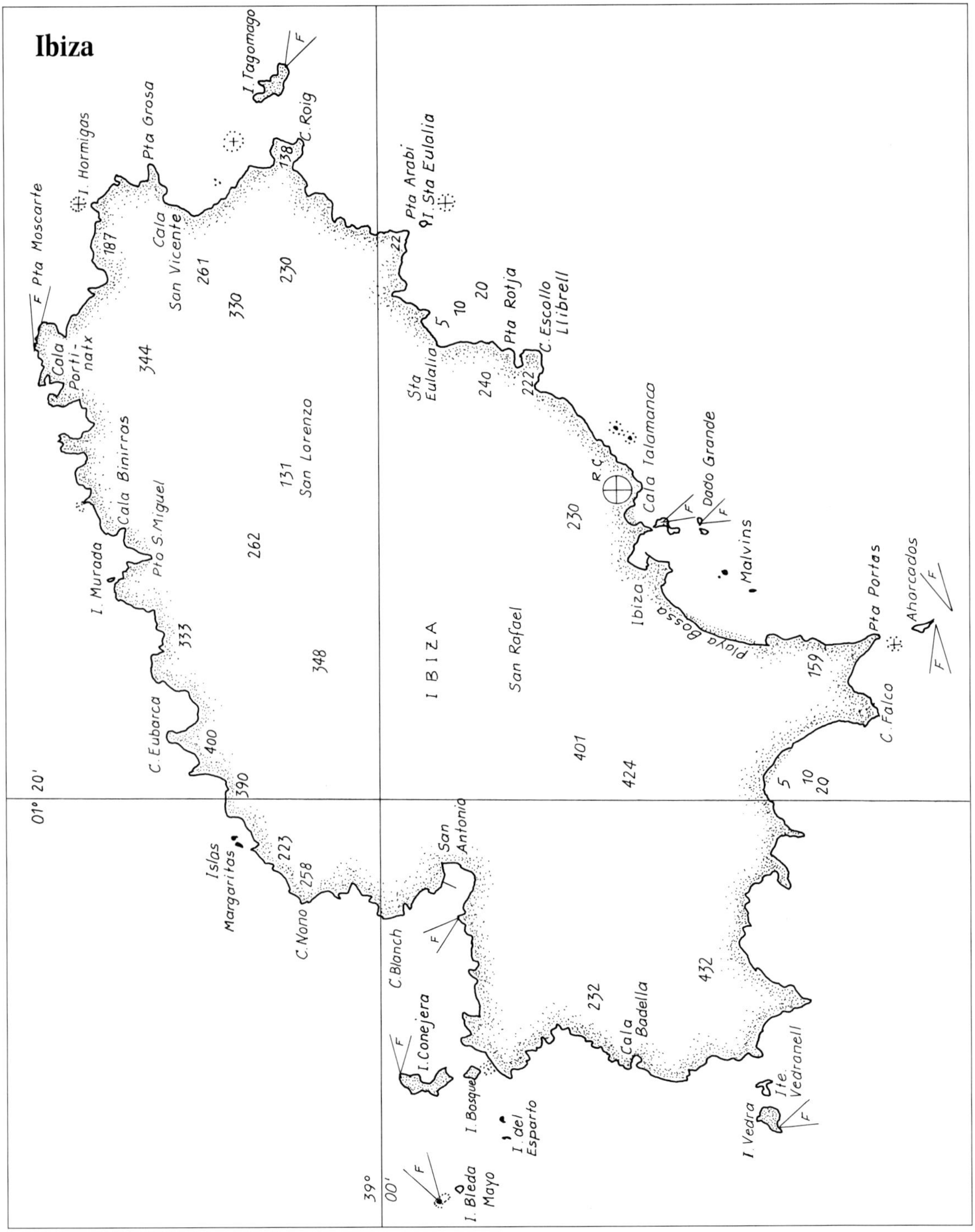
Ibiza
I. Tagomago
F
C. Roig
Pta Grosa
I. Hormigas
Pta Moscarte
F Pta Moscarte
Cala San Vicente
138
187
261
330
230
Cala Porti-natx
344
Cala Binirras
131 San Lorenzo
Pto S. Miguel
I. Murada
262
333
348
C. Eubarca
400
390
01° 20'
Islas Margaritas
223
258
C. Nono
Pta Arabi
I. Sta Eulalia
22
5
10
20
Pta Rotja
C. Escollo Llibrell
Sta Eulalia
240
222
Cala Talamanca
R.C.
Dado Grande
230
Malvins
I B I Z A
San Rafael
Ibiza
Playa Bossa
Pta Portas
Ahorcados
159
C. Falco
401
424
5
10
20
San Antonio
C. Blanch
I. Conejera
232
Cala Badella
432
Ite. Vedranell
I. Vedra
I. Bosque
I. del Esparto
39° 00'
I. Bleda Mayo

IBIZA

Ibiza, die drittgrößte Insel der Balearengruppe, hat eine Fläche von 572 qkm und zählt die Insel etwa 55000 Einwohner.
Von den Griechen wurde die Insel zärtlich „Pityusa" - die Pinieninsel - genannt, und bereits in vorchristlicher Zeit war sie ein bedeutender Handels- und Umschlagplatz der Mittelmeervölker. Archäologen und Geschichtsforscher haben die Geschichte der Insel anhand von Ausgrabungsgegenständen und Berichten präzise rekonstruiert.
Auch heute ist die Insel noch eine archäologische Fundgrube, aus der Zeugen aus karthagischer, ägyptischer sowie römischer Zeit und anderen Epochen ans Tageslicht treten. Hier wurde die älteste Münze geprägt, die im westlichen Mittelmeerraum gefunden wurde: auf der einen Seite den damaligen Namen der Insel - Aivis - und auf der Gegenseite das Abbild eines Gottes. Aus der gleichen Zeit stammen Siegel aus rotem Achat, auf denen Isis und Horus dargestellt sind, woraus der ägyptische Einfluß erkennbar wird. Auch die Halskette der Göttin Tanis enthält Teile ägyptischen Ursprungs: Skarabäus aus Lapislazuli, Horus, zwei Utjataugen. Besonders fündig wurde man in der Umgebung des Puig des Malins, einem Hügel im Westen der Stadt Ibiza. Hier legten die Ibizenkos ihre Toten in Grabkammern, die 3-5 m tief in den harten Kalkstein gehauen waren. In einer groß angelegten Aktion wurden 1921 - 1925 hier 140 der ca. 4000 Grabstätten erforscht, wobei u.a. eine völlig unversehrte karthagische Grabkammer geöffnet wurde.
Die Grabbeigaben enthielten in dieser Kammer neben Tonfiguren und Gebrauchsgegenständen eine goldene Figur mit Löwenkopf, etlichen Amphoren, Straußeneier aus Elfenbein und einen feinverzierten Skarabäus. Auch in anderen Totenstätten fand man eine Unzahl Kunstgegenstände; zwei Museen in Ibiza sind gefüllt davon. Die besten Stücke werden allerdings in den archäologischen Museen in Madrid und Barcelona aufbewahrt.
Die Karthager prägten die Insel und entwikkelten sie zu einer berühmten Handelsmetropole. Aus den Purpurschnecken wurde das begehrte rote Färbemittel hergestellt, und eine blühende Keramikindustrie stellte Tonkrüge und Amphoren in klassischen Formen her, die bis ins ferne Ägypten exportiert wurden.
Tongefäße, hergestellt aus Lehm, waren äußerst begehrt, weil er angeblich auf Skorpione und Schlangen abstoßend wirkte. Fest steht, daß bis heute Ibiza frei von diesen giftigen Tieren ist und ausgesetzte nicht überleben können.
Nach der Vernichtung von Karthago im 3. Punischen Krieg durch die Römer - 146 v. Chr. - wurde auch Ibiza in das Römische Reich eingegliedert. Die punische Kunst vermischte sich bald mit anderen Vorbildern und ist auch heute noch zeitlich schwer einzuordnen. Die Grundformen der Tonfiguren zeigen eine konservative Tendenz und eher plumpe Anatomie. Doch von den Figuren und Vasen, die für den allgemeinen Gebrauch und als Grabbeigaben geschaffen wurden, geht eine ungemeine Ausdruckskraft aus.
Den Römern folgten die Vandalen, Sarazenen, Mauren und Normannen. Aber 901

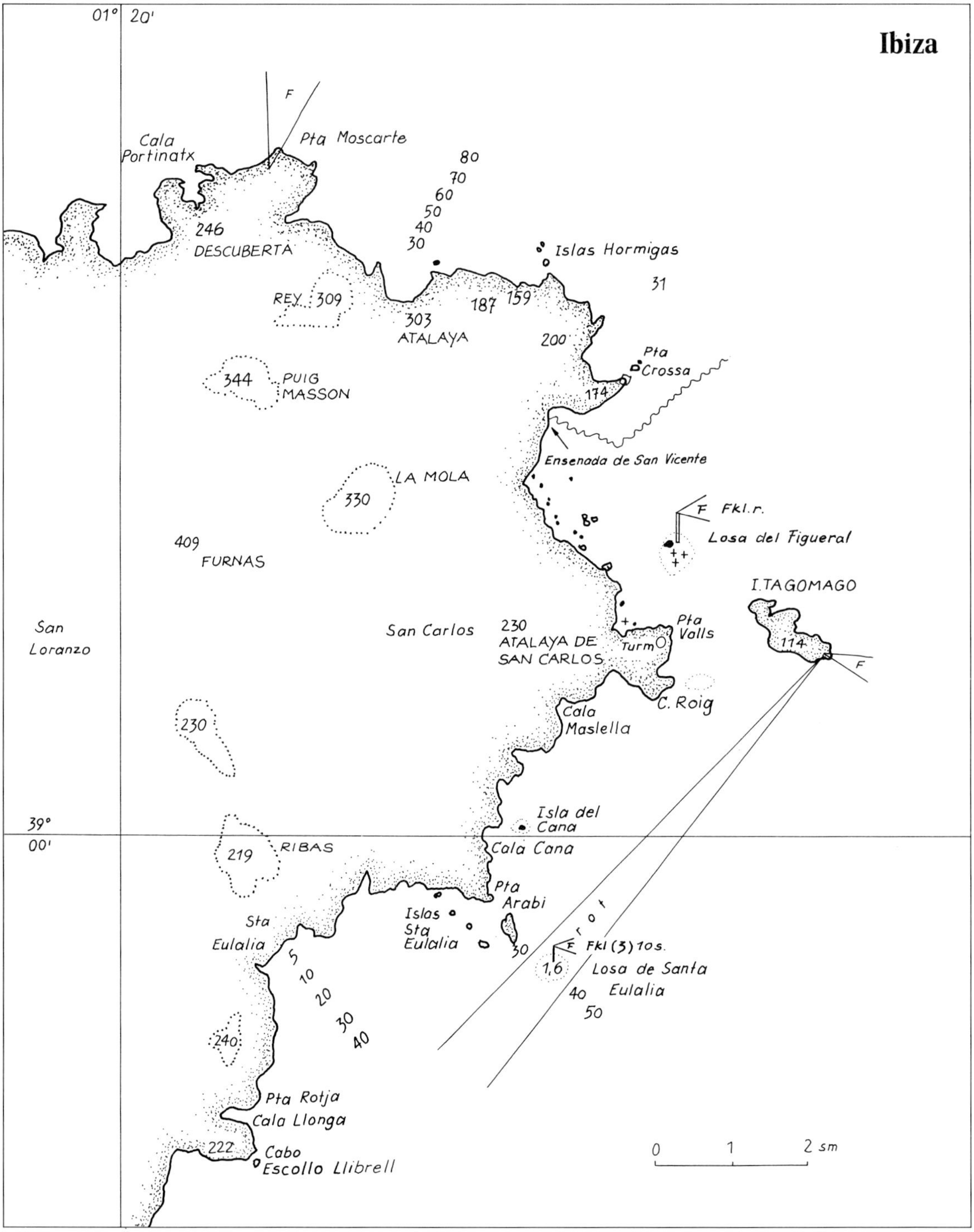
Ibiza
01° 20'
39° 00'
Cala Portinatx
Pta Moscarte
F
246
DESCUBERTA
80
70
60
50
40
30
Islas Hormigas
31
REY 309
303
ATALAYA
187
159
200
Pta Crossa
174
344 PUIG MASSON
Ensenada de San Vicente
LA MOLA
330
F Fkl.r.
Losa del Figueral
409
FURNAS
I.TAGOMAGO
114
F
San Loranzo
San Carlos
230
ATALAYA DE SAN CARLOS
Turm
Pta Valls
C. Roig
Cala Maslella
230
Isla del Cana
Cala Cana
219
RIBAS
Pta Arabi
rot
Sta Eulalia
5
10
20
30
40
Islas Sta Eulalia
30
F Fkl (3) 10s.
1,6
Losa de Santa Eulalia
40
50
240
Pta Rotja
Cala Llonga
222
Cabo
Escollo Llibrell
0
1
2 sm

kamen die Mauren wieder und blieben mehrere Jahrhunderte. Im Gegensatz zu Mallorca geriet Ibiza nicht direkt unter die Herrschaft von Jaime I.
Den Plan, das Kreuz der Christen und die Sprache der Katalanen nach Ibiza zu bringen, entwickelte der Erzbischof von Tarragona, Guillermo de Montgri, der mit Pedro von Portugal und dem Marques de Rosillon im August 1235 die Insel eroberte und sie mit ihnen aufteilte.
Kultur und Lebensformen wurden verändert, und ein spanischer Schriftsteller dokumentierte: „Un río de oro entre dos ríos de sangre“: Ein Goldstrom fließt zwischen zwei Strömen Blut.
Heute hat sich das Bild der Insel wieder verändert, die „Fremdvölker der Neuzeit“ haben besonders die Küsten in Besitz genommen. Auf Ibiza gibt es keine Bucht mehr, die frei von Hotelanlagen und Apartmenthäusern im großen Stil ist. Das Weiß der Insel ist in erster Linie auf die allzeit festtäglich weißen Häuser zurückzuführen, wovon der Name „La Isla Blanca“ abgeleitet wird. Ein Übermaß an weißem Sand ist hier nicht vorhanden, hier sieht man rote Erde, grüne Pinien, graue Felsen und blaues Meer. Die Erinnerungen an ruhige Ankerbuchten von Menorca und weiße Strände Mallorcas verblassen sehr schnell.

Häfen und Ankerplätze

Die Insel Ibiza verfügt über zwei gut ausgebaute Häfen: Puerto de Ibiza auf der Ostseite und Puerto San Antonio auf der Westseite. Die seit langem geplante Supermarina in der Bucht Santa Eulalia, die zur Saison 1986 dem Betrieb übergeben werden sollte, ist immer noch eine Baustelle.
Der stark gegliederte Küstenverlauf im NE- und W-lichen Teil der Insel ist überall hoch und steil abfallend. Der gesamten Küste sind gefährliche Klippen, Inseln und Untiefen vorgelagert, die ein sorgfältiges Navigieren erfordern.
Überall findet man bei ablandigen Winden guten Schutz in den zahlreichen Buchten und Calas auf ausreichender Wassertiefe. Wenn man, von Mallorca kommend, bei Tag die Insel ansteuert, erkennt man bei klarsichtigem Wetter die Insel Tagomago, Cabo Roig, Punta Grosa und im Hintergrund den 230 m hohen Atalaya de San Carlos.
Von Mai bis September empfiehlt es sich, aufgrund der vorherrschenden Winde und Strömungen die Insel entgegen dem Uhrzeigersinn zu umrunden, und als erster Anlaufpunkt bietet sich der Naturhafen Cala Portinatx an.

Cala Portinatx

In dieser - einst - wunderschönen Naturbucht liegt man - außer bei NW-lichen Winden - relativ sicher. Ankerlicht und Musik bekommt man hier gratis von den hellerleuchteten Hotels und Discos. Der Ankergrund besteht aus Sand und Seegras. Der Supermarkt *S'Arenal* im Süden der Bucht ist gut sortiert; geringe Wassermengen kann

Sicht nach SW

Cala Portinatx

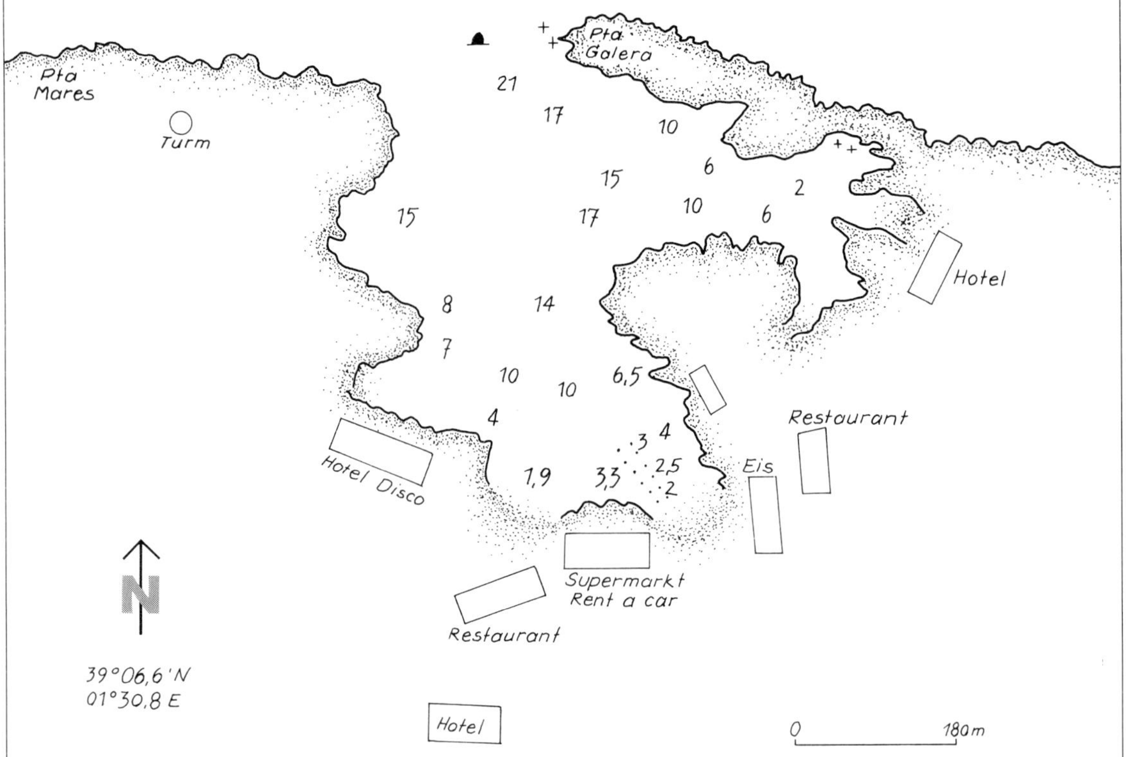

man hier in Kanister einfüllen. Würfeleis bekommt man in der nahegelegenen Bar.

Ansteuerung bei Tag

Ganz gleich, aus welcher Richtung man kommt, eine unverwechselbare Ansteuerungsmarke ist der schwarz-weiß schräg gestreifte 52 m hohe Leuchtturm (Spargel) auf Punta Moscarte. Die Einfahrt in die Bucht ist durch eine Tonne markiert.

Puerto de San Miguel

Nur ca. 4 sm WSW von Cala Portinatx entfernt liegt der Naturhafen Pto de San Miguel. Diese landschaftlich schöne Bucht schneidet zwischen den Steilhängen von Cap Bernat im Westen und dem auslaufenden Gebirgszug (195 m) Besora im Osten tief nach S ein und ist frei von Untiefen.
Die 5 m Tiefenlinie geht bis dicht unter Land, der Ankergrund ist Sand und Seegras. Bei

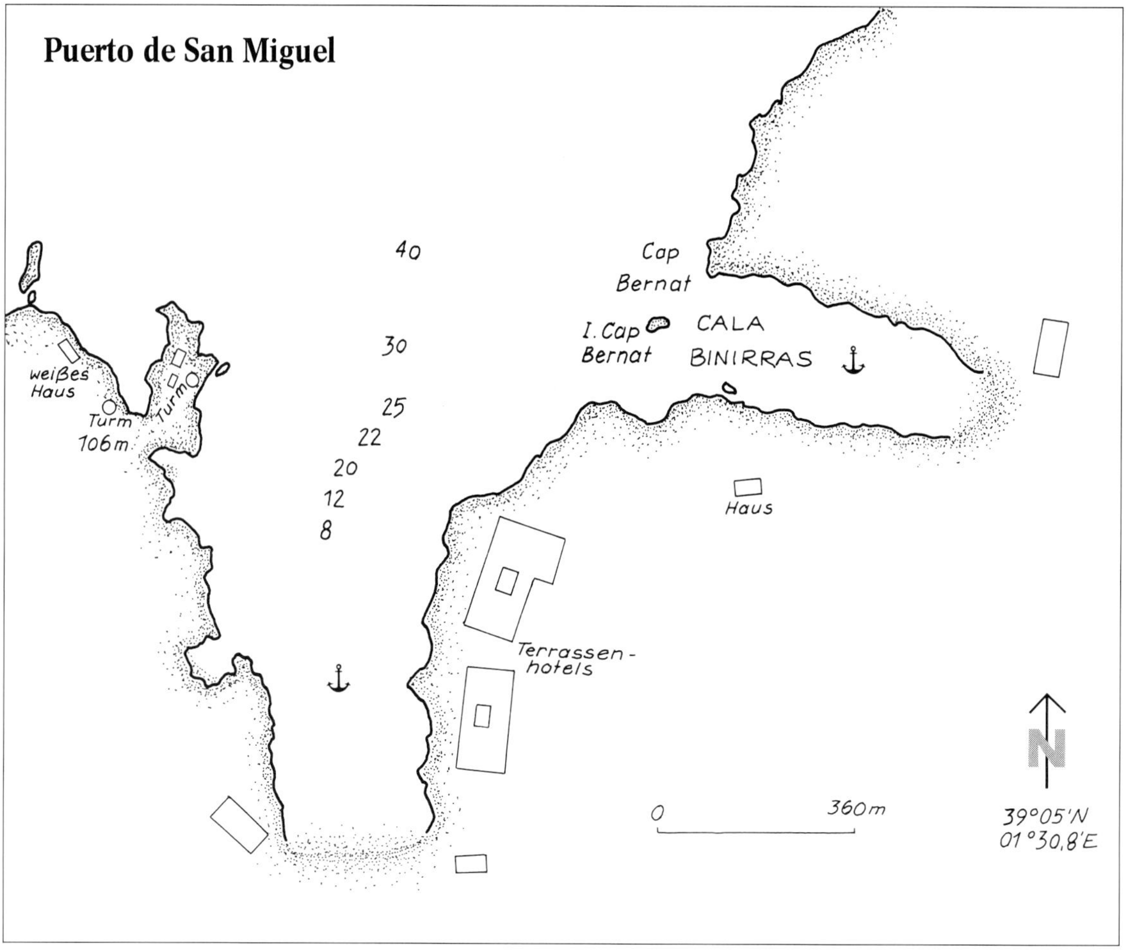

aufkommenden Winden aus N-lichen Richtungen sollte man die Bucht verlassen, auch die nahegelegene Cala Binirras bietet dann wenig Schutz.
Im hinteren, E-lichen Teil der Bucht wurden zwei riesige, der Landschaft angepaßte braune Terrassen-Apartmenthäuser mit Türmen aus grauem Sichtbeton erstellt, deren Bewohner tagsüber die Bucht mit allen erdenklichen Wassersportarten beleben.
Die Versorgungsmöglichkeiten sind hier ausgesprochen schlecht.

Ansteuerung bei Tag
Bei der Navigation ist die Gefahrenstelle 0,8 m WSW-lich der Insel Caldés zu beachten, bei ruhigem Wetter ist diese Stelle schlecht auszumachen.
Von NE kommend, erkennt man bei der Ansteuerung eine Höhle im E-lichen Steilabhang und den alten Wachtturm auf dem westlichen Einfahrtshuk, rechts oberhalb davon ein einzelnes weißes Haus.
Von W kommend, sieht man schon auf große Entfernung ebenfalls ein weißes Haus auf

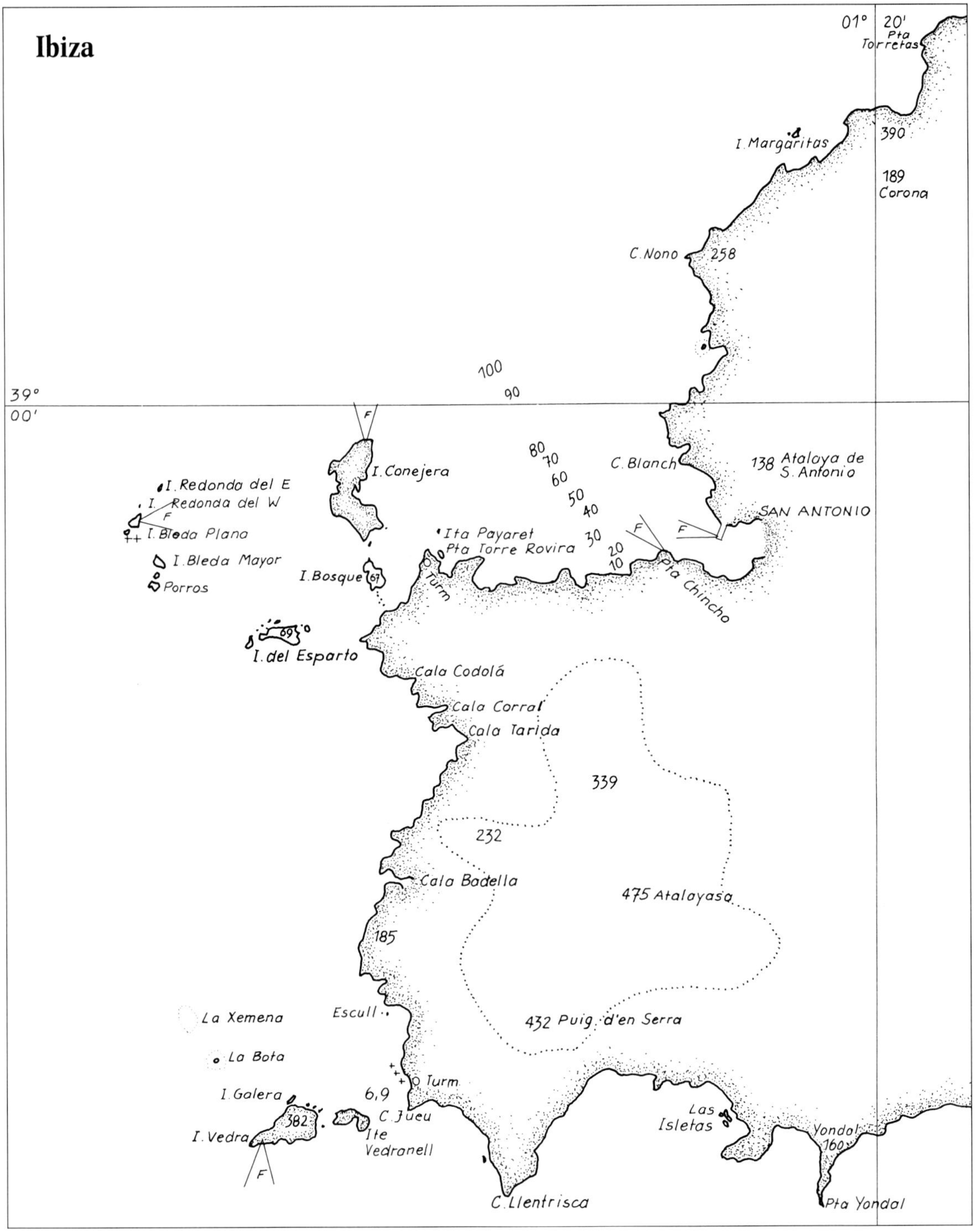
Ibiza
01° 20'
Pta Torretas
I. Margaritas
390
189
Corona
C. Nono
258
100
90
39° 00'
F
I. Conejera
80
70
60
50
40
30
20
10
C. Blanch
138 Atalaya de S. Antonio
SAN ANTONIO
F
F
I. Redonda del E
I. Redonda del W
F
I. Bleda Plana
I. Bleda Mayor
Porros
Ita Payaret
Pta Torre Rovira
I. Bosque
67
Turm
Pta Chincho
69
I. del Esparto
Cala Codolá
Cala Corral
Cala Tarida
339
232
Cala Badella
475 Atalayasa
185
La Xemena
Escull
432 Puig d'en Serra
La Bota
Turm
I. Galera
6,9
382
C. Jueu
Ite Vedranell
I. Vedra
F
Las Isletas
Yondal
160
C. Llentrisca
Pta Yondal

San Antonio Abad

dem rotbraunen Pta de la Creu, dahinter erkennt man die Insel Murada.
In der Einfahrt der Cala Binirras liegt eine auffällige 27 m hohe, ringsum steil abfallende Felseninsel.
Die Nachtansteuerung sollte nur von ortskundigen Skippern in Betracht gezogen werden.

San Antonio Abad

Der ehemalige Fischerhafen San Antonio liegt an der Nordseite der Bahía de San Antonio zwischen Punta Chincho im Süden und Cabo Blanch im Norden. Der Hafen kann zeitunabhängig und bei jedem Wetter angelaufen werden. Bauboom und mangelhafte Infrastruktur hat die Gegend um dieses einst idyllische Fischerdorf zu einer schmutzigen Badewanne Ibizas gemacht.
Das Festmachen am Kai kann man von vornherein ausschließen, hier liegen die Langzeitlieger und blicken auf die manhattanähnliche Skyline.
Wenn man sich rechtzeitig über Sprechweg 9 beim Club Náutico anmeldet, besteht die Möglichkeit, in der Marina neben dem Containerhafen festzumachen.
Die Service-Einrichtungen und Anlagen des Club Náutico stellen nicht das dar, was man sich unter dem Begriff „Marina“ vorstellt. Duschen und sanitäre Einrichtungen fehlen gänzlich. Wenn Reparatur-Arbeiten am Un-

Hafen

Club Náutico San Antonio Abad

Ort

San Antonio Abad

Wassertiefe in Metern

Einfahrt	Reede	Hafen	Gästemole
10	3 - 9	2,5	7

Betriebsstoffe/Anlagen

Diesel	0800 - 1400 / 1600 - 1800 am Kai
Benzin	Straßentankstelle 1 km
Wasser	Clubschlauch oder am Kai
Strom	C.N. am Steg
Telefon	Münzfernsprecher in Hafennähe
Dusche	-
Sanitär	-

Reparaturdienste/Technische Anlagen

Motor	via Club, (Volvo, Perkins)
Segel	in San Rafael, Anforderung via C.N.
Rigg	kleinere Reparaturen Casa Costa Ibiza
GFK	Plastimar, Carretera San Antonio
Holz	-
Kran	-
Lift	-
Slip	C.N.

Service/Catering

Schiffszubehör	Ibiza Mar
Supermarkt	gute Einkaufsmöglichkeiten in Hafennähe
Würfeleis	Bars/Restaurants in Hafennähe
Gas	Ferreteria in der Stadt, Nähe Post
Post	Calle del Mar
Bank	in der Stadt
Taxi	am Hafen
Parkplätze	in Hafennähe

Position

38° 58,5′ N 01° 18,0′ E

Anrufkanal

9*

Wichtige Telefonnummern

Hafenmeister

Guardia Civil

Club

34 06 45

Arzt Telefon (24 h)

34 17 71

Arzt Anschrift

Centro Medico Balear

Wetterinformationen

MET-Flughafen
Tel. 30 22 00

Busverbindungen

alle 1/2 Stunde nach Ibiza

Sonstige Hinweise

ausgezeichnetes Fischrestaurant
S'OLIVAR
San Mateo 11
Tel. 34 00 10
*San Antonio Nautico

Liegegebühren in PTS

m	Tag	Monat	Jahr
2,5	300	max. Breite	
3	600	max. Breite	
4	1500	max. Breite	

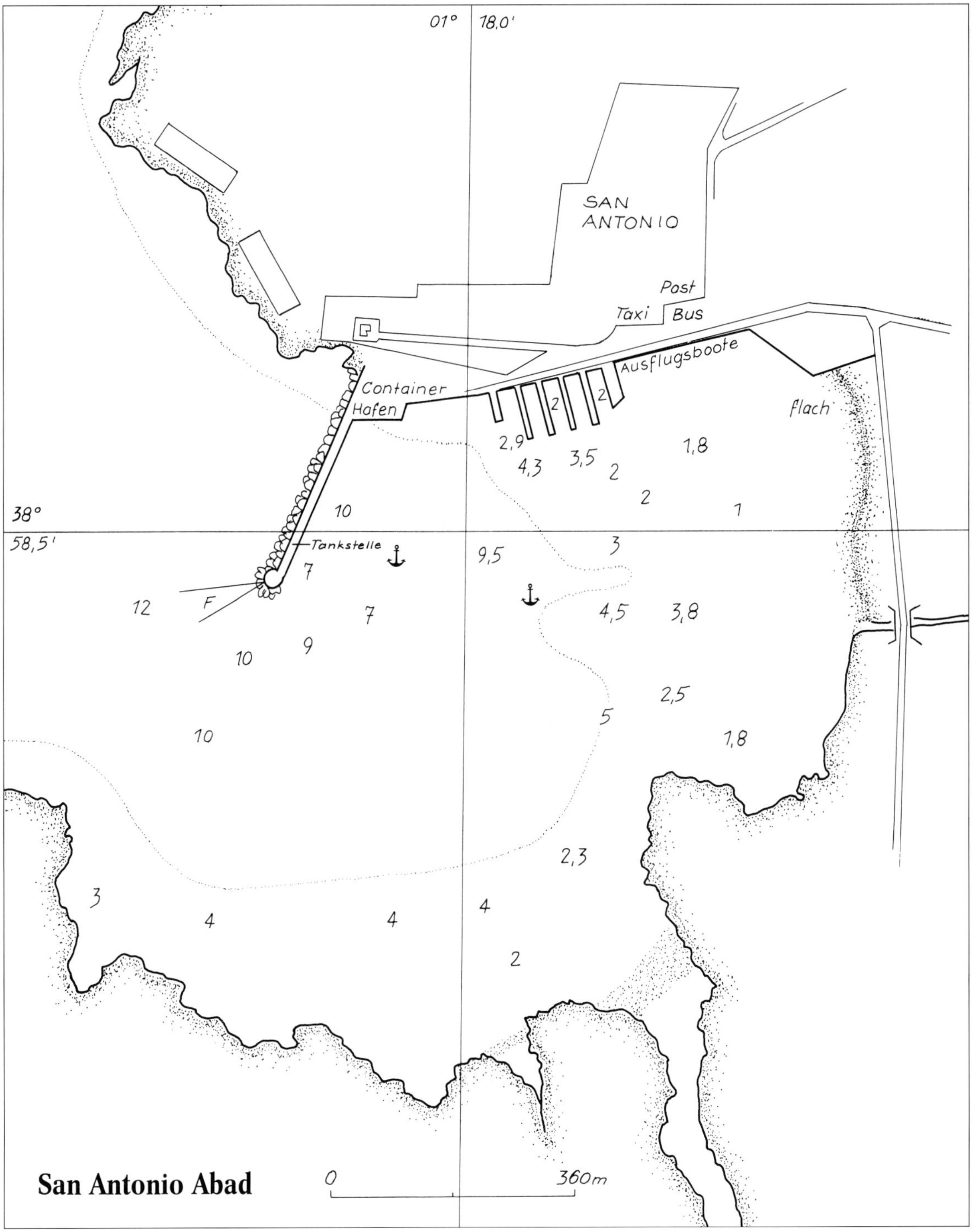
01° 18,0'
SAN
ANTONIO
Post
Taxi
Bus
Ausflugsboote
Container
Hafen
flach
2
2
2,9
4,3
3,5
2
1,8
2
1
38°
58,5'
10
Tankstelle
9,5
3
7
12
F
7
4,5
3,8
9
10
2,5
5
10
1,8
2,3
3
4
4
4
2
San Antonio Abad
0
360m

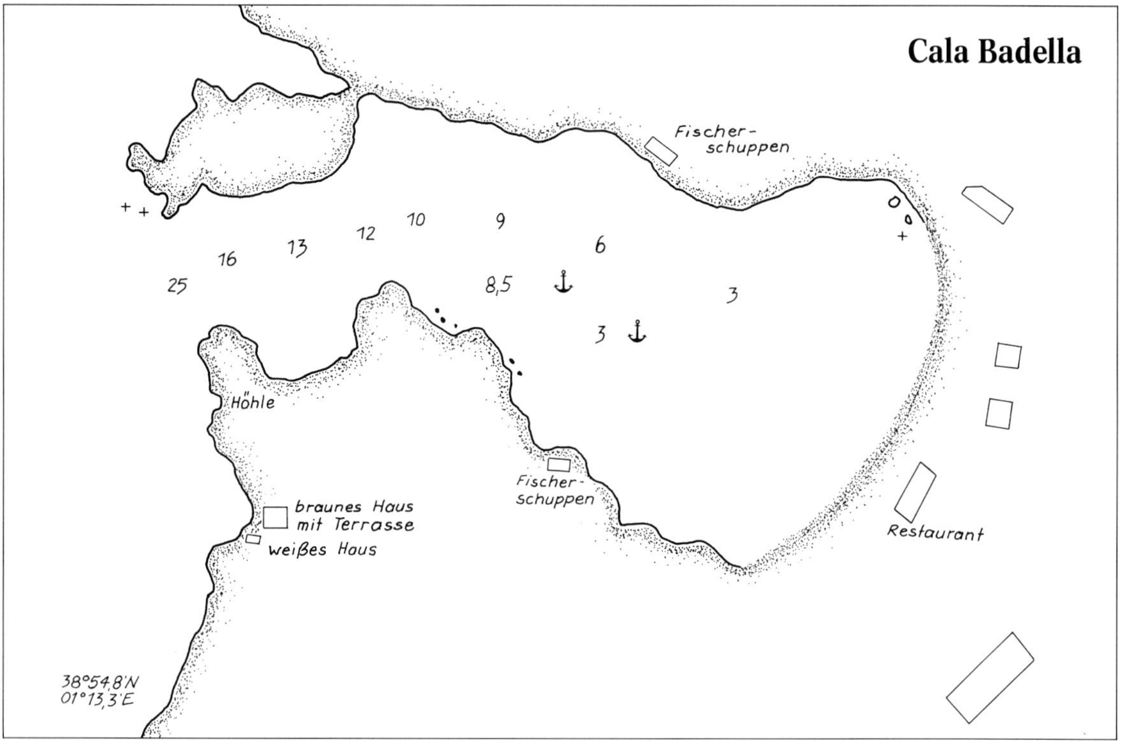

terwasserschiff anstehen, sind die Möglichkeiten für Kielyachten sehr beschränkt.
Die Versorgungsmöglichkeiten mit Lebensmitteln sind gut, Diesel gibt es am Kai an den Tagen Dienstag, Donnerstag und Samstag von 10.30 - 13.30 mittels Tankwagen.
Wenn man auf Reede vor Anker geht, sollte man bei der Wahl des Liegeplatzes auf die Durchfahrwege der vielen Ausflugsboote achten, auf denen die sonnenhungrigen Touristen zu den nahegelegenen Badestränden transportiert werden.
Es empfiehlt sich, bei Fahrten mit dem Dingi an Land - auch bei kurzer Abwesenheit - wegen erhöhter Diebstahlgefahr im C.N. festzumachen.
Der Besuch des Fischrestaurants *S'Olivar* lohnt sich, hier werden im entsprechenden Rahmen ausgezeichnete Fische und Krustentiere zu angemessenen Preisen serviert.

Ansteuerung bei Tag

Von NE kommend, sind das 258 m hohe Cabo Nono und die Isla Conejera gute Landmarken. Von SW kommend, sollte nur der revierkundige Skipper bei Tag und gutem Wetter die Durchfahrt zwischen Isla Conejera und Isla Bosque benutzen. Bei der Nahansteuerung erkennt man die Stadt und die 360 m lange Mole.

Ansteuerung bei Nacht

Bei der Nachtansteuerung navigiert man nach den Feuern Isla Conejera, Isla Bleda Plana, Punta Chincho und dem Molenkopffeuer.

Cala Badella

Die Cala Badella ist die einzig sichere Ankerbucht auf der Westseite der Insel, mit Sicherheit die - noch - landschaftlich schönste Bucht Ibizas. Das Wasser hier ist glasklar, und der Untergrund besteht aus Sand und Seegras. Die mediterrane Vegetation reicht bis dicht ans Wasser, und irgendwie haben die Architekten es geschafft, die Ferienhäuser, Bars, Restaurants und die Bungalows der Ferienclubs weiträumig zu plazieren und in die Landschaft zu integrieren.
Im hinteren Teil der Bucht ist man durch Dauerlieger stark eingeengt. Aufgrund der ständig umlaufenden Winde und geringen Schwojmöglichkeiten ist es auch bei Tag erforderlich, einen zusätzlichen Heckanker auszubringen.
Einkaufsmöglichkeiten sind in der Bucht nicht vorhanden. Abends sind die Wasserskiläufer im Robinson-Club beim „Anmachen“, dann wird es ruhig in der Bucht.

Ansteuerung bei Tag

Außer dem 185 m hohen Pelat stehen wenige markante Landmarken zur Verfügung, die Einfahrt in die Cala ist spät auszumachen.
Eine Ansteuerung bei Nacht wird nicht empfohlen.

Hinweis

Der Nordhuk ist eine gefährliche Untiefe vorgelagert, die auf einigen Seekarten nicht eingezeichnet ist.

Ibiza Stadt

Selten hinterläßt eine Hafenansteuerung soviel Eindruck wie hier; man spürt förmlich die Geschichte dieser Stadt und die Schicksale der Seefahrer.
Die „weiße Stadt“, 650 v. Chr. von den Karthagern gegründet, liegt vor dem tiefen Blau des mediterranen Himmels. Kubisch verschachtelte Häuser und Natursteinwälle sind malerisch an den 100 m hohen Kalksteinfelsen geklebt, und über der gradlinigen Silhouette der Festung erhebt sich der Kathedralenblock. Liebe auf den ersten Blick!
Schon bald nachdem man den Fuß an Land gesetzt hat, begegnet man einer Unzahl von Gegensätzen, die sich in der Architektur, der Lebensweise, der Farbenvielfalt und nicht zuletzt in der Bevölkerung widerspiegeln.
Wer die gewundenen Gassen und Treppenwege zwischen den weißgekalkten Häusern zur Altstadt hinaufsteigt, trifft auf die schwarzgekleidete alte Frau, die, das Gebetbuch im Schoß, nachdenklich im Patio sitzt, auf einen Hippie, der sich von seinem Trip erholt, auf Kinder und Katzen, ins Spiel vertieft, auf Ausgeflippte in Tangas und Strumpfhosen neben Ibizenkos und Insider in der fantastisch-verrückten Ibiza-Mode, witzig, sexy, phantasievoll nach dem Motto: Auffallen um jeden Preis. Die schmalen Straßen und kleinen Plätze mit ihren Restaurants, Bars, Boutiquen und Bodegas sind dem Massenansturm kaum gewachsen.
Doch wenn man durch das mächtige Festungstor die Dalt Vila betreten hat, wird, trotz des Touristenrummels, der Zauber dieser alten Stadt mit ihren nüchternen weißen Häusern und den verträumten Hinterhöfen voller Bougainvillas, mit ihrer grandiosen Festung und den malerischen Winkeln auf den Treppen zur Kathedrale wieder lebendig.
Ibiza, die alte junge Stadt, sie hat die Invasion der Karthager, Mauren und Römer überlebt, sie wird auch die Hippie- und Ferienkultur überstehen!

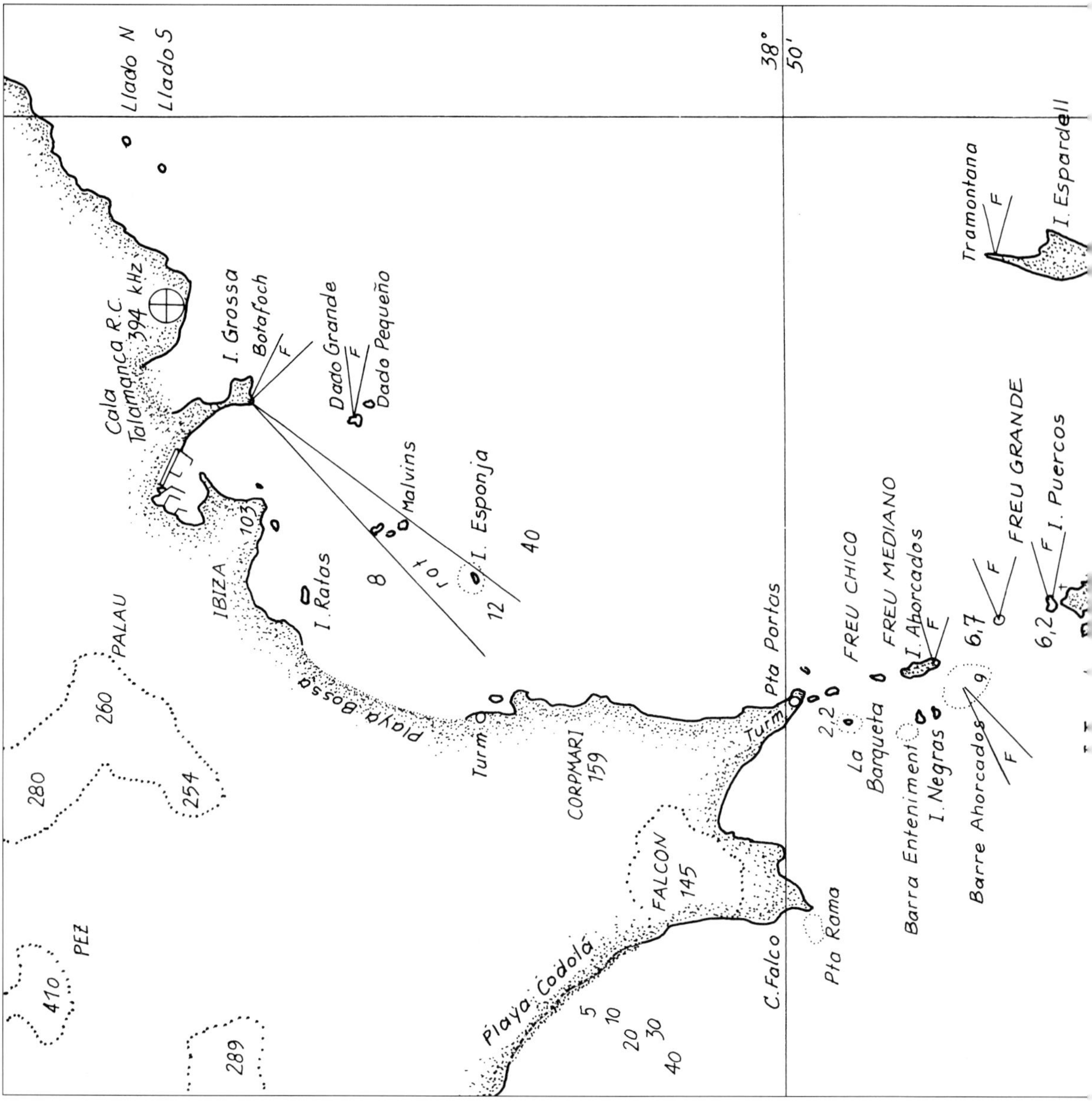
Llado N
Llado S
38°
50'
I. Espardell
Tramontana
F
Cala
Talamanca R.C.
394 kHz
I. Grossa
Botafoch
F
Dado Grande
F
Dado Pequeño
Malvins
I. Esponja
40
rot
8
12
I. Ratas
IBIZA
103
PALAU
260
280
254
Playa Bossa
Turm
CORPMARI
159
Pta Portas
Turm
FREU CHICO
FREU MEDIANO
I. Ahorcados
F
FREU GRANDE
I. Puercos
F
F
6,7
6,2
9
2,2
La
Barqueta
Barra Enteniment
I. Negras
Barre Ahorcados
F
FALCON
145
Pta Rama
C. Falco
Playa Codolá
PEZ
410
289
5
10
20
30
40

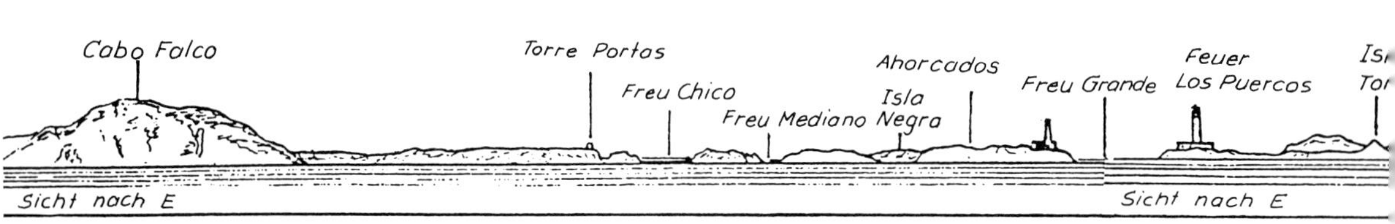
Cabo Falco
Torre Portas
Freu Chico
Freu Mediano
Ahorcados
Isla
Negra
Freu Grande
Feuer
Los Puercos
Sicht nach E
Sicht nach E

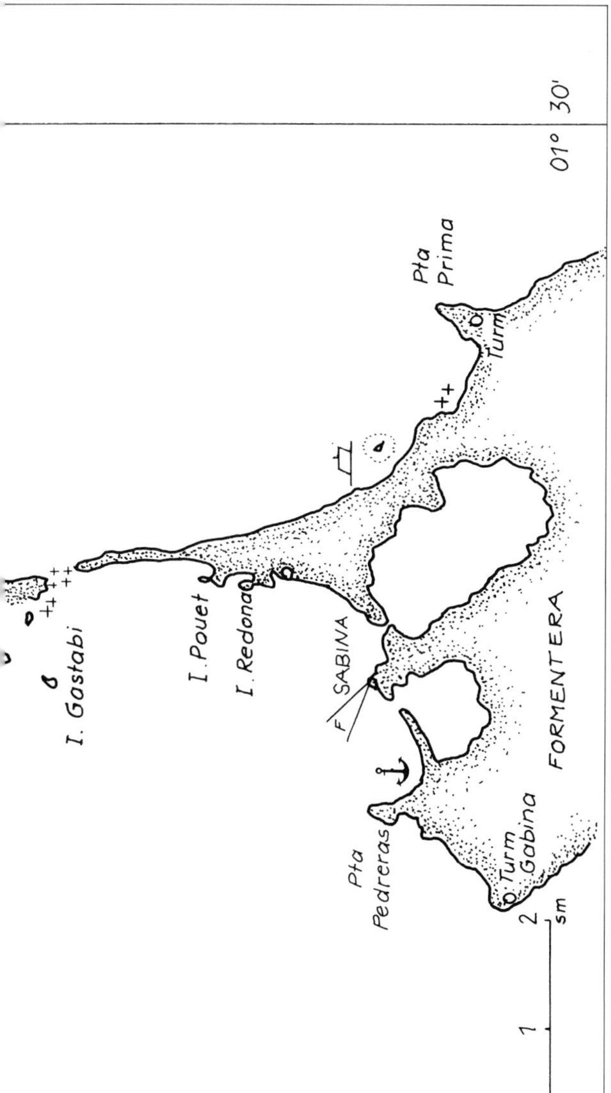

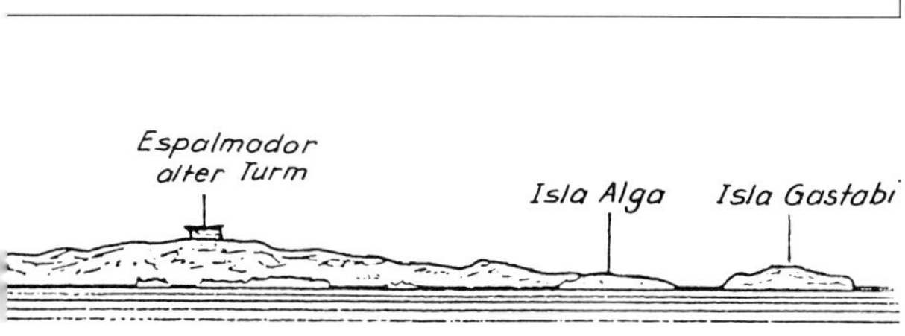

Puerto de Ibiza

In Puerto de Ibiza gibt es für die Sportschifffahrt z.Z. drei Möglichkeiten festzumachen: im Puerto Deportivo Ibiza-Nueva, in dem noch nicht ganz fertiggestellten Club de Vela Pityusas und im Club Náutico.

Das Festmachen im Club Náutico ist im wahrsten Sinne des Wortes Geschmackssache. Die orientalischen Gerüche, der stark eingeschränkte Service und der nie verstummende Lärm kann mancher Crew die Liegetage vermiesen.

Im östlichen Teil der Bucht wurde eine zusätzliche Supermarina mit dem wohlklingenden Namen „Botafoch" mit ca. 370 Liegeplätzen, 5 Restaurants, Einkaufszentrum und Servicecenter fertiggestellt.

Besonders wer beim Übersegeln Puerto de Ibiza ansteuert bzw. mehrere Liegetage in den Calas zugebracht hat, kann der Bordkasse die etwas höheren Marina-Gebühren des Puerto Deportivo Ibiza Nueva zumuten. Bereits vor dem Einlaufen sollten Yachten mit Seefunkstellen sich auf Sprechweg 16/9 anmelden, ansonsten fährt man in die Marina hinein und macht längsseits neben der Tankstelle am Wartekai fest.

Der Yachthafen Ibiza Nueva bietet ausgezeichnete Liegemöglichkeiten mit allem erdenklichen Komfort, mit einem herrlichen Blick auf den Hafen und die Dalt Vila mit der Festung und Kathedrale.

Alle Liegeplätze verfügen über Murings, Wasser- und Stromanschluß. Hinter der Hafeneinfahrt befindet sich das Hafenbüro mit der Wetterstation und Feuerlöschdienst. Das Clubhaus ist großzügig ausgelegt, die Fischgerichte hier sind vorzüglich. Innerhalb der Marina haben sich Supermärkte, Autoverleih und kleine Restaurants angesiedelt.

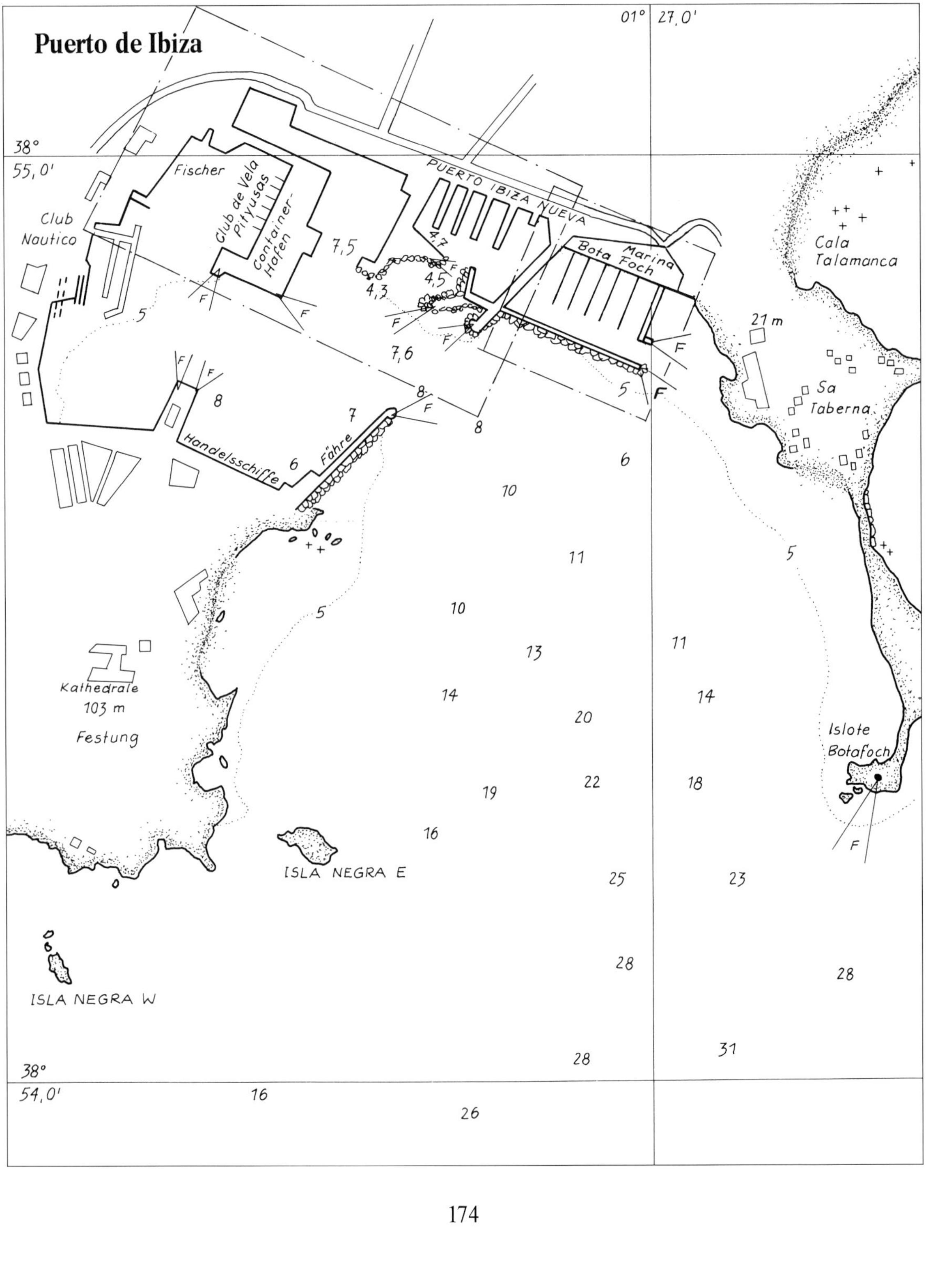
Puerto de Ibiza
01° 27,0'
38° 55,0'
Fischer
Club de Vela Pityusas
Container-Hafen
Club Nautico
PUERTO IBIZA NUEVA
Marina Bota Foch
Cala Talamanca
21 m
Sa Taberna
Handelsschiffe
Fähre
Kathedrale
103 m
Festung
Islote Botafoch
ISLA NEGRA E
ISLA NEGRA W
38° 54,0'
7,5
4,7
4,5
4,3
7,6
8
7
6
5
10
11
13
14
20
22
19
16
18
25
23
28
31
26
F

Puerto de Ibiza

Ansteuerung bei Tag

Von W kommend, wählt man zweckmäßigerweise die *Freu Grande* als Durchfahrt.
Diese ist zwischen den beiden Leuchttürmen Los Puercos und Ahorcados eine Seemeile breit und frei von gefährlichen Untiefen. Die geringste Wassertiefe der Barre Ahorcados beträgt 4,5 m, diese ist mit einer bakenförmigen Tonne mit Toppzeichen markiert.
Gute Landmarken bei der Ansteuerung in die Durchfahrten bilden die Berge von Ibiza und näherkommend der markante Turm Portas auf dem Südhuk von Ibiza. Die Leuchttürme auf I. Ahorcados und auf I. Puercos und der alte Turm auf dem Westhuk von Espalmador sind unverwechselbare Peilpunkte. Die ca. 10 m hohe Turmbake kennzeichnet die Mitte des Fahrwassers.
Freu Mediano: Die Durchfahrt ist ca. 360 m breit und in der Mitte 6,3 m tief. Die vorgelagerte Klippe (0,0 m) La Barqueta ist äußerst gefährlich und bei ruhiger See nicht auszumachen.
Freu Chico nördlich Isla Caragolé ist 2 m tief und nur bei absolut ruhigem Wetter bei Tag zu durchfahren. Auch hier ist bei der Navigation besonders auf die Klippe La Barqueta (0,0 m) zu achten.
Wenn man die Freus passiert hat, steuert man ca. 1 sm ostwärts und dann direkt nach N, am besten zwischen Dado Grande und Malvins del N hindurch. Die Einfahrt ist von hieraus deutlich auszumachen.

Hafen

Puerto Deportivo Ibiza Nueva

Ort

Ibiza

Wassertiefe in Metern

Einfahrt	Reede	Hafen	Gästemole
5	-	2,8 - 3,7	-

Betriebsstoffe/Anlagen

Diesel	am Wartekai
Benzin	am Wartekai
Wasser	am Steg
Strom	am Steg
Telefon	Münzfernsprecher im Hafen
Dusche	im Clubhaus, weitere siehe Plan!
Sanitär	im Clubhaus, weitere siehe Plan!

Reparaturdienste/Technische Anlagen

Motor	Qualifizierte Werkstätten
Segel	und Betriebe arbeiten im Auftrag
Rigg	des Clubs
GFK	-
Holz	-
Kran	-
Lift	30 t/100 t
Slip	-

Service/Catering

Schiffszubehör	über den Club oder an der Straße zur Stadt
Supermarkt	im Hafen, siehe Plan!
Würfeleis	im Supermarkt
Gas	Ferreterias in der Stadt
Post	und Telegrafenamt Calle Madrid
Bank	und Wechselstuben in der Stadt
Taxi	Tel. 30 46 32
Parkplätze	im Hafengelände

Position

38° 54,8′ N 01° 26,7′ E

Anrufkanal

16/9*

Wichtige Telefonnummern

Hafenmeister

Guardia Civil
3 04 55/3 55

Club
31 62 20

Polizei
30 11 31

Arzt Telefon
30 31 31

Arzt Anschrift
Paseo Vara de Rey 18

Wetterinformationen

Wetterkarte und Vorhersagen
täglicher Aushang

Busverbindungen

San Antonio/Portinatx

Sonstige Hinweise

Restaurante El Corsario
Tel. 30 12 48

*Rufzeichen:
Ibiza Nueva

Liegegebühren in PTS
ohne Nebenkosten

m	Tag	Monat	Jahr
8	1350		
10	1700		
11	1900		

Puerto Deportivo Ibiza Nueva

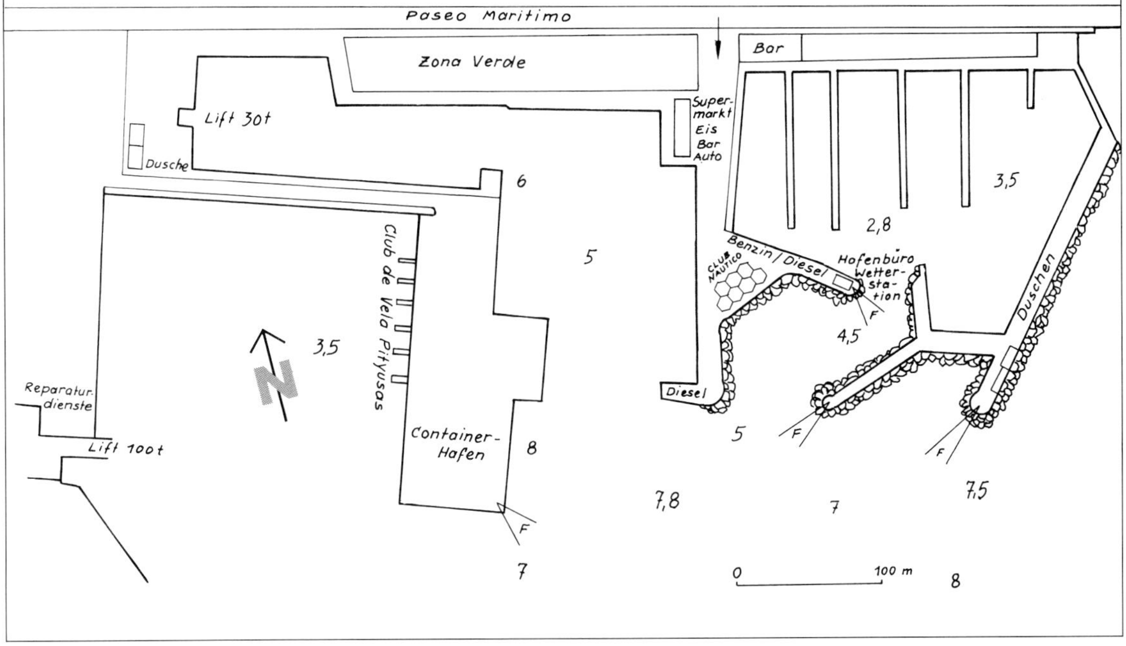

Von E kommend, erkennt man schon auf große Entfernung die Leuchttürme auf Dado Grande und Botafoch und näherkommend die Stadt mit der Kathedrale und dem Wellenbrecher.

Hinweis

Bereits bei Winden ab 4 Bft. sollte man nur die Durchfahrt Freu Grande wählen, hier setzt die Strömung entgegengesetzt zur Windrichtung bei entsprechend grobem Seegang. Das Ankern zwischen Südhuk Ibiza und Nordhuk Espalmador ist verboten.

Ansteuerung bei Nacht

Bei der Nachtansteuerung navigiert man nach den Feuern Dado Grande und Botafoch.

Der Kopf des Wellenbrechers und der Hafen sind befeuert.

Nur die gut befeuerte Freu Grande ermöglicht eine sichere Durchfahrt durch die Inselgruppe. Die Gefahrenstellen der Malvinsinseln und die unbefeuerte Insel Esponja werden durch den roten Gefahrensektor des Botafochfeuers abgedeckt.

Tourismus

Da eine Diebstahlgefahr in der Marina kaum besteht und der Autoverleih „Mar-Auto" hier ein Büro unterhält, bietet sich ein Ausflug geradezu an. Eine abwechslungsreiche Route ist die Straße C733, die die Inselhauptstadt

mit den nördlichen Gemeinden verbindet.
Die Fahrt durch das weite ibizenkische Hügelland mit kleinen Ansiedlungen und weißen Kirchen mit Kuppeldächern ist sicherlich eine angenehme Abwechslung vom Segleralltag.
Wenn man San Lorenzo mit der schmucken Kirche und den Ort Balafi mit den alten Wehrtürmen aus maurischer Zeit besucht, sollte man einen Besuch im *Restaurante Baláfia* nicht ausschließen.

Marina Botafoch

Der neue Yachthafen Botafoch in der sicheren Bucht von Ibiza Stadt läßt selbst für anspruchsvolle Yachties keine Wünsche offen.
Jeder der 376 Liegeplätze verfügt über Wasser- und Stromanschluß, auf Wunsch wird auf Einzelplätzen eine Telefonverbindung zum Schiff hergestellt.
Die Gebäude für die kommerziellen und privaten Einrichtungen sind im Ibizenko-Stil optisch gut gestaltet und geben der Anlage ein besonderes Flair.
Vor der beeindruckenden Kulisse der Festung gestalten sich die Liegetage in dieser in jeder Beziehung sicheren Marina äußerst angenehm und erholsam.
Auf Service wird hier besonderer Wert gelegt: Restaurants, Supermarkt und eine Autovermietung sind auf einem Punkt konzentriert. Die Werkstätten für Wartungs- und Überholungsdienste am Schiff arbeiten funktionell und handwerklich gut. Als herausragendes Serviceangebot empfinde ich den regelmäßigen Fährbetrieb von der Marina zur Stadt und vice versa.
Gegen geringe Gebühr kann man in den Sommermonaten im 20-Minutentakt die Fähre bis 24 h in Anspruch nehmen; im Winter ist der Fahrplan eingeschränkt.
Das Dienstleistungsunternehmen Botafoch Services bietet ein konsequentes Programm für regelmäßige Kontrolldienste an den im Wasser liegenden oder im Winterlager an Land abgestellten Yachten an. Vertraglich kann der Umfang und Abstand der periodischen Inspektionen und Kontrollarbeiten inclusive Schiffsreinigung und Leinenkontrolle festgelegt werden.
Seit Inbetriebnahme dieser gut geführten Marina Anfang 1987 wurde die kritische Liegeplatzsituation auf den Pityusen wesentlich entschärft, und das Festmachen in Ibiza ist komfortabler und sicherer geworden.

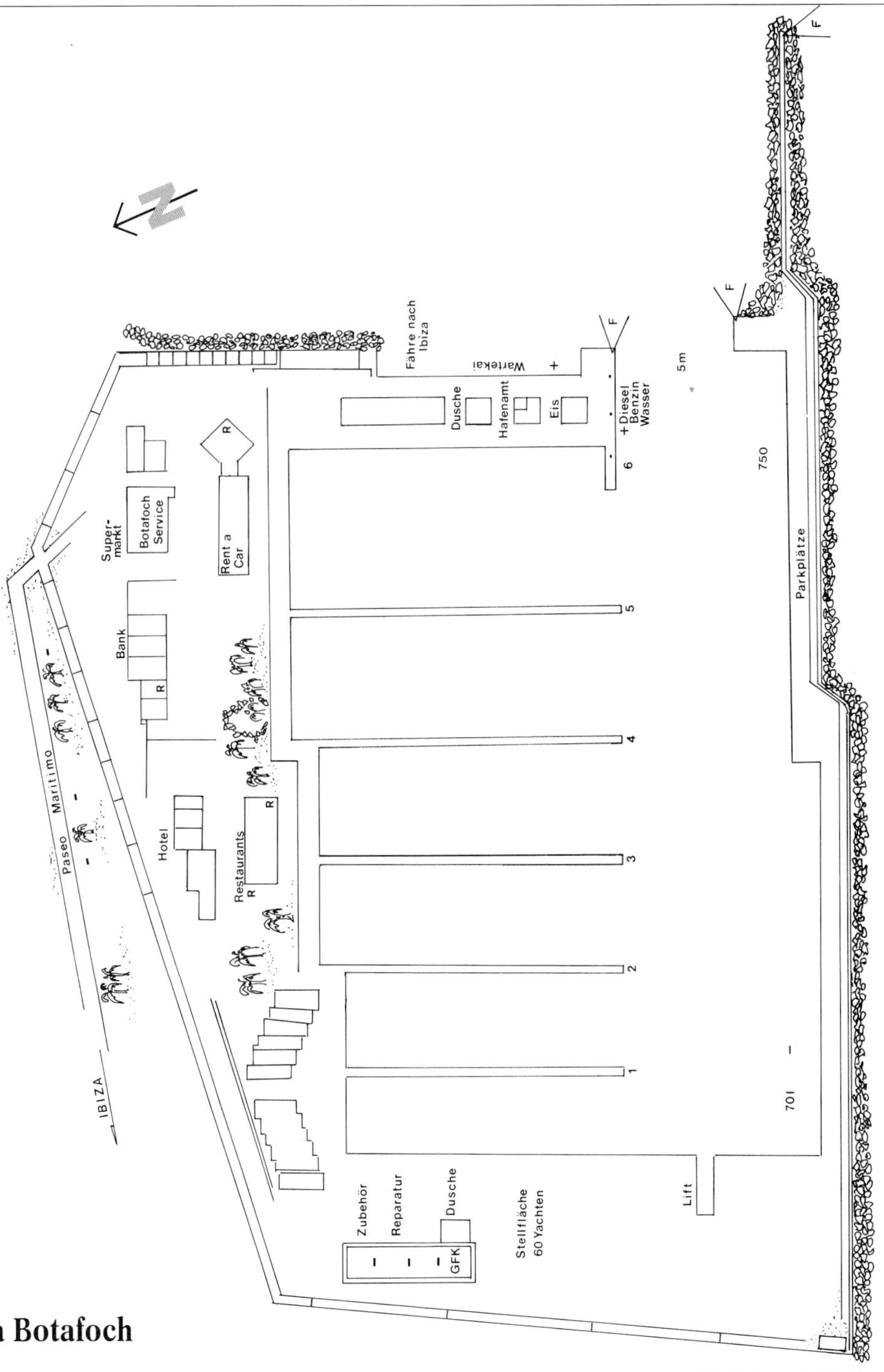

Marina Botafoch

Hafen
Marina Botafoch

Ort
Ibiza Stadt

Wassertiefe in Metern

Einfahrt	Reede	Hafen	Gästemole
	5,5	3 - 5	4

Betriebsstoffe/Anlagen

Diesel	am Wartekai
Benzin	am Wartekai
Wasser	am Steg, System Gardena
Strom	am Steg
Telefon	im Hafenamt
Dusche	siehe Plan!
Sanitär	siehe Plan!

Reparaturdienste/Technische Anlagen

Motor	Marina Botafoch
Segel	Electro Franzisco, Tel. 31 43 85 VHF K.6
Rigg	Marina
GFK	-
Holz	-
Kran	5 t
Lift	60 t
Slip	-

Service/Catering

Schiffszubehör	über Marina
Service	Botafoch Services, Tel. 31 59 53
Supermarkt	im Hafengelände
Würfeleis	an der Tankstelle/Supermarkt
Gas	Ferreteria Ferbo Ibiza Stadt
Post	Botafoch Service
Bank	Banca March im Hafen
Taxi	über Hafenmeister/Marinero
Parkplätze	im Hafengelände

Position
38° 54,8′ N 01° 26,8′ E

Anrufkanal
9*

Wichtige Telefonnummern

Hafenmeister
31 30 13

Guardia Civil

Club
31 22 31

Notarzt
über Marina

Arzt Telefon
31 12 12

Arzt Anschrift
über Marina

Wetterinformationen

Wetterstation
im Hafenamt

Busverbindungen

alle 20 Minuten vom Wartekai
nach Ibiza Stadt
0900 - 2400 (Sommer)

Sonstige Hinweise

* Marina Botafoch

Die Marina ist im Sommer
und Winter nachts bewacht

Liegegebühren in PTS

m	Tag (Sommer)	Monat (Winter)	Jahr
8	1860	35000	243000
10	2250	42000	341000
12	2800	56000	445000

Monat/Sommer = abh. v. der Breite

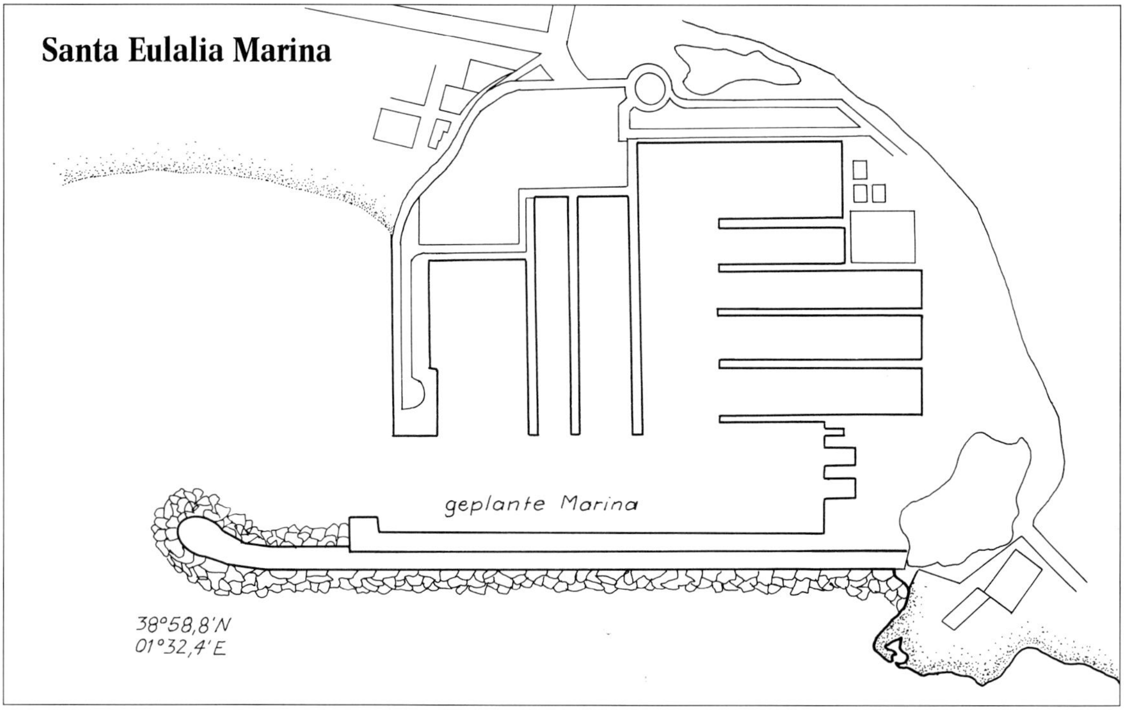

Santa Eulalia Marina

Im NE-lichen Teil der Bucht von Santa Eulalia wurde 1984 mit dem Bau einer Supermarina, die alle Maßstäbe sprengen sollte, begonnen. In der Endausbaustufe waren nicht weniger als 740 Liegeplätze von 8 bis 35 m auf dem Reißbrett und in den Werbeprospekten vorgesehen.

Bars, Restaurants, Schiffsausrüster, Supermärkte, Fitneßcenter und eine Sauna sollten den Yachthafen das ganze Jahr über rund um die Uhr mit Leben erfüllen. Der berühmte Architekt César Manrique sollte bei der Gesamtgestaltung den Ibizenkostil mit moderner Zweckmäßigkeit in der Marina vereinen und dem Hafen das nötige Ambiente geben.

Im Juni 85 war der Wellenbrecher aufgeschüttet und der Hafen anlaufbar. Für Ende 86 wurde die Betriebsübergabe angekündigt.

Um so trostloser zeigte sich 1989 das Hafenbild: Eine aufgegebene Baustelle mit verrosteten Kränen und vergammelten Maschinen, die Hafenbetriebsgesellschaft war pleite.

Wo die deutschen Mark und britischen Pfund der 250 ausländischen Investoren geblieben sind, ist im spanischen Finanzierungsdschungel kaum noch nachvollziehbar.

Es bleibt zu hoffen, daß in nächster Zeit die spanischen Behörden eingreifen, damit aus der verkrachten Supermarina zumindest ein benutzbarer Hafen wird. Die meisten Yachties sind auch mit einem bescheideneren Rahmen zufrieden.

Santa Eulalia

Ensenada de San Vicente/ Cala San Vicente

Diese landschaftlich schöne, weiträumige Bucht zwischen Punta Grosa und Punta Valls liegt eingebettet zwischen felsigen Ufern, mit Pinienwäldern bewachsen, weitab vom Touristenrummel.
Dem Sandstrand sind zahlreiche Felsen, Klippen und Untiefen vorgelagert; die Llosa Figueral, ein überwaschenes ca. 30 m langes und 20 m breites Riff, liegt knapp eine Meile nördlich von Punta Valls. Bei Tag ist die Gefahrenstelle durch die Brandung von weitem zu erkennen.

Einen schönen Tagesankerplatz bei ablandigen Winden findet man in der *Cala San Vicente*, einer NW-lich einschneidenden Bucht, ca. 1 sm W-lich von Punta Grosa. Man ankert hier auf 5 - 8 m Wassertiefe, der Ankergrund ist Sand und Seegras.
Auch am Tag ist es in der aufblühenden Ferienkolonie relativ ruhig, die kleinen Restaurants an der Wasserfront bieten schmackhaftes Essen zu vernünftigen Preisen an.
In der nahegelegenen Höhle Es Cuieram wurde 1907 ein kleiner Tempel der karthagischen Göttin Tanit freigelegt; die verschiedenen Terrakotten, Vasen und Amulette kann man im Museum Ibiza besichtigen. Ein Besuch lohnt sich.

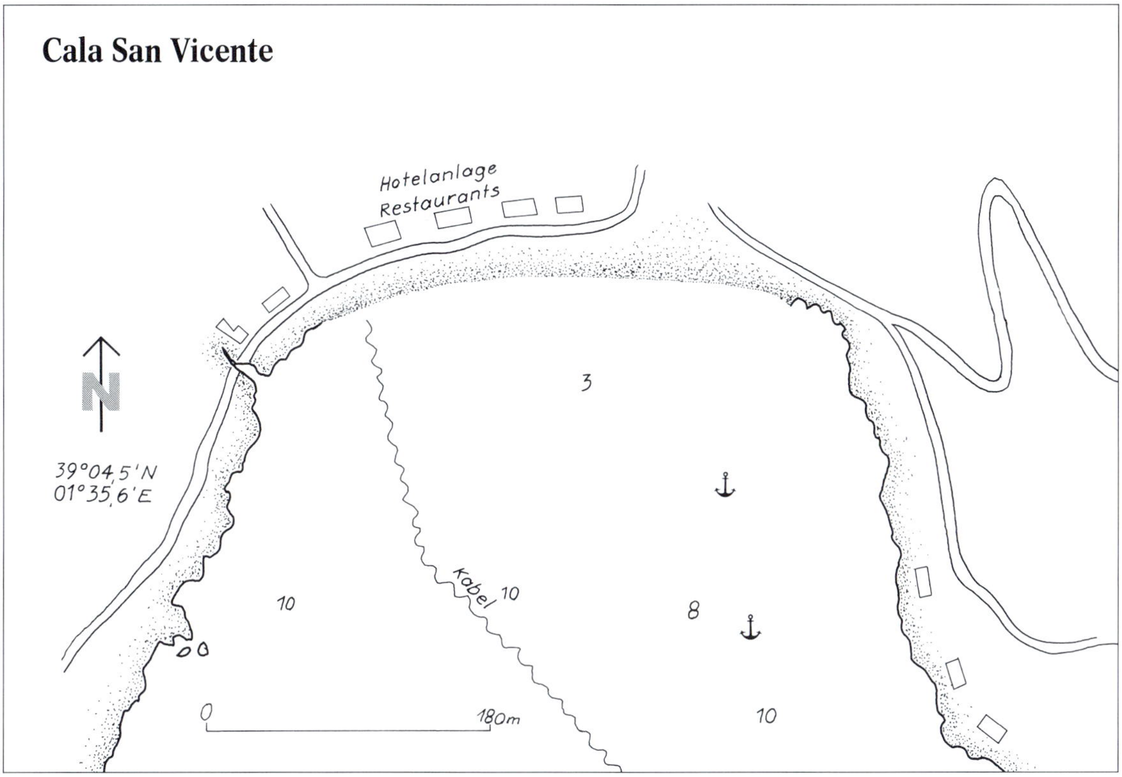

Cala San Vicente

Formentera

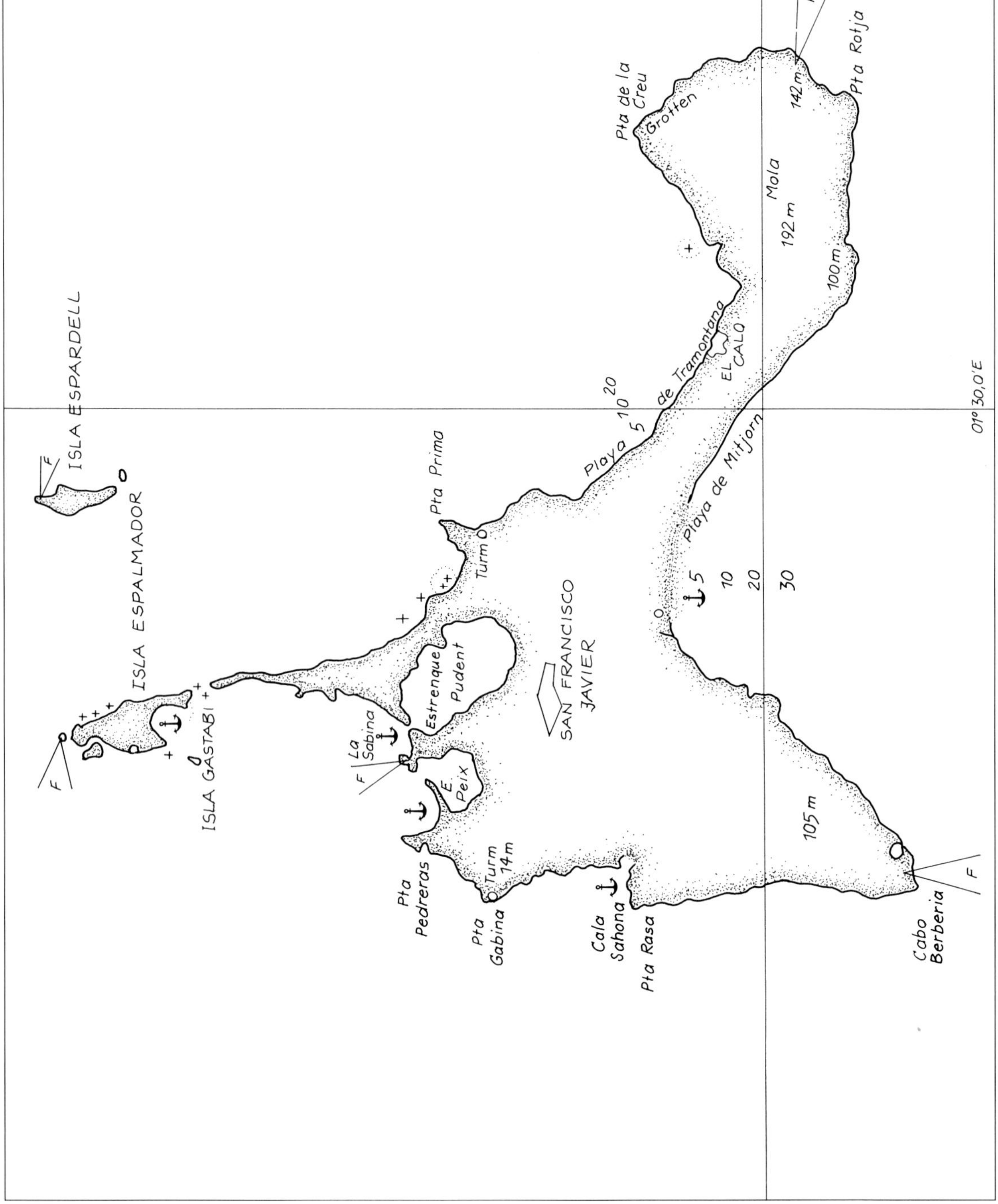

38° 30'N
01° 30,0'E
ISLA ESPARDELL
ISLA ESPALMADOR
ISLA GASTABI
F
Pta Prima
Turm
La Sabina
Estrenque
Pudent
E Peix
Pta Pedreras
Turm 14m
Pta Gabina
Cala Sahona
Pta Rasa
SAN FRANCISCO JAVIER
Playa de Mitjorn
Playa de Tramontana
EL CALO
5
10
20
30
Mola
192 m
100m
142m
105 m
Pta de la Creu
Grotten
Pta Rotja
Cabo Berberia

FORMENTERA

Die kleinste Insel der bewohnten Pityusen (4000 Inselbewohner) liegt ca. 5 sm S-lich der Insel Ibiza, getrennt durch einen Kanal mit mehreren Inseln und engen Durchfahrten (siehe Karte!).
Sie hat eine Fläche von 115 Quadratkilometern, und phantasievolle Betrachter sprechen ihr die Form eines Hammers zu. Die Länge der meist reinen und steilen Küste beträgt 37 sm.
Aufgrund von Ausgrabungen geht man heute davon aus, daß Formentera in der Geschichte den gleichen Einflüssen unterworfen war wie Ibiza. Wissenschaftler vermuten eine Besiedelung der Insel bereits um 3000 v. Chr., da die in Grabkammern bei San Francisco in Hockstellung gefundenen Skelette und die Grabbeigaben diesem Zeitraum zugeordnet werden können.
Der Name der Insel leitet sich vom lateinischen Wort „frumentaria" - die Getreidereiche - ab.
Der unterirdische See, der dieser Insel einst das lebensnotwendige Wasser spendete und die Insel fruchtbar machte, ist seit mehreren hundert Jahren versiegt. Quellen und Wasserbrunnen gibt es nicht mehr. Verfügbar sind nur der in Zisternen gesammelte Regen und Trinkwasser, das mit Schiffen hierher gebracht wird.
Der Mangel an Wasser wirkt sich heute in der Natur und im täglichen Leben entsprechend aus, spätestens - oder zuerst - in der Marina de Formentera stellt man fest, daß hier das Wasser besonders kostbar ist, wenn die Wasseruhr am Schlauch den Verbrauch pro Liter berechnet.
Weil der Fischfang um die Balearen nur noch wenige Fischerfamilien ernährt, bleibt den Inselbewohnern als letzte Einnahmequelle der Massentourismus mit all seinen Nachteilen, besonders was den Wasserverbrauch betrifft.
Der Tourismus hat auch auf die Insel mit den vielen Sandstränden übergegriffen; die Touristenfracht der Fähren, von Ibiza kommend, hat dem letzten Hippie den Lebensraum genommen und die Individualisten und Maler in die Berge vertrieben. Radler, Tandemtreter und Auflugsbusse beherrschen heute die 17 km lange Straße vom Hafen zum La Mola-Leuchtturm.
Für uns Yachties bleibt das ursprüngliche Formentera noch für einige Zeit erhalten. Von See her genießt man die Insel, die Ruhe, das klare Wasser und die saubere Luft in vollen Zügen.
Die mit Abstand schönste Bucht, die Cala Sahona, liegt im Westen der Insel und ist als Tagesankerplatz sehr zu empfehlen. Die Cala Mitjorn im Süden verfügt über den längsten Sandstrand der Insel. Ferienclubs, Hotelanlagen, Apartmenthäuser und Trinkbuden beherrschen die Szenerie. Die ebenfalls weit offene Cala Tramontana im Norden mit dem verträumten Ort Es Caló - einst Sammelpunkt der Blumenkinder - sollte nur bei absolut ruhigem Wetter angelaufen werden.

Puerto de La Sabina

Im nördlichen Teil der Insel Formentera befindet sich der einzige Hafen der Insel in der landschaftlich schönen Cala Sabina.

Hafen

Marina de Formentera

Ort

Puerto de La Sabina

Wassertiefe in Metern

Einfahrt	Reede	Hafen	Gästemole
5,5	3 - 5	2,5 - 3	-

Betriebsstoffe/Anlagen

Diesel	geplant
Benzin	geplant
Wasser	Spezialanschluß mit Wasserzähler **
Strom	am Steg **
Telefon	Münzfernsprecher siehe Plan
Dusche	4 W/K, 75 Pts, 4 Min.
Sanitär	neben Duschen

Reparaturdienste/Technische Anlagen

Motor	über Marina
Segel	-
Rigg	-
GFK	-
Holz	über Marina
Kran	-
Lift	geplant
Slip	Schienenslip

Service/Catering

Schiffszubehör	das Notwendigste NAUTIPORT b. Telefonzelle
Supermarkt	im Hafen und im Ort
Würfeleis	Supermarkt im Hafen/Bars
Gas	-
Post	200 m vom Hafen/Straße nach San Francisco
Bank	Wechselstuben an der Hafenfront
Taxi	am Fährkai
Parkplätze	im Hafengelände

Position

38° 44,0′ N 01° 25,0′ E

Anrufkanal

9*

Wichtige Telefonnummern

Hafenmeister

Guardia Civil
32 00 22

Club

Marina
32 10 40

Arzt Telefon
32 03 56

Arzt Anschrift
Centro Sanitario, Straße nach San Francisco (2 km)

Wetterinformationen

über Marina
oder Tel. 30 22 00

Fährverbindung

Ibiza

Sonstige Hinweise

* Marina de Formentera
** Wasser pro Liter 1 Pts
Strom 260 Pts/Tag
Taucherflaschen-Füllstation
NAUTIPORT b. Telefonzelle

Liegegebühren in PTS

auf Anfrage

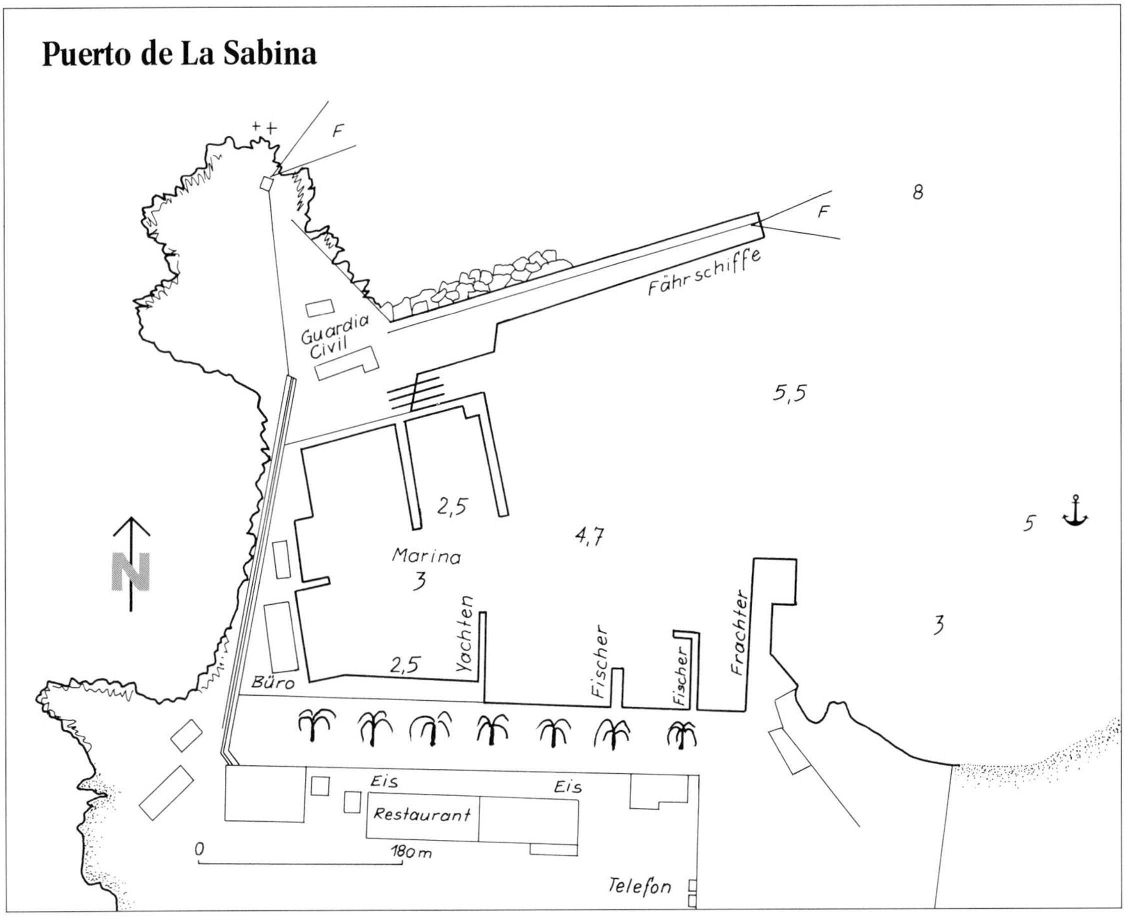

Der westliche Teil des Hafens wurde 1985 auf 3 m ausgebaggert und zu einer Marina mit 104 Liegeplätzen ausgebaut.

Die Marina de Formentera S.A. verfügt über alle Versorgungsmöglichkeiten, nicht jedoch Treibstoffe. Die einzige Tankstelle der Insel befindet sich 1,5 km außerhalb des Ortes an der Straße nach San Francisco.

Die Reparaturmöglichkeiten sind stark beschränkt.

Ansteuerung bei Tag

Aus N-lichen Richtungen kommend, erkennt man als unverwechselbare Landmarke die Insel Espalmador mit dem markanten Wachtturm auf dem Westhuk der Insel. 3 sm S-lich davon liegt der Hafen Sabina.

Bei der Nahansteuerung sieht man die weißen Häuser des Ortes und die 170 m lange Betonmole.

Aus S-lichen Richtungen kommend, setzt sich die unzugängliche hohe und steil ins Meer abfallende Küste von Cabo Berbería fort bis Punta Rasa. Schon auf große Entfernung erkennt man den alten Wachtturm auf Pta Gabina. Wenn man Pta Rasa passiert hat,

Puerto de La Sabina

erscheint das Hotel im Scheitel der Bucht Sahona.
Die 10 m-Tiefenlinie reicht bis Pta Pedreras bis dicht unter Land. Der Ort und die Hafenanlagen sind relativ spät auszumachen.

Ansteuerung bei Nacht

Die starke Lichtüberlagerung etlicher Scheinwerfer im Hafengebiet erschwert die Identifizierung des Ansteuerungsfeuers Sabina. Die in den Leuchtfeuerverzeichnissen angegebene Sichtweite von 10 sm wird dadurch stark reduziert. Das grüne Molenkopffeuer ist je nach Wetterlage vor dem Ansteuerungsfeuer auszumachen.

Cala Sahona

Nur 3,5 sm von Puerto de la Sabina entfernt liegt im Westen Formenteras die landschaftlich schöne und weiträumige Bucht Sahona. Das Wasser hier ist glasklar, und schon bei der Einsteuerung hat man den Eindruck, man fahre durch einen Swimming-Pool mit himmelblauem Wasser.
Die gesamte Bucht ist frei von Untiefen, und man ankert auf 4 - 6 m Wassertiefe. Der Untergrund ist gut haltender Sand.
Wenn man den Touristenrummel und das Kommen und Gehen der Boote in Espalmador satt hat bzw. Ruhe und Abgeschiedenheit sucht, findet man bei ablandigen Winden

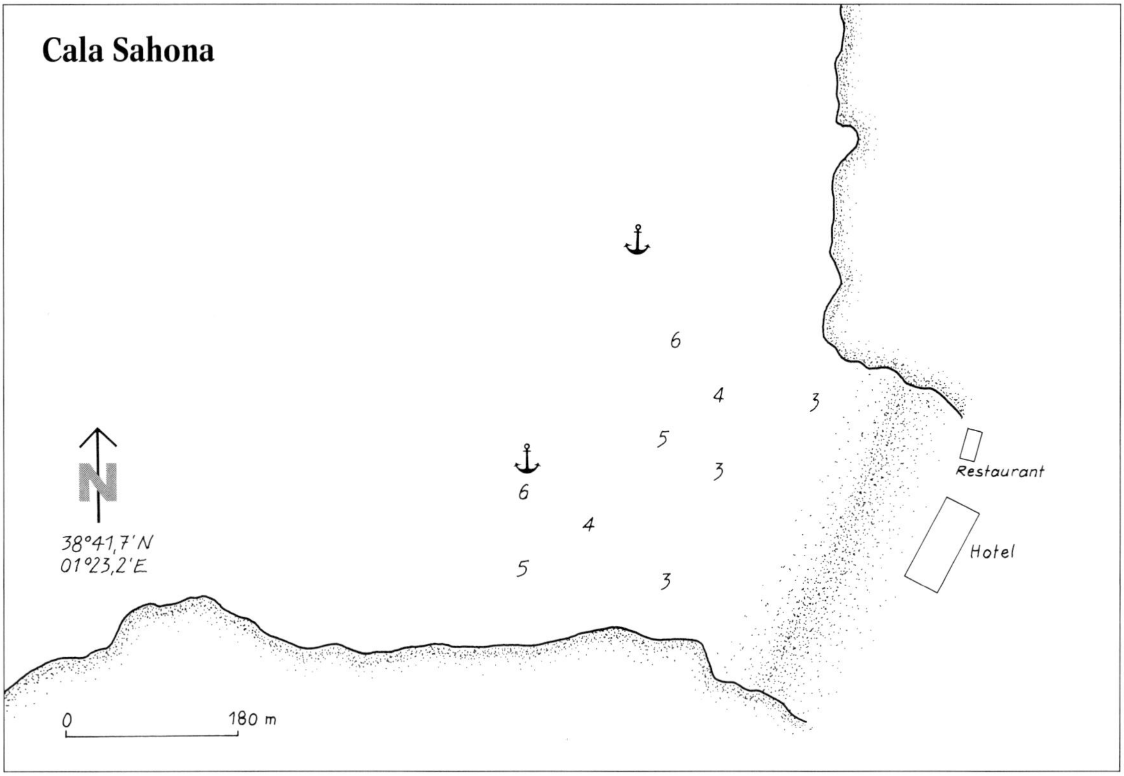

hier einen Ankerplatz mit optimalen Bedingungen.
Die kleine Bar bietet einfache Gerichte an; sonst gibt es keine Versorgungsmöglichkeiten. Die Verbindung nach außen ist durch Münzfernsprecher und Fahrradverleih gewährleistet.
Eine gute Ansteuerungshilfe bei Tag ist der alte Wachtturm auf dem 14 m hohen Huk Gabina und das weiße Hotel mit grünen Fensterläden im Scheitel der kleinen Sandbucht.

Espalmador

Die ca. 1,5 sm lange und 0,75 sm breite Insel wird von der Insel Formentera durch die flache Freu Poco getrennt.
Die weiträumige Bucht im Süden Espalmadors ist bei allen Sportbootfahrern ein äußerst beliebter Ankerplatz. Man ankert hier auf ausreichender Wassertiefe; der Ankergrund besteht aus Sand und Seegras.
Die Bucht ist umrahmt von einem wunderschönen Sandstrand, der am Tag natürlich zusätzliche Badegäste aus Ibiza und Formentera anlockt.
In den Ferienmonaten liegen bis zu 40 Yachten vor Anker, was zwangsläufig zu einer starken Umweltbelastung in der Bucht und am Strand führt.
Versorgungsmöglichkeiten sind nicht vorhanden.

Spanische Zollbestimmungen und Vorschriften

Touristen mit festem Wohnsitz außerhalb Spaniens können ohne weiteres ein Boot nach Spanien einführen und es innerhalb eines Kalenderjahres sechs Monate zollfrei benutzen.

Das Boot steht dabei nur dem Eigner privat zur Verfügung. Eine Benutzung für gewerbliche oder ähnliche Zwecke ist nicht gestattet; es darf nicht vermietet, verliehen oder verkauft werden.

Soll das Fahrzeug über diesen Zeitraum hinaus in Spanien verbleiben, ist ein Antrag auf Aufenthaltsverlängerung an die Direccion General de Aduana, Guzman el bueno 125, Madrid 3, zu richten oder an eines der nachstehend aufgeführten Zollämter in: Alicante - Barcelona - Cartagena - Castellon - Palma de Mallorca - Valencia.

Vorübergehend nach Spanien eingeführte Wassersportfahrzeuge können unter Zollverschluß genommen werden, wenn der Eigner das Land für mehr als zwei Monate verläßt. Nach der Wiedereinreise steht ihm das Boot erneut zur Verfügung, unter Berücksichtigung der auf sechs Monate pro Kalenderjahr befristeten zollfreien Nutzung. Zollamtliche Versiegelungen können für einen Zeitraum bis zum Ende des nach der Einreise folgenden Kalenderjahres vorgenommen werden. Später müssen Wassersportfahrzeuge aus Spanien ausgeführt oder in ein spanisches Freihafengebiet verbracht werden.

Fahrerlaubnis

Boote, die über Land eingeführt werden, sind bei der nächsten Hafenbehörde (Commandancia de Marina) anzumelden, Boote, die entlang der spanischen Küste fahren, müssen sich in jedem angelaufenem Hafen bei der Hafenbehörde melden. In Spanien sind Kleinfahrzeuge registrier- und kennzeichnungsplichtig. Der internationale Bootsschein (ehemaliges Internationales Verbandszertifikat) wird von den spanischen Behörden anerkannt.

Jeder in Zusammenhang mit einer Havarie oder einem Unfall stehende Vorfall muß der nächsten Hafenbehörde gemeldet werden.

Führerscheinbestimmungen

Der amtliche Sportbootführerschein wird anerkannt. Dies gilt auch für gleichbedeutende, in anderen Ländern erworbene Befähigungszeugnisse. Inhaber ausländischer Führerscheine müssen sich an die Comandancia de Marina des Einsatzortes wenden und für die Dauer ihres Aufenthaltes eine Genehmigung beantragen.

Das Fahren von Ruder- und Schlauchbooten mit Außenbordmotoren bis 4 Steuer-PS ist ohne Befähigungszeugnis erlaubt.

Haftpflichtversicherung

Es besteht kein Haftpflichtversicherungszwang: doch ist der Abschluß einer solchen Versicherung sehr zu empfehlen.

Verkehrsvorschriften

In den Häfen und innerhalb der Uferzone (250 m) beträgt die Höchstgeschwindigkeit 5 Knoten.

Quelle:
Wassertouristische Information Spanien des Allgemeinen Automobil-Club (ADAC) e.V.
Stand November '88

Wichtige Adressen und Telefonnummern

Mallorca

Krankheit/Unfall

Notarzt:
Colegio de Médico des Baleares,
Via Roma, 29, Palma, Tel. 21 12 29 (verfügt auch über Adressen deutschsprachiger Ärzte)

Erste Hilfe: Tel. 22 22 22 / 23 00 23 / 72 21 79

Ständige ärztliche Hilfe: (24 h Service)

Centro Medico de Mallorca, Tel. 28 58 58

Krankenhaus Son Dureta, Tel. 28 91 00

Rotes Kreuz, Tel. 25 14 45

Poliklinik Miramar, Tel. 23 17 40

Klinik Mare Nostrum, Tel. 72 30 52

Arenal, Calle Milan, 7, Tel. 26 00 78

Alcudia, Avenida Pedro, Tel. 28 00 62

Krankenwagen: (24 h) Tel. 23 83 83

Touristen-Auskunft

Oficina de Informacion, Av. Jaime III, 10, Tel. 71 22 16

Fomento de Turismo Carrer de Constitucion 1, 72 45 37

Öffentliche Ämter

Fundbüro (Oficina de objetos hallados), Tel. 72 77 44

Telegrammaufnahme, Tel. 22 20 00

Post (Correos), Carr, Constitucion, Tel. 72 18 67

Guardia Civil, Poligono de Levante, Tel. 72 11 00

Polizeinotruf, Tel. 091/092

Feuerwehr, Tel. 29 12 50

Flugverbindungen/Information

Flughafen Palma San Juan, Auskunft, Tel. 26 26 00

Lufthansa - Flughafen, Tel. 26 09 55
Stadtbüro, Tel. 72 28 40

Condor - Flughafen, Tel. 26 09 55

British Airways - Flughafen, Tel. 26 43 50

Iberia - Paseo Borne, 24, Tel. 71 01 40

Swiss Air - Flughafen, Tel. 26 12 58

Hapag - Flughafen, Tel. 26 49 05 / 26 66 06

LTU - Flughafen, Tel. 26 25 71

Konsulate/Diplomatische Vertretungen

Bundesrepublik Deutschland
Paseo Borne, 15, Tel. 72 29 97

Österreich, Plaza Olivar 7, 2. Stock, Tel. 71 39 49

Schweiz, Paseo Mallorca, 24, Tel. 71 25 20

Ibiza

Krankheit/Unfall

Notarzt:
Paseo Vara de Rey, 18, Ibiza, Tel. 30 31 31

Kliniken:
Klinik Villagómez, Avda. Espana s/n.
Tel. 30 11 52

Poliklinik, Ntra. Sra. del Rosario, Via Romana s/n.
Tel. 30 19 16

Clinica Alcántara, Avda. Ignacio Wallis, 19
Tel. 30 11 17

Fremdsprachige Ärzte:
Dr. J. Basilio Pedro (engl.)
Avenida B.V. Ramón, 2, Tel. 30 12 45

Dr. Alfredo Roig Fernández (engl./frz.)
Paseo Vara de Rey, 16, Tel. 30 12 56

Dr. Salvador B. Mompol (dtsch./frz.)
Calle Anibal, 9 (Hals/Nasen/Ohren)

Dr. O. Emirkanian (dtsch./engl./frz.)
San Antonio Abad (Internist), Tel. 34 06 00

Flugverbindungen/Informationen

Flughafen Ibiza, Tel. 30 03 00

Lufthansa/Condor, Tel. 30 33 90

Iberia, Flughafen, Tel. 30 03 00
Stadtbüro, Tel. 30 09 54

Konsulate/Diplomatische Vertretungen

Bundesrepublik Deutschland
Carrer d'Antoni Jaume, 2, Ibiza, Tel. 30 74 61

Österreich, siehe Mallorca

Niederlande, Via Púnica, 2-B, Tel. 30 04 50

Museen in Ibiza

Museo Arqueológico:
Archeologie, punische Kunst, ibizenkische Kultur,
Plaza Catedral, Dalt Vila, Tel. 30 12 31

Museo Catedral:
Kirchengeschichte, Reliquien
Plaza Catedral, Dalt Vila

Museo Arqueológico Puig d'es Molins:
punische Kunst, Terrakotten, Schmuck, Keramik
Via Romana

Museo de Arte Contemporáneo:
zeitgenössische Kunst, Maler Ibizas und Bilder ausländischer Künstler,
Portal de las Tablas

Museo Tourino:
Stierkampfmuseum

Architektonisch interessante Orte in Ibiza-Stadt

Kathedrale:
barocker Stil, angefangen im 13. Jahrhundert, Renovierung im 17. und 18. Jahrhundert, gotisches Eingangsportal, sehenswert das Hauptportal und die Schätze der Sakristei

Totenstadt Puig de Molins:
neben dem Museo Arqueológico, Ausgrabungen von Grabstätten mit Geräten und Sarkophagen, einzigartiges Denkmal punisch-karthagischer Geschichte

Portal de las Tablas:
im 16. Jahrhundert vollendetes Tor, der Zugang zur Oberstadt Dalt Villa mit altem Waffenhof

Kirche Santo Domingo:
Barockkirche mit Kuppelbau im byzantinischen Stil, besonders bemerkenswert das Weihwasserbecken in rotem Marmor

Bibliotheken in Ibiza

Instituto Santa Maria de Ibiza:
Ignacio Wallis s/n, Tel. 30 13 72

Biblioteca Sociedad Cultural y Artística Ebusus:
Kultur und Kunst, Vara de Rey, 20, Tel. 30 11 07

Biblioteca del Casino de Ibiza:
Andenes del Puerto, 2, Tel. 30 10 22

Service (Ibiza)

Touristik-Büro, Vara de Rey, 13, Tel. 30 19 00

Polizei, Tr. Vicente Serra s/n, Tel. 30 11 31

Guardia Civil, Carrt. Aeropuerto s/n, Tel. 30 11 00

Post und Postsparkasse, C/Madrid s/n, Tel. 30 02 17

Telegramme, Tel. 30 10 96

Zoll, Avda. Bartholomé Rosello, 21, Tel. 30 12 32

Taxiplätze: Paseo Vara de Rey, Tel. 30 17 94
Playa Figueretas, Tel. 30 16 76
San Jose Aeropuerto, Tel. 30 52 30

Autovermietungen:
Avis, Aeropuerto, Tel. 30 24 88

Autos Ibiza, Puerto de Ibiza, Tel. 31 09 67
Paseo Maritimo, Edif. Ansar, Tel. 31 40 20

Marauto, Paseo Maritimo (Ibiza Nueva),Tel. 31 35 25

Motos Ibiza, Calle Mallorca, 2, Tel. 30 24 58

Menorca

Krankheit/Unfall

Ständige ärztliche Hilfe (24-h-Service)
Mahón, Tel. 36 40 48

Erste Hilfe, Cruz Rioja Española
Mahón, Tel. 36 11 80

Krankenhäuser:
Mahón
Hospital Munícipal, Cos de Gracia, 26, Tel. 36 12 05
Residencia Sanitaria, C. Barcelona s/n, Tel. 36 35 00

Ciudadela
Hospital Munícipal, Plaza San Antonio, Tel. 38 01 82
Clínica S.O.E., C. República Argentina

Flugverbindungen/Informationen

Flughafen Mahón, Tel. 36 01 50

Delegación de Aviaco,
Plaza de Explanada 53, Tel. 36 09 25
Flughafen, Tel. 36 15 77

Konsulate/Diplomatische Vertretungen

Bundesrepublik Deutschland
Mahón, C. Andreu, 32, Tel. 36 16 68

alle anderen Staaten, siehe Mallorca

Museen in Mahón

Archäologisches und Kulturmuseum:
Kulturgeschichte, magalitische Zeugnisse der Talayot-Kultur
Plaza de la Conquista (10-12 Uhr), Tel. 36 39 64

Museo de Ateneo:
größte und vollständigste Sammlung Spaniens volkskundlichen und naturwissenschaftlichen Charakters
Conde de Cifuentes, 25, Tel. 36 05 53

Architektonisch interessante Orte in Mahón

Iglesia Santa Maria:
Plaza de la Conquista
1287 begonnen, 18. Jahrhundert in heutiger Form beendet, eine der bedeutendsten Orgeln (1810) der Erde mit 51 Registern.

San Francisco:
Plaza de San Francisco
Kloster mit Innenhof und Kreuzgang, spanischer Barockstil, barocke Kapelle, Säulengang gotischer Stil mit korinthischen Säulenaufsätzen.

Talayot von Trepucó:
etwas außerhalb Mahóns
megalithische Siedlung, bestehend aus Talayot und Taula

Archive in Mahón

Historisches Archiv von Mahón und Menorca
Casa de Cultura, Plaza de la Conquista

Bibliotheken in Mahón

Casa de la Cultura
Plaza de la Conquista, 8, Tel. 36 39 64

Ateneo Cientifico, Literario y Artistico
Conde de Cifuentes, 25, Tel. 36 05 53

Caja de Pensiones
Calvo Sotelo, 30, Tel. 36 33 60

Spanisch-deutsches Wörterverzeichnis

Spanisch	*Deutsch*
adelante	vorwärts
aduana	Zoll
agua	Wasser
aguja, brújula	Kompaß
alta mar	offene See
amarrar	ankern, festmachen
ancho	breit
ancla	Anker
antepuerto	Vorhafen
arena	Sand
arrecife	Riff
as de guía	Palstek
atracar	anlegen
atrás	rückwärts
aviso a los navegantes	Nachrichten für Seefahrer
babor	Backbord
bahía	Bucht
bajamar	Niedrigwasser
bajo	Untiefe
balizamiento boyas	Betonnung
bandera	Nationalflagge
barca salvavidas	Rettungsboot
barro	Lehm, Ton
bengala	Notsignalfeuer
boletín	Bericht
boya	Boje, Tonne
boya luminosa	Leuchttonne
cabo	Kap
cadena	Kette
calado	Tiefgang
calma	Windstille
corriente	Strömung
costa de barlovento	Luvküste
cruzar	kreuzen
cazar	dichtholen
cuarta	Kompaßstrich
derecho	rechts
deriva	Abdrift
embarcación	Schiff
enfilación por el través	Deckpeilung
entrante	Flut
entrar	einlaufen
equipo	Ausrüstung
escollera	Wellenbrecher
espigon	Kai
este	Osten
estrecho	eng
estribor	Steuerbord
fango	Schlamm
faro	Leuchtturm/ Leuchtfeuer
filar	fieren
fondeadero	Ankerplatz
fondear	ankern
fondo	Grund
grande	groß
grillete	Schäkel
grúa	Kran
gruesa	Dünung, hohe See
guindola	Bootsmannsstuhl
irse a pique	untergehen
isla	Insel
izquierdo	links
lancha	Boot
lastre	Ballast
limpio	sauber
litoral, costa	Küste
lluvia	Regen
luz	Licht

madera	Holz
manga	Schiffsbreite
màquina	Maschine
mar gruesa	grobe See
medio	Mitte
muelle	Mole
niebla	Nebel
nivel de referencia	Kartennull
noche	Nacht
norte	Norden
nudo	Knoten (sm/h)
oeste	Westen
pagar	bezahlen
palo	Mast
parar	anhalten
pedregoso	felsig, steinig
pelado	kahl
peligroso	gefährlich
pequeño	klein
piloto	Steuermann
playa	Strand
pleamar	Hochwasser
quillas	Kiel
rada	Reede
radiogoniométrica, estación de	Funkpeilsender
radiotelegráfica, estación de	Küstenfunkstelle
recalada	Ansteuerung
reflector radar	Radarreflektor
relámpago	Blitz
remolcador	Schlepper
rissaga	plötzliche Wasserstandsänderung im Hafen
racha	Bö, Windstoß
roca	Klippe

rojo	rot
rompientes	Brecher, Brandung
salida	Ausgang
saliente	Vorsprung
salir	auslaufen
salvar	bergen
salvamento	Rettung, Bergung
salvavidas	Rettungsring
señal	Signal
sondear	loten
sondaje	Lotung
sotavento	leewärts
sur	Süden
talleres	Werkstätten
tasa	Gebühr
temporal	Sturm
timón	Ruder
torre	Turm
tripulación	Mannschaft
vaciante	Ebbe
variación	Mißweisung/Veränderung
vela	Segel
vendaval	starker Wind
verdadero	rechtweisend
verde	grün
viento del mar	Seewind
viento de proa	Gegenwind
viento terral	Landwind
virar	wenden
virazón	Seebrise
zapatero	Landratte

Register

Impressum

CIP-Kurztitelaufnahme der Deutschen Bibliothek
Bartholmes, Bernhard:
Die Balearen: Pläne u. Luftbilder von Häfen u. Ankerplätzen / Bernhard Bartholmes. – Hamburg: Edition Maritim, 1986. ISBN 3-922117-91-0

Stubbenhuk 10, D-2000 Hamburg 11

Umschlag: Jan Buchholz und Reni Hinsch, Hamburg
Satz und Gestaltung:
Peter Appelt Grafik-Design & Fotosatz, Hamburg
Lithografie: Krammer, Lienz
Druck: Kohlhammer, Stuttgart
Bindearbeiten: Wilhelm Röck, Weinsberg

Pläne: Bernhard Bartholmes, Hochheim
Luftfotos: Bernhard Bartholmes, Hochheim / Altair, Mallorca
Foto S. 21: W. Huth, Bad Godesberg
Titelfoto: Puerto Portals

Printed in Germany 1989